中国汽车工程学会
汽车工程图书出版专家委员会　推荐出版

中国汽车产业中长期人才发展研究

STUDY ON MIDDLE AND LONG-TERM TALENTS DEVELOPMENT IN CHINA AUTO INDUSTRY

中国汽车工程学会
中国人才研究会汽车人才专业委员会　编著

北京理工大学出版社
BEIJING INSTITUTE OF TECHNOLOGY PRESS

版权专有　侵权必究

图书在版编目（CIP）数据

中国汽车产业中长期人才发展研究/中国汽车工程学会，中国人才研究会汽车人才专业委员会编著 .—北京：北京理工大学出版社，2018.10（2023.4 重印）
ISBN 978-7-5682-6405-1

Ⅰ. ①中⋯　Ⅱ. ①中⋯②中⋯　Ⅲ. ①汽车工业-人才培养-研究-中国　Ⅳ. ①F426.471

中国版本图书馆 CIP 数据核字（2018）第 225184 号

出版发行 / 北京理工大学出版社有限责任公司
社　　址 / 北京市海淀区中关村南大街 5 号
邮　　编 / 100081
电　　话 / （010）68914775（总编室）
　　　　　（010）82562903（教材售后服务热线）
　　　　　（010）68944723（其他图书服务热线）
网　　址 / http：//www.bitpress.com.cn
经　　销 / 全国各地新华书店
印　　刷 / 北京捷迅佳彩印刷有限公司
开　　本 / 710 毫米 × 1000 毫米　1/16
印　　张 / 17.25　　　　　　　　　　　　　责任编辑 / 封　雪
字　　数 / 251 千字　　　　　　　　　　　 文案编辑 / 封　雪
版　　次 / 2018 年 10 月第 1 版　2023 年 4 月第 2 次印刷　责任校对 / 周瑞红
定　　价 / 148.00 元　　　　　　　　　　　责任印制 / 王美丽

图书出现印装质量问题，请拨打售后服务热线，本社负责调换

《中国汽车产业中长期人才发展研究》

专家指导委员会

主　任：付于武　中国汽车工程学会名誉理事长
　　　　　　　　　中国人才研究会汽车人才专业委员会理事长

副主任：沈荣华　中国人才研究会学术委员会副主任
　　　　　　　　　上海公共行政与人力资源研究所名誉所长

成　员：赵福全　清华大学汽车产业与技术战略研究院院长，教授
　　　　　蔡学军　中国人事科学研究院副院长
　　　　　浦维达　中国人才研究会汽车人才专业委员会高级顾问
　　　　　陈永革　北京博乐汇智汽车技术研究院院长
　　　　　师建华　中国汽车工业协会副秘书长

《中国汽车产业中长期人才发展研究》
编著委员会

主　　编：张　宁　中国汽车工程学会专务秘书长
副 主 编：朱明荣　中国人才研究会汽车人才专业委员会执行副理事长兼秘书长
主要参与人（以研究工作中各子专题序号排列）：

　　　　　　沈荣华　中国人才研究会学术委员会副主任
　　　　　　　　　　上海公共行政与人力资源研究所名誉所长
　　　　　　浦维达　中国人才研究会汽车人才专业委员会高级顾问
　　　　　　王永环　中国汽车工程学会人才工作部工程师
　　　　　　范　巍　中国人事科学研究院研究员，博士
　　　　　　刘宗巍　清华大学汽车产业与技术战略研究院副研究员
　　　　　　肖又专　上海妙坊企业管理咨询有限公司，首席六西格玛顾问
　　　　　　桂昭明　武汉工程大学管理学院教授，人才资源开发研究所所长
　　　　　　石　凯　上海市公共行政与人力资源研究所，副研究员
　　　　　　郁佳敏　南京爱世佳电子科技有限公司总经理，博士
　　　　　　唐文静　上海市商务发展研究中心服务经济研究部主任，博士
　　　　　　李理光　同济大学教授
　　　　　　杨小刚　邦邦汽车销售服务（北京）有限公司运营总监
　　　　　　赵丽丽　中国汽车工程学会（原）培训认证中心主任
　　　　　　　　　　中国汽车工程学会汽车应用与服务分会（原）秘书长
　　　　　　段钟礼　北京博乐汇智汽车技术研究院副院长
　　　　　　刘丽繁　中国人才研究会汽车人才专业委员会副秘书长
　　　　　　陈　丹　中国人才研究会汽车人才专业委员会副研究员
学术秘书：赵丽丽　刘丽繁　陈　丹　王永环

序

为了贯彻落实《节能与新能源汽车产业发展规划(2012—2020)》，加强汽车产业人才队伍保障，2016 年 6 月，由工信部装备司委托中国汽车工程学会、中国人才研究会汽车人才专业委员会共同开展中国汽车产业中长期人才发展研究，这正是本书的写作背景。

中国汽车产业始于新中国成立之初，发展这么多年，当前处于非常关键的时期。中国汽车产业正在悄然发生着深刻的变化。汽车智能化、网联化、电动化等趋势，为汽车产业带来巨大机遇。但是汽车产业最大的瓶颈、最大的痛点，是人才极度匮乏。这些人才从哪里来，怎么培养，怎么用好，都是汽车产业发展避不开的关键问题。这项研究的主要目标，是对汽车人才的发展目标、机制体制改革、保障措施等方面进行深入分析，并提出建设好汽车人才生态体系的政策建议。我一直强调，这项研究非常重要，它填补了汽车行业的空白，具有里程碑式的意义，将对我国从汽车大国转向汽车强国产生深远的影响。

这项课题的研究并不简单，首先汽车产业太过庞大，想要摸清现状，是一件很困难的事。这项研究遵照工信部装备司的要求及产业发展的需要，组织了产、学、研各界20多位专家群策群力，各尽所长。在研究过程中，著名人才学家、上海公共行政与人力资源研究所名誉所长沈荣华、中国人才研究会汽车人才专业委员会执行副理事长兼秘书长朱明荣、中国汽车工程学会专务秘书长张宁对本次研究总体方向的把握及核心内容的编撰做出了重要贡献。

通过专家们的共同努力，研究报告提出了"中国汽车产业人才发展主要任务"，包括创新管理机制、推进人才国际化等，这些都与国家相关人才发展规划的方向与步调一致，且相呼应，如《国家中长期人才发展规划纲要（2010—2020年）》《制造业人才发展规划指南》《汽车产业中长期发展规划》，真正起到对产业的有力支撑作用。同时，还提出了"七大重点人才工程""中国汽车精神""汽车产业人才紧缺目录（2018）"等重要成果，系统提出了推进汽车人才强国工程的必要措施。因此，我认为这项研究具有前瞻性、针对性、创新性，且有高度、有水平、有格局，兼具战略性与可行性。

最后，这项研究成果的落地，还需要政、产、学、研的共同努力，单一的力量无法完成这项重任，更无法将它执行到位。在这项研究推进的过程中，中国人才研究会汽车人才专业委员会通过"中国汽车行业高管人才工作座谈会"这一平台，来反复探讨中国汽车产业人才中长期发展的现状，以及对此进行深入思考。

我国汽车产业处于转型升级的关键时期，我们要深入思考与反观当前的人才现状与挑战。汽车产业的协同创新、持续创新、颠覆性创新、基础性创新对我们太重要了。而这些创新与发展的关键，还是在人才。所以，这些研究成果只是一个开始，让我们共同努力，将汽车人才的发展持续推广与深化，不忘初心，砥砺前行！

这个报告是关于汽车人才中长期的研究，而不是规划。

目的是希望汽车行业除了进一步重视人才工作之外，还要加强对人才工作理性的、较为系统的、具有超前意识的研究。如果在这方面对人才工作者有所启迪、有所帮助，则本书的目的就实现了。

是为序。

2018年7月

前　言

研究背景

经过百余年的发展，汽车产业形成了比较完整的工业体系，对从业人员的知识、技能和素质的基本要求相对固化。而随着社会的发展，汽车产业正成为一个被重新定义的产业，其产业链不断延长，越来越多的新技术应用于汽车，人们对汽车产品的关注开始从制造向全生命周期的各个环节延伸，这对从业者的知识、技能和素质提出了新的挑战。放眼未来，在新一轮技术革命的影响下，汽车产业正在发生着无处不在的深刻变革，产业生态将全面重构，汽车消费将进入全新的时代。因此，十分有必要从未来一个时期汽车产业发展趋势分析入手，研究新技术革命和产业重构对汽车人才知识、技能和素质要求的新变化。同时，这一研究也将帮助我们进一步弄清我国汽车产业的人力资源状况，明确汽车人才队伍的建设思路，对加快我国汽车产业可持续健康发展有着十分重要的意义。

本次研究工作是在有关政府部门的支持下，由中国汽车工程学会和中国人才研究会汽车专业委员会组织汽车企业、高校、相关科研机构共同完成。研究工作围绕中国汽车产业人才资源现状、中国汽车产业中长期发展人才需求预测、新技术革命背景下汽车科技人才特征变化及需求、国际化视野下汽车产业人才发展新趋势、中国汽车产业中长期人才发展目标、中国汽车产业人才发展体制机制改革和政策创新、中国汽车产业人才培养和队伍建设、中国汽车产业人才强国工程建设等问题展开。本报告基于上述研究工作成果完成，以期能够服务于贯彻落实制造强国战略和《汽车产业中长期发展规划》，服务于指导未来十年汽车科技人才队伍建设，服务于推进汽车科技人才发展体制机制改革和政策创新。

概念界定及研究范围

伴随着第二次工业革命，汽车走进了人们的生活，并逐步发展成为标志着社会文明程度的工业产品。从诞生之日起，汽车就具有了既是生产工具又是消费品的双重特征，在社会进步中发挥着举足轻重的作用，注定其不是一个简单的机械产品，而是集国家科技发展和工业文明之大成者。从最初与化工、橡胶等工业领域的紧密合作，到未来与智能、信息产业的深度交融，越来越多的科技、工业的发展成果将被搭载在汽车产品之上，汽车产业的边界正变得越来越模糊，"汽车产业从业人员"的概念正在被不断放大。

从广义角度看，目前汽车产业从业人员大约由以下四部分人组成：一是直接从事汽车产品开发、生产、营销和售后服务工作的人员；二是在材料、电子、信息、金融等领域专门从事与汽车相关工作的人员；三是在高校和研究机构从事科研工作的人员；四是就职于为汽车企业提供专项技术支持的科技型企业的人员。他们的职业生涯均与汽车产业的兴衰紧紧联系在一起，他们共同组成了汽车产业的人力资源队伍。

此外，随着中国汽车产业走向世界的步伐不断加快，"中国汽车人力资源队伍"的概念似乎也不应只局限在中国本土，还应包括在全球各地就职于中国投资企业或其设立的研发机构的海外人士，他们已经成为中国汽车企业人才队伍的重要组成部分，并在中国汽车的国际化发展进程中扮演着重要角色。

然而，由汽车人才组成的"汽车人才队伍"与由汽车产业从业人员组成的"汽车人力资源队伍"是相互交织又有所不同的概念。

人才学研究者对"人才"给出了比较严格的定义[①]，即"人才就是为社会发展和人类进步进行了创造性劳动，在某一领域、某一行业，或某一工作上做出较大贡献的人"。此定义强调了人才的创造性、杰出性、非重复性、非一般性。

2010年6月中共中央、国务院印发的《国家中长期人才发展规划纲要（2010—2020年）》[②]对"人才"做了新的概括："人才是具有一定的专业知识或专门技能、进行创造性劳动并做出贡献的人，是人力资源中能力素质较高的劳动者，是经济社会发展的第一要素。"这一概念赋予了"人才"四个方面的新内涵：一是专业性，具有一定的专业知识或专门技能，是专业化人力资本的载体；二是价值性，能够进行创造性劳动，产生新的价值，或使价值增值，对社会发展和人类进步做出贡献；三是层次性，是人力资源中能力素质较高的劳动者，体现了人才的杰出性，甚至是不可替代性；四是时代性，是经济社会发展的第一要素，是科学发展的第一动力，体现了人才在社会和经济发展中的地位和作用。这一概念对"人才资源是第一资源"的重要思想做了进一步丰富，突出了时代性特征。

根据以上论述，人才应为人力资源队伍中的一部分，汽

---

① 王通讯. 人才学通论［M］. 天津：天津人民出版社，1985：1-2.
② 中共中央、国务院. 国家中长期人才发展规划纲要（2010—2020年）［N］. 人民日报，2010-06-06（1）.

车产业也应如此,包括经营管理人员、工程技术人员和生产制造人员中的高技能人才,他们共同组成了汽车产业发展的核心力量。

关于汽车工程技术人员,在《中华人民共和国职业分类大典(2015年版)》中有明确的定义,即:从事汽车产品、工艺、汽车商务研发、设计,并指导汽车产品生产和再制造的工程技术人员。主要工作任务:研究、应用汽车整车及零部件制造技术工艺;研究、设计汽车整车、发动机、底盘、车身、电气等系统、总成及零部件;研究、开发汽车产品新材料;设计、应用汽车电子电器产品和饰件产品;分析、处理技术问题,指导汽车产品生产和再制造;设计、应用汽车售后维修服务技术等汽车商务系统;制定、应用汽车产品制造工艺标准和规范。根据这一定义,汽车工程技术人员应包括从事技术研究的人员、产品开发的人员和生产、销售、售后服务领域的技术人员。

关于汽车经营管理人员和汽车高技能人才,目前尚无明确的定义,但本报告认为:经营管理人员应当是掌握一定经营管理专业知识且具备一定经营管理能力的人,他们承担着一个机构的运行管理职责,是一个机构稳定发展的重要支撑力量;高技能人才是工人队伍中掌握一定专业技能且具备一定能力素质的人,他们在与汽车生产、销售、维修相关的关键岗位承担着重要职责,是确保汽车产品质量和售后服务质量的重要支撑力量。

基于以上分析,本报告对汽车人才的内涵表述为"掌握一定的汽车及相关专业的知识或专门技能、为中国汽车产业的发展创新进行创造性劳动并做出贡献的人",其共同特征应包括以下6个方面:

(1)行业性,即汽车产业的从业者,是从事汽车整车和零部件相关技术研究、产品开发、生产制造或为其配套服务(销售、维修等)的、相对独立的产业部门的人才。

（2）专业性，即具有一定的汽车及相关专业的知识或专门技能。

（3）价值性，能够为中国汽车产业的发展进行创造性劳动，产生新的价值，或使价值增值，为汽车产业发展做出贡献。

（4）层次性，是汽车产业人力资源中能力素质较高的劳动者，体现了人才的杰出性。

（5）多样性，包含汽车产业的经营管理人才、工程技术人才、高技能人才三支人才队伍。

（6）重要性，是汽车产业经济发展的核心因素，是中国汽车产业发展创新的主要驱动力，体现了汽车产业人才在汽车产业经济发展中的地位和作用。

受到所掌握的数据和信息制约，本次研究工作的范围仅限定在中国本土的汽车制造业和后市场。

致　谢

　　本次研究工作集合了国内从事产业发展战略研究、人才研究工作的专业机构，他们是中国汽车工程学会、中国人才研究会汽车专业委员会、中国人事科学研究院、清华大学汽车产业与技术战略研究院、武汉工程大学人才发展研究中心、上海商务发展研究中心、上海市公共行政与人力资源研究所、上海金融学院保险研究所、上海妙坊企业管理咨询有限公司、同济大学汽车学院、苏州清研车联科技有限公司、中国机械工业教育协会车辆工程学科教学委员会、中国机械工业教育协会汽车服务工程学科教学委员会和北京博乐汇智汽车技术研究院。

　　本研究报告的完成有赖于各专题承担单位、支持单位、参与单位和课题管理成员的辛勤投入，凝聚了集体的心血和智慧。来自全国长期从事汽车产业研究、人力资源研究、公共政策研究和人才培养工作的 20 余名专家参加了本次研究工作；浙江吉利控股集团、广州汽车集团股份有限公司、北京华汽汽车文化基金会和上海国际汽车城（集团）有限公司对本次研究给予了大力支持；国内 10 家骨干汽车企业集团、44 家汽车后市场企业、15 所高等院校、261 所高等职业学校、324 所中等职业学校分别接受了研究团队的走访调研，或参与了问卷调查；《中国汽车工业年鉴》编辑部和中国工程教育专业认证协会机械类专业认证委员会为研究工作提供了基础数据支撑。研究过程中，付于武先生和沈荣华先生对研究工作给予了全程支持和深度指导，并多次作出重要指示；专家指导委员会成员和国内骨干汽车企业的领导、人力资源部门负责人多次参与本报告主要观点的讨论，提出了许多建设性的意见。

本报告前言由张宁、朱明荣编写；总报告由沈荣华、唐文静、浦维达等编写；发展综述由张宁编写；第一章由张宁、王永环、杨小刚等编写；第二章由张宁、李理光、赵丽丽、段钟礼等编写；第三章由刘宗巍等编写；第四章由郁佳敏、肖又专等编写；第五章由范巍、桂昭明、刘宗巍等编写；第六章由石凯编写；第七章由唐文静编写；报告全文由张宁、朱明荣统稿和审改。

上述单位和专家的付出，为本次研究工作取得丰硕成果奠定了重要基础，在此一并表示感谢。

目 录

总报告

中国汽车产业中长期人才发展研究总报告 ········· 3
　一、中国汽车产业人才发展基本概况 ············ 4
　二、汽车产业人才发展总体趋势及国际经验 ········ 9
　三、中国汽车制造业人才发展预测及思路 ········· 12
　四、中国汽车产业人才发展主要任务 ············ 15
　五、重点人才工程 ·························· 22

发展综述

新技术革命下中国汽车人才发展的战略思考 ········· 29
　一、日益完善的人才队伍已成为中国汽车产业由大到强的基石 ······ 29
　二、新技术革命对汽车人才能力和知识提出新要求 ············ 33
　三、人才培养体系创新是建立面向未来的人才队伍的重要基础 ····· 36
　四、产业重构将带来产业人才需求观和使用观的巨大变化 ········ 41
　五、构建面向未来的汽车人才队伍需要体制和机制的创新 ········ 43
　六、结束语 ······························ 45

专题研究

第一章　中国汽车产业人力资源现状及发展环境 ········· 49
　一、汽车制造业人力资源现状 ················ 49
　二、汽车企业集团人力资源现状 ··············· 58

三、汽车后市场企业人力资源现状……………………………………… 66

第二章　中国汽车人才培养体系现状……………………………… 79

一、汽车高等教育发展现状……………………………………………… 79
二、汽车高等职业教育发展现状………………………………………… 95
三、汽车中等职业教育发展现状………………………………………… 107
四、汽车企业继续教育发展状况………………………………………… 118
五、对满足未来需求的汽车人才培养体系的思考……………………… 129

第三章　新科技革命背景下汽车人才特征变化及需求分析……… 136

一、新一轮科技革命对汽车产业的影响和挑战………………………… 136
二、汽车产业变革的未来图景…………………………………………… 138
三、变革中汽车产业对人才的全新需求………………………………… 145
四、未来汽车人才特征图谱的构建与分析……………………………… 150
五、未来汽车人才的重要结论和发展建议……………………………… 165

第四章　换个视角看汽车、看人才的启示………………………… 170

一、来自汽车业内的启示………………………………………………… 170
二、来自汽车业外的启示………………………………………………… 175
三、被重新定义的汽车和汽车人才……………………………………… 181
四、加快汽车人才队伍建设的途径……………………………………… 184

第五章　中国汽车制造业中长期发展人才需求预测……………… 192

一、国外汽车制造业人力资源发展现状………………………………… 192
二、国外汽车制造业人才发展趋势……………………………………… 197
三、中国汽车产业人力资源需求分析…………………………………… 205

第六章　中国汽车产业人才发展体制机制改革研究……………… 215

一、中国汽车人才发展体制机制建设现状……………………………… 215
二、推进汽车人才发展体制机制改革的总体思路……………………… 223

三、推进汽车人才发展体制机制改革的对策建议 ·················· 225

第七章 推进中国汽车产业人才强国工程的基本构想 ·················· 231

一、汽车人才强国工程的实施目标 ·················· 231
二、汽车产业人才强国工程建设的内涵 ·················· 232
三、汽车人才强国工程实施的保障措施 ·················· 239

附录 汽车产业紧缺人才目录 ·················· 241

一、整车与零部件领域 ·················· 241
二、智能网联与新能源汽车领域 ·················· 245
三、汽车后市场领域 ·················· 253

中国汽车产业中长期
人才发展研究

> 总 报 告

中国汽车产业中长期人才发展研究总报告

当前，我国国民经济发展正处在一个关键时期，中国汽车产业也进入转型升级、由大到强的战略机遇期。人才强则产业强，人才兴则产业兴，我们对汽车产业人才的需要比以往任何时候都更加迫切，对卓越人才的渴求比以往任何时候更加强烈。

汽车产业人才由四部分人才组成：一是直接从事汽车产品开发、生产、营销和售后服务工作的人员；二是在材料、电子、信息、金融等领域专门从事与汽车相关工作的人员；三是在高校和研究机构从事科研工作的人员；四是就职于为汽车企业提供专项技术支持的科技型企业的人员。他们的职业生涯均与汽车产业的兴衰紧紧联系在一起，包括经营管理人员、工程技术人员和高技能人才，他们共同构成了汽车产业人才队伍。

本次研究依据中共中央《关于深化人才发展体制机制改革的意见》《国家中长期人才发展规划纲要（2010—2020年）》《制造业人才发展规划指南》《汽车产业中长期发展规划》的总体要求开展工作，力图站在汽车新时代发展的高度，从战略视角切入，科学研判和审视汽车产业人才发展现状、目标和任务，本着推动汽车产业发展和实现汽车强国战略的愿望，提出汽车产业人才优先发展的工作方向、措施建议和重点工程，以期为中国汽车产业人才队伍建设和发展奠定基础，促进我国汽车产业可持续健康发展。

一、中国汽车产业人才发展基本概况

（一）汽车产业人才现状

近年来，随着汽车产业的发展，汽车产业人才呈快速增长的态势，对就业的拉动效果明显。据《中国汽车工业年鉴》（以下简称《年鉴》）统计，截至2016年年末，汽车制造业规模以上①整车和零部件企业的从业人数达到483.3万人②，在人才质量、结构、管理效率和就业分布方面具有以下特点：

（1）人才质量不断提升，为企业创新发展提供了动力。进入21世纪以来，汽车企业坚定不移地走自主发展之路，汽车制造业研究与试验发展经费投入强度持续保持大大高于全国总体水平，产品开发技术和工艺技术研究不断深入，应用技术领域的基础理论工作得到高度重视，为人才创造了更多施展才华的机会，近十年来汽车企业发明专利数量的年增长幅度保持在29%~48%，对自主品牌产品市场竞争力的提升达到了重要作用。

（2）人才结构更加合理，为企业创新发展奠定了重要基础。随着汽车产业的转型升级，我国的汽车产业人才结构也在不断优化。最显著的特点是研发人员的数量大幅提升，高学历者在企业研发机构从业人员中的占比持续提高，一批拥有大专学历和本科学历人员出现在企业生产一线的高端数控设备操作岗位。这些变化标志着企业对自主创新发展的高度重视，也反映出新时代对汽车人才专业水平和能力素质的新要求。我们有理由相信，随着新技术革命和智能制造时代的到来，上述现象将进一步加剧。

（3）人力资源管理创新不断深入，人才管理效能不断提升。2015年，我国汽车制造业的人才贡献率③达到44.6%，2016年汽车制造业全员劳动

---

① 指主营业务收入达到2 000万元及以上的企业，下同。

② 按照《中国汽车工业年鉴》全口径统计，2016年年末汽车制造业规模以上企业从业人数为615万人，包括整车企业、专用车企业、摩托车企业和零部件企业，其中整车企业含乘用车企业和商用车企业，部分零部件企业兼营汽车零部件、专用车零部件和摩托车零部件。

③ 桂绍明. 人才经济学 [M]. 北京：中国人事出版社，中国劳动社会保障出版社，2016.

生产率达到35.4万元/(人·年)，是2001年的5倍，充分表明了企业人力资源管理优化的成果。汽车企业已充分认识到"人才优先"的重要性，对"人才是支撑企业发展的第一资源"已形成共识。各企业根据自身特点大力推进人才管理创新，取得了一批成功有效的经验，形成了一批可借鉴的模式，这些经验和模式正在通过全国性汽车人才交流平台加以推广，为我国汽车人才队伍建设提供了有力支撑。

（4）大型企业人才集聚度更高，对产业的带动效果突出。2016年大型企业的技术人员数量和研发人员数量分别占到了汽车制造业同类人员总数的91.2%和87.0%，大型企业的人力资源优势非常突出，在人才流动中呈现范围广、能力强的特征，在传统汽车整车和零部件企业、造车新势力企业、相关工业企业和金融、共享服务等领域都可以发现其身影，为产业整体创新能力的提升和自主品牌汽车产品市场竞争力的提升做出了贡献。

（5）小型企业向深度和广度发展，对从业者的吸引力增强。近年来，小型企业呈现在专业领域向广度发展、在细分领域向深度发展的趋势，正吸引着越来越多的从业者。统计表明，截至2016年年末，小型企业从业人数占汽车制造业从业人员总数的比例已经达到44.3%①，在2001年这一数字只有11.8%。但由于受到各种条件的制约，这些企业在吸引人、用好人、留住人方面面临更大的压力。

（6）多种所有制并存，为人才发展提供了更大空间。2016年与2001年比较，国有企业从业人数占汽车制造业从业人员总数的比例从44.5%下降到10.8%[6]，而其他内资企业则从46.8%提高到60.5%，外商投资企业则从8.7%上升到28.7%，足以表明非国有企业对国家经济发展、吸纳就业方面所发挥的重要作用。与此同时，基于对中国经济发展的信心和在中国本土研发活动的增多，外商投资企业从业人员中研发人员所占比例明显提升，由2001年的3.8%提高到2016年的4.9%，内资企业与外资企业的人才争夺已不可避免。

---

① 为汽车制造业全口径统计数据，下同。

（二）面临的问题

1. 人才体制机制不够完善

当前汽车产业人才队伍建设和发展中的最突出问题主要体现在以下方面：

（1）人才发展的体制机制不够完善，汽车产业人才市场主体没有完全到位，制约了汽车产业人才自主、自由发展机制的形成，也阻碍了汽车产业人才效率的进一步提升。

（2）人才培养体系跟不上时代发展需要，高校、职业学校人才培养体系的调整仍然受到许多管理制度的制约，贯穿从业者职业生涯的系统化培训体系建设仍在进行中。

（3）人才激励机制与从业者的期待仍有较大距离，探索和创新激励机制仍有较大空间，政府的政策保障措施仍有待进一步落实。

（4）人才评价机制创新推进滞后，尽管政府评价与时代脱节的问题已经引起重视，在推动社会评价方面做出了部署，但仍有待落实，中国科学技术协会所属全国学会经过十余年的探索已经在与国际接轨的同行评价体系建设方面取得了一系列成果，但至今未能纳入国家人才评价体系中，未能发挥应有作用。

（5）有序的人才流动和配置机制尚未形成，人才发展的天花板现象使得一些人才不得不通过跳槽获得更大发展空间，企业间恶性竞争，甚至"割韭菜"式挖人等种种乱象导致从业者的浮躁心态和人才流动性加剧，十分不利于汽车行业的人才培养和管理。

2. 人才结构性矛盾依然突出

从汽车产业来看，人才队伍的整体素质尚有提升空间，新时代对人才素质和能力提出了新要求，企业对职业化经营管理人才、新兴领域领军人才、创新型专业人才和富有创新精神的高技能人才的期待比以往任何一个时期都更加强烈。同时，受到企业性质和地域条件的制约，零部件企业对人才的吸纳能力和高端人才的稳定性明显不足，汽车后市场领域的人才结构也难以应对社会对汽车消费升级的要求。

未来国家间、企业间的竞争无疑将以人才竞争为核心，实现中国汽车强国梦，实现中国汽车产业在关键技术领域的新突破，需要将高质量的人才队伍作为支撑，完善人才结构、营造有利于人才成长的生态环境已成为我国实现汽车强国战略的当务之急。

3. 汽车人才供需矛盾仍待解决

目前各高校和职业学校都已经将分析和了解产业人才需求的工作制度化，并据此进行培养目标、课程体系和师资队伍的调整，中国工程教育专业认证的实施促使高校进一步加快了调整的步伐。

但受到各种条件的制约，汽车专业的学科建设仍然跟不上汽车工业发展的需要，尤其在新技术领域、交叉学科、跨界跨领域和复合型人才培养方面问题突出，院校的课程设置、教材编制、实验室和实训基地建设、教师专业能力和工程素质的提升、学生创新实践环境建设等面临诸多需要解决的问题。

面对新技术革命和产业变革，汽车专业的人才培养迫切需要从单一车辆工程专业向车辆工程类或车辆工程专业族的方向发展，不断推进汽车专业的教学改革、深化校企合作也将是一项长期任务，需要汽车产业和教育界的携手努力。

4. 人才的国际化水平难以适应发展需要

在全球经济一体化和中国进一步扩大对外开放的背景下，要求中国汽车产业必须拥有一批活跃在世界舞台的领军者、科学家和工程师，要求汽车企业拥有一批具有国家视野和跨文化交流能力的各层次人才。

遗憾的是，目前汽车产业和各企业的相关人才储备尚在进行中，社会化的国际化人才服务体系尚未建立，在一定程度上制约了中国汽车产业走向世界的步伐。

5. 重外部人才引进轻自我人才培养的问题依然存在

从海外引进掌握关键核心技术的人才，固然可以缓解国内领军人才缺乏的难题，但只能解一时之困。从长远看，要实现中国汽车工业的可持续发展，加强国内自主培养应当成为主流，包括经营管理人才队伍、工程技术人员队伍和高技能人才队伍。

目前，各地方政府的政策导向存在两个方面的问题：一是聚焦于外部引进人才和高端人才，对营造有利于本土人才发展环境的关注度不足，对支撑企业落实多种人才激励手段方面的有效措施不足，这是造成中小企业、不发达地区企业人才匮乏的主要原因；二是对海外人才重引进、轻管理，对一些为汽车产业发展做出贡献的海外引进人才的表彰和奖励措施不足，对一些"海归"频繁跳槽的现象缺乏制约，对企业的发展产生不利影响。

（三）发展机遇

加快实现中国从汽车大国向汽车强国的转变，核心是人才。当前，我国经济发展进入新常态，在资源和环境约束不断强化、人口红利逐渐消失等多重因素的影响下，经济发展面临着从物力资本优先积累向人力资本优先积累的重大转变，人才的重要性更加突显。

就汽车产业而言，人是新理念和新技术的载体，人是企业创新发展战略的实施者。面对已经到来的新技术革命和产业变革，只有拥有高质量的人才队伍，才能赢得与世界汽车巨头竞争的主动权。而面向未来，汽车人才队伍建设的新机遇已经摆在面前。

党和国家始终高度重视人才工作，近年来先后发布了多个文件，尤其是 2016 年中共中央印发的《关于深化人才发展体制机制改革的意见》和 2017 年教育部、人力资源和社会保障部、工业和信息化部联合发布的《制造业人才发展规划指南》，直面人才队伍建设中的突出问题提出了具体措施，为汽车人才成长创造了良好的生态环境。

《汽车产业中长期发展规划》和《节能与新能源汽车技术路线图》分别从国家战略层面和产业层面规划了汽车产业的发展蓝图和路径，为汽车人才队伍结构优化、质量提升和高校、职业学校人才培养指明了方向，为汽车企业吸引更多有志为中国汽车工业自立自强奋斗一生的优秀人才创造了条件。

中国"一带一路"倡议正在得到越来越多国家的积极响应，推动了中国汽车企业的国际化发展，这将成为全球汽车工程师流动的加速器。中国汽车工业全球地位的建立和"走出去"企业的良好发展，将为中国工程师施展才能创造新舞台，中国汽车工业创新活跃度的不断增强，将吸纳更多世界优秀工程师加入中国汽车人才队伍中，为中国构建全球化汽车人才体系提供良好条件。

产业旺盛的人才需求和高校、职业学校的学科发展需求，对人才服务社会化体系建设提出了新要求，中国汽车人才队伍的国际化也为传统人才服务社会化体系的创新发展提供了新机遇，第三方机构必将在未来的汽车人才市场中获得更大的发展空间。

然而，高质量的中国汽车人才队伍建设依然面临许多挑战。尽管人才管理理念的创新已经在一些企业得到重视，但传统思维、计划经济思想的影响与企业人才竞争的无序化交织在一起，建设人才发展良好生态环境任重道远。新型人才管理制度的建立、化解人才配置中的各种矛盾和扭转人才竞争中的诸多不良问题，需要以新型人才观为指导，以管理理念的创新为抓手，在体制和机制层面实现新突破。

二、汽车产业人才发展总体趋势及国际经验

（一）对未来人才队伍建设的新趋势

目前，全球制造业已经进入转型升级、变革重构的新时代。在本轮变革过程中，作为制造业的集大成者，汽车产业将首当其冲。在新一轮科技革命的影响下，未来汽车产业将发生深刻变革，未来汽车人才的知识更迭速度将不断加快，未来汽车产业人才的定义、岗位特征和结构、人才核心能力的要求等也将发生重要改变。据此，我们可以对未来汽车人才发展的趋势做出如下判断：

（1）本轮科技革命进步的速度前所未有，将加快人才知识结构的调整。互联网、大数据、云计算、人工智能、3D打印等技术不断创新并应用于汽车产业，将使汽车技术的迭代速度加快，对人才的知识结构提出了新要求。因此，未来的汽车产业者必须有能力紧跟时代发展步伐，不断学习和掌握新技术应用，具备跨领域、多样化的知识技能。

（2）本轮汽车产业跨界融合的速度前所未有，将加快人才素质能力的调整。在汽车产业由垂直线型产业价值链向交叉网状出行生态圈转变的过程中，汽车产业的边界变得模糊，与其他产业跨界交融的速度越来越快，大量

其他行业的人才将跨进汽车行业。受此影响,汽车产业人才类型的界限也将日渐模糊,汽车产业人才的工作内容也随之发生重大改变,跨产业协调能力将成为汽车人才能力的重要指标之一。

(3)智能制造的到来,将促使机器与人的关系发生根本性变化。随着科技革命的不断深入,机器将越来越多地取代人的工作,在汽车生产中逐步从"人的工具"转变为"人的伙伴"。但这并不意味着人的作用在下降,而是会更加提升。比较来看,机器的特点是"更专",以从事重复性的劳动见长,而人的特点是"更博",人显然比机器更适宜承担协调管理,特别是总体性的、更高层次上的协调管理工作。在这样的生产模式下,人类的角色也将被重新定义:人在未来汽车生产中将成为真正意义上的指挥者和智力劳动创造者。

由此可以断言,未来汽车产业和最需要的人才,既要拥有能够统领多方资源(人和机器)、整合复杂产业的领军型人才,也需要勇于探索创新的工程技术人员,更离不开技艺精湛的高技能人才。

(二)对未来人才队伍主体的新要求

未来的经营管理人才队伍中需要更多具有创新精神的企业家。随着全球汽车产业竞争的加剧,未来汽车产业也会像许多产业一样,出现"赢者通吃"的马太效应。因此,未来的汽车企业家必须具备两种重要素质:一是洞见未来、追求突变的远见卓识,能够超越数据、超越当下找到正确方向,做出正确决策;二是慧眼识才和用才,能够发现和找到一流的科学家和工程师,并为他们提供发挥才干的空间。

未来的工程技术人才队伍中需要更多的创意精英工程师。在智能网联时代,汽车产业的工程技术人员会面临一系列新挑战,要求工程师具备不断适应产业和技术变化的能力。

(1)提升跨学科交叉融合的能力。未来的优秀汽车工程师不仅要掌握传统汽车机械、材料、电子技术,而且要与新技术复合交叉,才能解决汽车产品在向电动化、智能化、网联化、轻量化和共性化发展中的一系列工程问题。

(2)拥有自由、开放和分享的精神。未来的汽车工程师必须懂得与同行交流的重要性，懂得向相关领域工程师学习的重要性，在技术层面和精神层面开放自己的经验，分享他人的成果。

（3）需要具备自我驱动、持续学习的能力。未来的汽车技术的更新速度会越来越快，技术的生命周期越来越短。不具备终身学习能力的工程师，将很快被产业技术进步所淘汰。

未来的汽车高技能人才队伍中需要更多的大师级工匠。一个高质量汽车产品的出现，离不开具有专注精神、能够刻苦钻研的技术工人，他们具有的基本特质是"专注＋钻研"，他们不仅是技术工人队伍中的佼佼者，不仅要能够熟练掌握和应用汽车新材料、新工艺和新技术，还要能够在理论层面对这些"新"有深刻的理解，才能成为智能制造时代的合格工人，才能成为高质量汽车产品的保障者。因此，全社会、全行业应当共同努力，培养一批作风踏实的大师级高技能人才，并树立起他们行业顶尖专家的地位，成为技能人才成长的榜样。

（三）跨国企业人才队伍构建的可借鉴经验

总结发达国家和跨国汽车企业人才开发和培育的经验，我们可以获得如下启示：

（1）要注重人才综合素质的培养。与其他工业领域一样，汽车企业一直非常重视专业能力的培养，对各种专业技术的培训和再教育都有制度性安排。然而近年来由于全球化趋势加快和新技术革命的来临，工程师的跨国界、跨地域、跨岗位协作变得更加紧密和频繁，汽车全供应链上下游之间协同能力的重要性日益突出，不仅要求工程技术人员有能力必须跟上技术的更新，快速响应市场变化，对其沟通协调能力也提出了更高要求，包括语言表达能力、表达技巧和对多元文化的理解。为此，知名跨国企业对人才的培养早已跨出技术范畴，覆盖多元文化的意识、工程思维的训练和沟通能力等综合素质的各个方面。

（2）要为人才提供更多"学习＋实践"的机会。现在越来越多的企业认识到，为员工提供学习机会的直接受益者是企业，但仅仅靠传统培训方式难以实现人才综合素质的提升，实现知识学习到工作能力转化的关键在于实践。为此，知名跨国企业在人才培训中突出了长期性、系统性和实践性。尽管为人才提供实践机会的培养成本远远大于单纯集中学习培训的花费，但企业从人才成长中的获益也是巨大的。

（3）要为人才获得新知识提供更有效渠道。随着互联网技术发展与智能终端的普及，企业和员工越来越多地利用碎片时间来学习。知名跨国企业的做法是：开设更多适合在线学习的课程，围绕培训内容开发专门的学习资料，让员工通过在线学习快捷、高效、经济地获取最新的知识，同时与社会上的专业培训机构合作，为员工提供内容更加多样、形式更加丰富、能够满足员工个性化需求的服务。

三、中国汽车制造业人才发展预测及思路

（一）人才需求预测

以《关于深化人才发展体制机制改革的意见》《制造业人才发展规划指南》《汽车产业中长期发展规划》《节能与新能源汽车技术路线图》为指导，结合汽车产业新技术革命和产业变革的新要求，本次研究工作对未来中国汽车制造业人才的需求做出了如下基本判断。

中国汽车产业在未来一个时期仍将保持一定的增长速度，必将带来汽车产业人才资源总量的稳步增长，预计2020年和2025年，汽车制造业规模以上整车企业和零部件企业的从业人数将比目前分别增长15%和30%，分别达到555万人和628万人左右，但新技术革命和产业变革将带来人才结构的变化，具体如下：

（1）经营管理人员：由于企业管理水平提升和信息化管理水平的提高，对经营管理人才的需求将出现先降后升的情况，2020年的人才总量将比目前减少11%，2025年将比目前增长4%。届时，经营管理人才在企业总体人员结构中的比例将从目前的平均5.5%下降到4.2%左右。

（2）工程技术人员队伍中的研发人员：由于企业自主创新投入的不断加大和研发活动开始从产品开发领域向应用技术的基础研究领域延伸，与高校和各类科研机构在基础研究领域的合作越来越多，对研发人员的需求愈加强烈。预计2020年和2025年，研发人员总量将分别比目前增长43%和

133%。届时，研发人员在企业总体人员结构中的比例将从目前的平均17.4%提高到22%~30%。

（3）工程技术人员队伍中的其他技术人员：他们承担着企业发展规划编制、质量管理、生产管理、供应链管理、设备维护和营销管理等职责，是企业高质量发展中不可缺少的力量。随着企业更加注重战略层面的谋划和产品质量、生产效率的提升，这些技术人员队伍的规模也将稳步扩大，2020年和2025年将分别比目前增长40%和77%。届时，他们在企业总体人员结构中的比例将从目前的平均25.3%提高到30%~33%。

（4）生产工人：随着智能制造的应用，高技能人才队伍将大发展，普通技术工人的数量将下降。具体而言，2020年和2025年生产工人中高技能人才将分别比目前增长139%、412%，同期普通技术工人的数量将比目前分别下降27%和74%。届时，高技能人员在企业总体人员结构中的比例将从目前的平均4.8%提高到10%~19%，在生产工人队伍中所占比例将从目前的9.3%提高到2020年的25%和2025年的67%，越来越多拥有大专或本科学历的人员投入生产一线，成为高精尖设备的操作者，而普通技术工人在企业总体人员结构中的比例将从目前的平均47%下降到2020年的30%和2025年的9%。

（5）在汽车企业集团从事营销工作的人员：随着汽车营销模式的不断创新和互联网技术的快速发展，未来的汽车营销必将呈现线上线下多种模式并行的局面，社会上营销企业的集团化发展速度也将影响到整车企业营销部门的人员数量和结构的变化。从总体看，未来营销人员在企业总体人员结构的比例将在3%~5%。

伴随着上述变化，2020年和2025年汽车制造业从业人员中受过高等教育的比例将分别为37%和39%，汽车制造业人才贡献率将达到47%和52%。

（二）发展思路

为实现上述发展愿景，中国汽车人才队伍建设应坚持全面贯彻党的十九大精神，践行习近平新时代中国特色社会主义思想和治国理政新理念、新思想、新战略，围绕创新、协调、绿色、开放、共享的发展理念和"四个全面"战略布局，按照国家的战略部署，以实施汽车强国为目标，以创新人才发展体制机制为动力，以企业家、创新型科技人才和高技能人才三支队伍建设为重点，以培养、引进、使用、留住人才为抓手，以推动行业内外协同创新为导向，构建科学规范、开放包容、运行高效、环境优化、制度完善的人才发展治理体系，形成具有国际竞争力的汽车产业人才制度优势，为实现由汽车大国向汽车强国转变提供强有力的人才支撑。

未来中国汽车人才队伍建设应遵循以下基本原则：

（1）人才优先原则。坚持"人才是第一资源"的理念，进一步确立人才队伍建设在汽车产业发展中的关键地位，从战略高度确保汽车产业人才优先发展。充分发挥人才的基础性、战略性、导向性作用，坚持两个"一把手"抓第一资源，真正做到人才资源优先开发、人才结构优先调整、人才投资优先保证、人才制度优先创新。

（2）服务发展原则。以服务汽车强国战略为第一需求，围绕掌握关键核心技术、提升企业品牌、扩大国际市场份额等目标，落实人才支持措施。促进区域间人才的合理流动与协同创新，实行海外高端人才引进和国内高端人才培养并举，提升汽车行业的人才供给能力。

（3）优化结构原则。以推动人才结构战略性调整为目标，以高层次创新型科技人才为引领，着力解决新能源汽车、智能网联汽车等领域人才匮乏的问题和复合型人才、国际化人才匮乏的问题；加强汽车零部件研发人才的培养和配置，解决零部件企业创新能力提升中的人才结构性矛盾问题；促进汽车产业人才优化配置，形成人才区域、学科和专业领域的合理分布。

（4）创新制度原则。以创新人才体制机制为动力，加快人才发展体制机制改革和政策创新，重点破除束缚创新驱动发展的人才观念和体制机制障碍，完善人才评价体系，推进人才激励机制创新，强化研发人员创新劳动同其利益收入的对接，激发人才的创新活力。

（5）扩大开放原则。在对外开放方面，实施更开放的创新人才引进政策，形成中国汽车人才的聚集效应，并加强对引进人才的有效考核，建立对贡献者的褒奖制度和对无作为者的淘汰机制。在对内开放方面，应鼓励企业、高校、科研院所、社会组织、优势企业共同开展人才资源开发和人才培训，为人才成长提供更大舞台。同时，行业组织和企业紧密合作，推荐和鼓励更多的中国汽车工程师走上国际舞台，参与国际标准的制定，提高我国汽车产业的国际影响力，提高企业的国际知名度和软实力。

我们相信，在上述因素的推动下，在国家人才政策的支持下，到2020年将形成与汽车产业实现高质量发展相适应的人才资源格局，培养和造就出一支结构合理、素质优良、富有活力的汽车产业人才队伍，人才的国际化程度将明显提升；到2025年将实现汽车产业人才培养体系和管理制度更加完善，在重点领域形成汽车产业人才国际竞争优势，为中国汽车产业进入强国行列奠定基础。与此同时，汽车制造业人才管理模式创新不断取得新突破和人才培养体系不断完善，必将为人才成长创造更好的生态环境，为汽车制造业人才队伍建设创造更加广阔的空间。

四、中国汽车产业人才发展主要任务

（一）创新管理机制

1. 创新人才管理机制

汽车产业人才队伍的建设应尊重市场经济规律和人才成长规律，从产业特点、企业需求和人才发展需求考虑，制定和实施有利于汽车产业人才队伍健康发展的政策措施，实现汽车产业人才工作行政化、市场化和社会化的有机统一。

在政府对汽车产业人才的管理方面，要彻底改变以往"以计划为手段、以行政为中心"的管理方式，加快实现管理模式向以"经济手段＋法律手段"为主的转变，最终目标是实现人才管理模式的"去行政化"，建立"以满足人才成长需求、提升人才管理效率为中心"的公共服务模式。

2. 创新人才集聚机制

充分尊重市场规律，建好人才挖掘平台。鼓励汽车企业依据市场规则和市场价格，引进和使用高层次人才；鼓励汽车行业组织与企业加强协调，进一步优化企业间人才竞争环境，探索更多发现人才、挖掘人才的渠道；鼓励有条件的企业设立引才、育才专项基金，并鼓励吸引社会资本、风投资金参与基金建设，增强汽车企业吸纳人才和聚集人才的能力。

完善人才评价机制，建好人才服务平台。根据产业发展趋势，由行业组织牵头，会同企业共同制定人才标准和评价体系，倡导企业采用业绩评价、薪酬评价、价值评价、主体评价和投资评价等多种方式鉴别人才和引进人才。建好社会化的人才服务平台，为目前在选人、用人和留人方面处于劣势的中小企业提供支持，为人才的合理流动和获得公正、客观的社会评价提供渠道。

加强平台间合作，拓展人才发现渠道。鼓励更多中国企业加强与国外高等学校和研究机构的科研合作，在合作中发现人才。通过政府支持和行业组织的协调，打造海外汽车人才库、搭建更加多样的人才跨界交流平台，让更多的国际人才了解中国和认识中国汽车产业，为中国企业发现人才和招聘人才服务。

3. 完善人才培养机制

要构建面向未来的教育培养体系。在《中华人民共和国统计法》的框架下建立汽车行业人才统计体系。梳理我国汽车产业人才紧缺情况，制定和适时修订中国汽车产业人才工作指导目录，加强对紧缺人才的培养。建立产业需求引导下的产学研一体化教育培养模式，构建中职、高职、本科相互衔接的教育培养体系，按照"系统最优"的理念规划汽车专业的学科设置和发展，并据此调整课程体系、师资队伍和实训体系。加强社会化的培训服务网络的建设和教育培训的国际合作，为各类人员提供成才的机会。

要构建务实与创新相协调的后备人才教育体系。在务实方面，把提高教材水平、提升教师队伍的"工程能力"和深化校企合作作为首要任务，鼓励企业参与教材编写，为学生提供专业实习机会，吸纳更多教师在企业兼职，并通过上述工作推动校企战略合作关系的建立，提升后备人才的工程意识、动手能力和学校专任教师的工程能力。在创新方面，把课程体系的与时俱进、汽车专业的创新发展和跨界人才、复合型人才的培养作为首要任务，鼓励高校按照《中国工程教育认证标准》要求，并结合产业长远需求，建立符合学校发展定位的人才培养目标和教学体系，解决"千校一面"的问题，满足产业对各层次、各类人才的需要。

要构建贯穿从业者职业生涯的继续教育体系。加强继续教育领域行业组织、骨干企业、第三方专业培训机构的合作，按照满足当前、面向未来的要求建立汽车人才的终生教育体系，实现企业内部培训、行业培训和社会化培训的有机结合，推动人才开发朝着专业化、系统化、市场化的方向发展，为人才成长提供多种解决方案，为汽车人才的职业发展提供多种机会和创造条件。

构建具有工匠精神的高技能人才培养体系。高职及中职教育应根据建设知识型、技能型、创新型劳动大军的要求，面向制造强国战略培养高技能人才及一线专业操作人员，建立有利于高技能人才成长的终身职业技能培训制度，建立高技能人才绝技、绝活代际传承机制，以提升职业素质和职业技能为核心，培养和造就一大批具有精湛技艺、高超技能和较强创新能力的高级技师。

4. 完善人才评价机制

完善人才评价体系。针对汽车产业人才的岗位特点和企业国际化发展需要，建立具有汽车产业自身特点、与国际接轨的汽车人才评价标准和评价体系，将人才的评价从注重成果数量转向注重人才专业能力、交流能力、工程伦理、项目管理能力和领导力的综合评价，突出品德导向、能力导向、业绩导向和贡献导向。

推进人才的社会评价。要按照国家《关于分类推进人才评价机制改革的指导意见》和《关于深化职称制度改革的意见》的总体要求，结合汽车产业的特点，建立企业自主评价和社会评价相结合的人才评价体系，并实现两者的有机衔接，让企业自主评价更好地发挥发现人、用好人和留住人的作用，让社会评价更好地为人才合理流动、人才成长和企业人力资源管理服务。

5. 完善人才流动机制

要破除妨碍人才社会性流动的障碍，既要充分认识有序的人才流动与人才溢出对提升行业整体技术水平具有的重要意义，尊重和保障人才自主发展的权利，又要以机制有效遏制企业间人才争夺的恶性竞争，避免无序流动对产业健康发展带来的不利影响。因此，在新机制的构建方面要重点抓好以下工作：

（1）在政府层面，要进一步强化对人才流动中的知识产权侵权的打击力度，为企业发展保驾护航；二、三线城市的政府各部门应当形成合力，增强当地企业对人才的吸引力，为企业用好人、留住人做好服务。

（2）在行业层面，要充分发挥社会组织的作用，建好企业人力资源部门的定期沟通和交流机制，通过企业薪资对标、共立促进人才发展公约等多种方式，实现企业间的充分协商和共赢。

（3）在企业层面，要建立有区别的人才激励机制，对引进的"高尖精缺"人才，在工资福利标准方面应给予放宽，体现人才价值；对长期为企业发展兢兢业业工作的现有员工，要充分尊重其对企业发展的贡献，通过进一步优化人才发展环境激发其创造力，培养其对企业的忠诚度。

6. 完善人才激励机制

转变人才激励观。企业应将对员工的激励管理从"关注现在"转向"关注未来"，为员工在职业发展规划设计方面提供指导，将企业的发展战略融入个人的成长计划中，通过制度设计，努力消除人才成长天花板，为员工职业发展规划的实现提供渠道，进而激发各层次人才，特别是研发技术人才创新活力，增强优秀人才对企业的认同感、归属感和稳定性。

实现激励手段的多样化。要改变目前企业过度依赖薪酬激励、目标激励和职务激励的状况，鼓励行业组织联合社会力量，为企业实现对员工的学习激励和荣誉激励提供渠道，为各类人才获得法律援助提供平台。企业也应在员工带薪休假等基本福利保障方面下更大力气，在健全知识产权风险防控机制的前提下，积极探索将研发人员职务发明、研发科研成果、产品开发成果转化收益与其薪酬合理挂钩的薪酬制度，为行业股权激励工具应用提供更多经验。

（二）建好三支队伍

1. 建设时代性、创新型的企业家人才队伍

要按照"四化"要求，加大企业家人才队伍建设。

（1）实现职业化，即在汽车行业建立具有战略思维、长远眼光的企业家

和职业经理人队伍。

（2）实现市场化，即推进企业经营管理人才的市场化选拔任用机制，让更多的精通现代企业管理的经营管理人才能够通过市场配置渠道进入岗位。

（3）实现国际化，即以中国企业稳步走向世界为目标，将国内培养与国外引才相结合，培育一批懂管理、了解国际化企业运营规则的企业家。

（4）实现专业化，即以深化企业家对未来汽车产业发展的认识为重点，提升企业家洞察变化的能力、识才用才的能力和运行管理的能力，确保企业战略目标的实现。

为实现上述目标，政府、行业组织要从政策、体制和机制上营造有利于企业家发展的环境，为更多企业家具有这些能力创造条件，行业组织应为企业发现管理人才和促进企业家间的交流提供渠道。

2. 打造高素质工程技术人才队伍

加强创新型技术领军人才培养。要依托国家级重点科技项目、重点工程项目、国际合作项目和国家级重点实验室、工程中心、专业优势突出的高校，加强行业领军人才培养，为行业发展积蓄一批基础理论创新人才、应用技术创新人员和产品开发人才。要切实发挥好企业博士后工作站的作用，通过它们与上述项目承担单位、机构的深度合作，让更多的科学和技术攻关成果在企业得到转化，并使其成为企业遴选有用人才的平台。企业要建立优秀人才的选拔机制，并使他们有机会参与到上述项目中，获得在上述机构深造的机会。要支持和鼓励企业更多地参与国际科技合作项目，跟踪国际前沿技术领域的发展，并培养更多面向未来的人才。

加强工程技术人才能力建设。要充分依托企业的自主创新活动和社会化的人才服务体系，重点提升人才的跨学科交叉融合的能力以及自由、开放和分享的精神。未来的优秀汽车工程师不仅要掌握传统汽车机械、材料、电子技术，更要有能力实现新技术的复合交叉应用。同时，互联网时代的到来，导致企业知识管理的内涵已经发生变化，企业对核心技术有效保护能力的提升和对外部技术资源的渴求，促成了知识流动形式的变化，更具开放和分享精神的工程师才是未来市场竞争中的最大赢家。

加强复合型后备人才培养。要围绕企业员工岗位设置以及职责要求的新变化，对不同岗位的后备人才，除进行汽车专业知识的培训外，还应进行有区别、有针对性的专业能力培养。对于未来研发岗位的从业者，应围绕节能汽车、新能源汽车以及智能网联汽车三大发展方向推动高校和职业学校探索建立跨院系、跨学科、跨专业交叉培养新机制，加快培育复合型人才。对于未来管理岗位的从业者，应为其提供更多的企业运行管理、品牌和质量管理、物流与供应链管理和知识产权管理等方面的知识。未来要在"走出去"企业中任职的从业者，其国际化视野、跨文化交流能力应当比其他岗位从业者更胜一筹。

3. 大力培养技艺精湛的高技能人才

据预测，到 2025 年，汽车高技能人才短缺 30 多万人。为此，要尽快制定汽车职业技术教育的中长期规划，加快提升学校、企业的技术技能的培训水平，加快教学培训的师资及软件、硬件条件的改善，以适应汽车产业智能制造水平升级的需要。

切实提高高技能人才的收入，解决其后顾之忧。应完善高技能人才评价体系，推行技师、高级技师聘任制度，探索建立企业首席技师制度，建立高技能人才向专业人才发展的通道。应制定提高技术工人待遇的政策，推动建立高技能人才按贡献参与分配的制度，着力提高高技能人才的待遇水平，要加大对高技能人才的精神和物质奖励力度，扩大高技能人才享受国务院政府特殊津贴人数。应广泛开展各种形式的职业技能竞赛和岗位练兵活动，让更多的高技能人才能够获得学习机会和社会荣誉。

（三）推进人才国际化

建好"请进来"和"走出去"的双向通道。对请进来的人才，要根据紧缺目录有针对性地开展工作，引导用人单位采用国际通行标准和录用程序招聘人才，并为引进人才的生活和工作提供各种便利。做好引进人才的能力甄别，建立对引进人才的考核机制，实行"一人一策"，对有真才实学和做出突出贡献者，放宽申请永久居留的条件，给予中国公民同等待遇。对走出去的人才，鼓励企业间合作，共同构建服务支撑体系，为其顺利开展工作提供保障。

创新海外高层次人才引智模式。鼓励企业采用多种方式打造国际化的人才队伍，具体形式可包括：通过并购国外团队快速提升专项技术能力，通过参与国际合作项目培养人和锻炼人，通过企业独立在海外设立研发机构利用当地人才为企业发展服务，通过多个企业对具有专业所长的国外高校或研发机构研发项目的联合研发投入和共同合作获得新技术。

推进中国工程师的国际互认。要按照国家推进工程师国际互认工作的总体要求，以中国汽车工程学会团体标准《汽车工程师能力标准》和工程师能力评价体系为基础，加强中国企业与"走出去"目的国（地区）相关机构的交流，推动实现与这些国家（地区），尤其是"一带一路"沿线国家（地区）的工程师能力"双边"或"多边"互认。

（四）铸就"中国汽车精神"

铸就"中国汽车精神"是中国进入汽车强国行列的必然要求，其内涵包括以下四个方面。

（1）艰苦奋斗精神。未来的汽车产业者应当保持中国第一代汽车人"以国家利益为最高利益"的精神，树立为中国汽车产业创新发展自强不息的精神，为实现"中国梦"奋斗终生的精神。

（2）攻坚克难精神。汽车是集众多学科为一体的产品，在新技术革命的影响下，汽车产品的定义正在悄然变化，在环境和能源的压力下，汽车产业发展面临的挑战比以往任何时候都要大，敢于攻坚克难、顽强拼搏、百折不挠、决不退缩是未来汽车人的基本品格。

（3）开拓创新精神。回顾世界汽车产业的发展历史可以看到，正是汽车从业者一次次勇敢地站在历史变革的潮头，才有了汽车工业百余年的经久不衰。要实现汽车强国的目标，中国的汽车人必须勇敢地站在世界科技发展的最前列，努力在世界高新技术领域占有一席之地。

（4）大国工匠精神。工匠精神的内涵是敬业、精益、专注和传承，这种精神不仅技能人才需要，专业技术人员也同样需要。敬业就是以敬畏之心专注于本职工作，精益就是要有追求极致的职业品质，专注就是要以充分的耐心和恒心做好每件事情，传承就是要通过分享和记录，让自我的经验积累成为企业的知识积累。

五、重点人才工程

为应对中国汽车产业实现高质量所面临的各种挑战，推进实施"汽车产业人才强国工程"是必然的选择。

这一工程的主要目标是：一要支撑我国汽车产业应对全球化竞争的冲击；二要支撑我国宏观经济发展战略的实施；三要支撑我国汽车产业的历史性变革。

（一）海外高端人才引进工程

目标：

在我国汽车产业具有相当优势的科研领域设立 30 个海外高层次汽车产业人才创新创业基地，引进 1 000 名能够突破汽车关键技术、发展新能源以及智能网联等核心领域的战略科学家和创新创业领军人才。

基本任务：

建立适应国际化的人才管理制度，在人才引进开发、评价发现、选拔任用、流动配置、激励保障等方面打出政策"组合拳"，设计具有中国特色的现代汽车产业人才治理模式，提高人才服务的质量和效率。

以企业需求为导向进行海外高端引才，包括：能引领汽车产业潮流的创新、创业、创意人才；掌握汽车产业全球资本、信息、技术、人才资源的人才；卓越领导人才，业界精英、科技大师等具有影响力的人才；海外留学生等具有发展潜力的人才。

建设一批海外高层次人才创新创业基地，吸引与积聚世界各国最高水平的科研人员开展世界顶级的科研活动。鼓励大型企业建立海外研究机构，吸引顶尖人才，研究最新科技发展趋势，实现研究成果向生产的迅速转化。

完善海外高端人才引进方式，对国家急需紧缺的特殊人才，开辟专门渠道，实行特殊政策，实现精准引进。支持地方、部门和用人单位设立引才项目，加强动态管理。鼓励社会力量参与人才引进。

（二）企业家人才扶持工程

目标：

到 2025 年，在汽车行业培养 100 名具有世界眼光、战略思维、创新精神，既懂技术又有经营管理能力的企业家。

基本任务：

激发企业家能动性，健全国有企业内部治理和监管机制，加快建立与市场经济相适应的经营决策、选人用人、业绩考核、收入分配等激励机制和约束机制。

完善人才服务体系，积极培育良好的人才创业环境，加强人才社会化服务体系的建设，为人才实现自我价值提供支撑。

对接全球汽车企业现代化经营管理水平，打造全球汽车产业企业家交流平台，促进国内外企业家的交流与合作，学习和吸收国际先进的企业管理经验。

（三）新业态重点领域紧缺人才集聚工程

目标：

到 2025 年，培养和集聚一批新兴产业相配套的节能与新能源汽车产业人才、智能网联汽车产业人才。

基本任务：

围绕汽车产业发展的战略需求，优化汽车人才培养学科设置，发挥汽车新技术发展对其他学科发展的引领和带动作用，并通过强化校企合作带动高质量人才培养。

统筹国家科技计划（专项、基金等）、企业投入和社会资本在智能网联、新能源、节能等领域的研发投入，以项目激发人才的创造力，使更多优秀人才向汽车产业集聚。

梳理目前急需的各类汽车产业人才，加强对重点领域紧缺人才的引进，为中国汽车工业的可持续发展提供人才储备。

（四）创新人才支持工程

目标：

瞄准世界汽车科技前沿建立产学研一体的汽车专家工作室 100 个，建立多层次科技人物表彰体系。

基本任务：

建立健全部门协调联动、覆盖关联产业链的人才协同创新机制，建立跨产业、跨学科的人力资源数据平台和协同平台。

推行企业首席专家和首席工程师制度，在薪酬之外提供业务平台、配备团队、提供生活待遇，依法赋予创新领军人才更大的人财物支配权、技术路线决定权，实行以增加知识价值为导向的激励机制。

建立多层次的人才奖励和表彰制度，完善以能力和贡献为导向的人才评价制度，释放人才创新内生动力，提升科技人才的国际竞争力。

加强创新成果知识产权保护，建立创新人才维权援助机制，完善知识产权风险防控机制，为人才创新创业提供支持。

（五）大国工匠开发和技能人才培养工程

目标：

在全国建成 100 个高技能人才培训基地，建设一批汽车行业重点领域创新团队和创新人才示范基地，培养造就一大批具有精湛技艺的汽车行业工匠型人才。

基本任务：

建立技能大师工作室和创新示范基地，突破中国汽车产业发展的建设"瓶颈"，培育工匠文化，弘扬工匠精神。

探索多元化人才培养。支持学校与企业的深度合作，实现培养与产业需求精准结合。鼓励企业自己创办大学、职业学校，将企业文化导入、培训教材开发和管理、学生的实习和实践融为一体，提升员工队伍的素质、稳定性和对企业的认同感。

（六）跨界人才集成工程

目标：

到 2025 年，培养一大批智能制造、汽车后市场及服务业跨界人才、环保节能人才。

基本任务：

大力培养智能制造人才，重点方向是智能制造与原材料供应链、整车制造生产链、汽车销售服务链相结合的跨界人才。

大力培养汽车后市场及服务业跨界人才，重点方向是云技术、大数据应用人才和汽车信息、通信、电子和互联网行业的人才。

大力培养汽车环保节能人才，强化各类人才的职业健康与安全、节能、环保意识，实现汽车全生命周期的环保节能。

（七）国际化人才开发工程

目标：

结合"一带一路"倡议，推动中国工程师工程能力国际互认和工程教育认证，建设全球性的人才数据库，为国内外企业提供更加丰富、全面的人才资源信息。

基本任务：

结合教育改革，推进工程教育认证，推进汽车人才教育培训的国际化，加大汽车人才国际培训活动的参与度，培养一批具有国际化视野的人才。

举荐一批行业领军人才到国际组织任职，支持更多优秀中国工程师参与国际高水平技术交流活动和国际标准编制工作，在国际舞台上争取更大话语权，提升中国工程师的国际影响力。

大力推进中国工程师工程能力国际互认工作，建立与国际接轨、符合汽车工程师职业特点和成长规律的汽车工程师能力标准，构建具有国际化特征的评价体系，积极推动相关标准和体系的国际认可，为中国汽车工程师的跨国家、跨地区流动提供保障。

通过国际合作，建设全球性的人才数据库，服务于企业人才需求发布、招募和人力资源管理，帮助中国企业聚集人才资源，提高人才交易的成功率，降低国际化发展的成本，推动全球人力资源"柔性流动"的发展，提高人力资源流动类型的多样化和灵活性。

中国汽车产业中长期
人才发展研究

>
发展综述

新技术革命下中国汽车人才发展的战略思考

随着我国汽车工业的快速发展和市场竞争的不断加剧,"人才资源是企业第一资源"的观念已深入人心,汽车产业人才队伍规模迅速扩大,结构日趋合理,来源更加丰富,用人的方式也将更加多元化。面对激烈的市场竞争和新技术发展的需求,企业对人才的需求已经开始从追求量向追求质转变。

然而,未来汽车产业人才队伍建设所面临的挑战也十分巨大,社会需求使得汽车电动化、智能化、网联化、轻量化和共享化成为必然,对人才的知识结构和能力要求提出了新挑战。未来人才队伍的构建需要新思路和新理念的引领,需要政府在营造生态环境方面的支持,需要社会组织在构建人才服务体系方面的努力,也需要人才供给体系的创新。

一、日益完善的人才队伍已成为中国汽车产业由大到强的基石

从广义角度说,汽车产业人才包括汽车制造业人才、汽车维修人才、汽车营销业人才和汽车上下游产业中与汽车相关行业的从业人员(如冶金、复合材料、石油等工业领域与汽车用材、汽车用油相关的研发、生产人员)和高等教育学校中、科技型企业中从事汽车技术研究、新材料和新工艺在汽车领域应用研究的人才。从地域分布看,越来越多的汽车企业在海外拥有了研发基地和生产基地,大量的当地人加入中国汽车企业的从业者队伍中,具有明显国际化特征的中国汽车人才队伍正在构建中。从国内汽车产业的从业者来源看,除本地培养的人才外,也有越来越多的"海归"人才加入企业人才队伍中,他们中的一些是在国外有着一定从业经历、掌握专门技能的人才,与此同时也有越来越多的刚刚学成者回国,成为中国汽车产业的新生

力量。

根据《年鉴》提供的数据,2016年我国汽车产量达到2 694万辆①,同期汽车制造业规模以上整车和零部件企业年末从业人数达到483.3万人,人才队伍发展状况呈现以下特点:

(1) 整车企业的从业人员密度远远高于零部件企业。从《年鉴》的统计数据看,2016年我国汽车制造业中整车企业合计从业人数达到129.1万人,占同口径统计的汽车制造业从业人数的26.7%。平均到单个企业,2016年每个整车企业平均从业人数达到10 942人,而2001年这一数字仅为4 370人。相比之下,2016年每个零部件企业平均从业人数由2001年的385人下降到278人。这些数据充分反映了整车企业的人才优势,也反映了关注零部件企业人才队伍建设的重要性。

(2) 两个大于70%突显关注零部件企业从业者职业发展的重要性。目前我国共有规模以上零部件企业12 757家,从业人数为354.1万人,吸纳了汽车制造业从业人员数量的73.3%。另一个数据来自对小型企业的统计,即汽车制造业规模以上企业中,小型企业数量已经占到汽车制造业企业总数的79.4%。由于零部件企业多为中小企业,而我国近年中型企业数量呈逐年下降趋势,突显了关注零部件企业和小型企业从业者职业发展的重要性。当前我国零部件企业正在向"专、精、特"发展,高质量人才队伍是零部件企业发展的重要基础,更是中国汽车强国目标实现的重要基础。

(3) 非国有企业从业者已经成为支撑中国汽车产业发展的重要力量。随着国有企业改革的推进,国有企业的数量呈现逐步减少趋势,2016年仅占汽车制造业企业数量的5.0%。与之相应,其他内资企业已经占到汽车制造业总数的76.2%,并吸纳了汽车制造业从业人数的60.5%,外商投资企业的从业者数量也在快速提升,已经占到汽车制造业从业人数的28.7%。从这一角度说,相比其他产业,汽车人才管理的"去行政化"需求更为突出,对建立市场化管理体系的需求更加强烈。

(4) 大型企业和国有企业的人才优势依然突出,对产业发展的带动效果突出。平均到单个企业,2016年2 801家大型企业和762家国有企业每家拥

---

① 国家统计局和中国汽车工业协会公布的同期中国汽车产量数据为2 811.9万辆。

有的技术人员数量分别为 174 人和 94 人,每家平均拥有的研发人员数量分别为 137 人和 65 人,远远高于其他规模和所有制类型的企业。从近十几年汽车制造业的人才流动情况看,大型企业和国有企业的人才外溢效果显著,助推了产业整体技术水平的快速提升。

(5) 企业研发投入不断加大,促进了人才质量的大幅提高。进入 21 世纪以来,企业将自主创新的决心转化为具体行动,为人才成长提供了施展才能的良好环境。2016 年汽车制造业规模以上企业研发投入总额为 1 852 亿元,尽管整车企业的研发投入仍然占较大比例,但零部件企业实现了每个研发人员拥有的研发经费数量与整车企业的同步上涨。在这一背景下,2005—2016 年我国汽车行业专利授权总量由 8 441 件提高到 244 128 件,其中发明专利的年增长幅度在 29%~48%,均远远高于汽车产量和各类从业人数的增长比例,这些数字是中国汽车人才质量提升、自主品牌企业成长和产品质量提高的最好证明。

(6) 外商投资企业对研发人员的吸纳力正在提升,内外资企业的人才争夺战已不可避免。数据表明,国有企业的研发投入水平仍然高于其他所有制企业,2016 年汽车制造业规模以上企业的研发经费总投入中,国有企业占比 36.53%。平均到单个企业,国有企业平均研发经费数量达到 8 608.9 万元,是其他内资企业的 21.6 倍、外商投资企业的 3.7 倍,充分反映了国有企业实现自主创新发展的决心和在中国汽车工业发展中的中流砥柱地位。但值得注意的是,平均每个外商投资企业的研发经费投入由 2001 年的 861.6 万元提高到 2016 年的 2 321.5 万元,充分反映了外商投资企业对本土研发工作重视程度的提升。与之相对应,汽车制造业规模以上企业的研发人员总数中,外商投资企业占比也由 2001 年的 18.8% 提高到 2016 年的 21.3%。

(7) 企业人力资源管理创新成效显著,为企业发展提质增效做出了贡献。2016 年与 2001 年比较,整车企业的全员劳动生产率由 11.8 万元/(人·年) 提高到 67.7 万元/(人·年),零部件企业的全员劳动生产率由 4.7 万元/(人·年) 提高到 17.2 万元/(人·年)。我国汽车企业人力资源管理水平的提高,无疑是企业生产效率提升的重要贡献者之一。

除上述特点外,本次研究通过对 9 家骨干汽车企业集团(以下简称九大集团)和 44 家后市场企业的问卷调查,得到了我国汽车制造业人才队伍学历结构、年龄结构和岗位分布的基本情况，大致如下：

（1）从汽车整车和零部件企业从业者的学历水平看，已经有越来越多的高学历者进入企业的研发机构，研发人员队伍中拥有研究生学历的人数快速增加。但根据我国汽车产销量排名前九的九大集团提供的问卷调查数据，截至 2015 年年底，国内培养的拥有本科及以上学历的人员仍然是企业的中坚力量，占到九大集团从业人数的 43.9% 和拥有本科及以上学历人员的 90.5%，而在企业的生产工人中也有超过一成人员受过中职、高职学历教育。

（2）从年龄结构看，行业人才队伍的年轻化特征十分明显。在九大集团拥有本科及以上学历的从业者中，35 岁及以下人员占 75.9%，在拥有中职、高职学历的从业者中 35 岁及以下人员占 86.6%，说明中国汽车人才是一支充满活力的队伍，但也是一支需要在一代又一代产品开发和生产中不断积累经验的队伍。

（3）从岗位分布看，在这九大集团受过高等教育的从业人员中，4.4% 从事经营管理工作，11.6% 从事研发设计工作，84.0% 的技术人员分布在除经营管理和研发设计岗位外的其他技术岗位，如质量管理、生产管理、供应链管理和企业规划、标准化、知识产权管理等。这些数据充分表明汽车企业人力资源管理的复杂性、系统性和对人才需求的广泛性。

在汽车后市场，通过对汽车经销商集团类企业（以下简称集团类企业）、4S 店、快修连锁店、独立电商四类企业进行的调查发现，各类企业的学历层次都在不断提高，拥有本、专科及以上学历的人员占比已经达到 50.9%，其中集团类企业和独立电商从业人数的增长最快，独立电商从业者的受教育程度和年轻化程度最高，但无论从何种角度看，活跃在消费者身边的快修连锁店面临更大的人才压力。这些数据表明了汽车后市场企业对人力资源的重视，也在一定程度上反映了未来汽车维修、营销企业的发展趋势。

面对快速发展的人才队伍，企业近年来在人力资源管理体系创新方面取得了突出成果，在核心人才的发现、吸纳、用好和留住方面做了大量工作，形成了符合自身特点的管理模式。

（1）多数企业都建立了管理、技术、技能三条人才成长通道，并实现了三条通道的"互联互通"，"让人才各尽其能"是这一体系的核心，以努力打造有利于人才发展的良好生态环境。

（2）企业在人才激励机制方面的探索从未停止，薪酬激励、目标激励、荣誉激励、职务激励、学习激励和股权激励等多种方式并举，着力解决人才职业发展中的"岗位天花板"现象，以实现促进人才成长和稳定人才队伍的双重目的。

（3）企业正在从更宽的视角认识和理解新科技革命对汽车人才队伍构建提出的挑战，在加强人才发展规划编制、深化与高校合作、"借脑发展"等方面有了积极的行动，对人才工作重心从"我拥有"向"我集聚"转化有了更多的思考。

尽管企业人力资源管理的能力在不断提升，在为员工职业发展提供更好环境方面采取了各种措施，但工程技术人员的高流动性问题依然严重，"造车新势力"企业的加入，让人才竞争进一步加剧。有数据显示，目前国内"造车新势力"企业数量已超过300家。随着这些企业对汽车制造业认识程度的不断深入，对人才的渴望更加强烈，以高薪和拥有更大事业发展空间吸引了越来越多传统汽车企业的高管、研发人员和营销人员加入，传统汽车企业在吸引人、用好人、留住人方面面临着更大的压力。

二、新技术革命对汽车人才能力和知识提出新要求

《汽车产业中长期发展规划》指出：我国将力争经过十年持续努力，迈入世界汽车强国行列，实现这一目标的重要标志是：关键技术取得重大突破；全产业链实现安全可控；中国品牌汽车全面发展；新型产业生态基本形成；国际发展能力明显提升；绿色发展水平大幅提高；新兴需求和商业模式加速涌现；产业格局和生态体系深刻调整。

因此，未来中国汽车产业发展的基本特征是：汽车产品加快向新能源、轻量化、智能化、网联化的方向发展；随着越来越多的汽车企业开始从产品生产商向移动服务商转变，共享化也成为企业追求的目标。与上述变化相呼应，汽车生产方式将向充分互联协作的智能制造体系演进，产业上下游关系将更加紧密，生产资源将实现全球高效配置，研发制造效率将大幅提升。由此将进一步推动汽车产业与互联网、新能源、新材料、电子信息等的高度融

合发展，汽车产业绿色化、信息化、数据化、智能化发展趋势愈加明晰，并将由此引发汽车新的生产方式、新的经营业态和产品形态的变化，这些都将使整个汽车产业结构面临更高层次上的重塑。

在这一背景下，汽车将成为既"古老"又承载着未来众多领域技术进步与应用的战略新兴产业，学科交叉特征更加突出，对人才的知识结构和能力提出新要求。

从九大集团获得的问卷调查数据看，2015年的人才结构大致为：企业领军人才约占从业人数的0.1%；设计研发人才约占从业人数的20%；生产制造人才约占从业人数的60%；营销服务人才约占从业人数的10%；其他专业人才约占从业人数的10%。如果将这些人员分为高层、中层和基层三个层次，呈现为高层（领导者）人数最少，中层（白领）人数居中，基层（蓝领）人数最多的梯队结构。

未来，在人工智能的介入下，这一结构将发生根本性变化，白领和蓝领的界限不再分明，高层（指挥人＋机器）和中层（指挥机器）的人数将扩张，基层人数将不断萎缩。这一趋势也将要求未来的行业领军人才知识范围更宽且对每个领域的了解更深，要求未来的专业领域专家必须具有更宽更深的知识储备和能力素养，对他们的学习能力提出了严峻考验。受此影响，未来人才的专业化分工将更趋细化，很多现在的"小"领域可以通过互联和平台而积累成为未来的"大"领域，企业对这些分散"小"资源的掌控和利用能力可在一定程度上决定企业的成败。

基于对未来人才需求的总体分析和判断，未来人才应具备的能力包括：统筹协调能力；分析判断能力；工作创新能力；人际沟通能力；组织管理能力；独立工作能力；环境适应能力；系统思维能力；灵活应变能力和主动学习能力。

与之发生同样变化的，还有未来人才应掌握的知识：既要掌握汽车的基础知识，包括汽车产业知识、汽车产品知识、传统动力总成知识、传统车辆底盘知识、传统车身造型设计知识、汽车电子电器知识、生产流程及工艺知识、机械化设备操作与维护知识、工业工程知识、传统营销知识等，也必须具备应对未来发展需要的新知识，包括数据挖掘知识、处理与分析知识、新型商业模式运营知识、控制及系统工程知识、新材料知识、人工智能知识、物联网知识、网络安全知识、信息化设备操作与应用知识、平台控制知识、汽车金融知识、现代电子商务知识等。此外，由于未来汽车产业发展与国家经济发展、人们生活幸福指数的联系将更加紧密，未来的汽车人才还必须掌握一定的管理知识，包括国家政策知识、企业经营管理知识、企业发展规划知识、管理与维护知识等。

当然，对不同类别人才的能力和知识结构的要求将有所不同。

（1）企业领军人才，其核心职能是决策企业发展方针并组织企业的经营管理。与当前比较，未来的人才定位和重要性没有变化，但复合型、战略性和创新型属性将变得更为突出，要求能够统领各方资源（人和机器）、整合复杂产业，同时要求有更强的应对外界变化的能力，具备更加丰富的产业知识和新技术知识。

（2）设计研发人才，其核心职能是进行汽车产品及其附属配套产品的设计、研发和改进工作。与当前比较，未来的人才定位和重要性没有明显变化，但复合型和创新型属性变得更为突出，其中的一些人将有能力利用其掌握的特有技术进行独立创业，或是创办小型科技公司，并通过物联网平台的整合，为大型企业提供专项技术支持。因此，对此类人员的独立工作能力的需求将进一步强化，并要求其掌握更广泛的新技术和新知识，但对其人际沟通等能力的需求将减弱。

（3）生产制造人才，其核心职能是生产产品，面对智能制造的到来，未来他们将在智能制造系统的整体管控+多变的外部环境中工作，要求其工作重心由原来对生产设备操作的精通转变为对生产系统的管理与维护，从当前的"体力型、稳固型"向未来的"脑力型、创新型"方向发展。智能制造体系强调的是人与机器的大规模协同，具有更强的灵活应变能力和统筹协调能力变得十分重要。同时，由于对单一机器设备的操作与维护逐渐不再需要，此类人员信息化设备的操作与应用知识的重要度将增强，对其掌握平台管控、工业工程等新知识和技能提出了较高要求。

（4）营销服务人才，其核心职能是进行汽车产品和附属配套产品的销售以及售后服务工作。未来则要求其不能再墨守成规于既有的销售和服务体系，必须顺应汽车设计、制造和服务一体化发展趋势，具备更强的工作创新、统筹协调、主动学习和系统思维的能力，具备更多的新的金融和商业知识,而对其机械设备的操作与维护、传统的营销知识等的需求将逐步减少。

三、人才培养体系创新是建立面向未来的人才队伍的重要基础

随着一批又一批互联网从业者进入汽车产业,汽车似乎正在被重新定义,也许是"计算机+汽车",或是"机器人+汽车",随之"汽车+互联网+交通"和"汽车+互联网+分布式能源"等新业态也将出现。未来的汽车产业需要更多具有战略远见的企业家,更多具有专业特长的软硬件和人工智能技术人才,更多的高技能产业工人。未来的企业家既需要能够洞见未来,也需要慧眼识才和用才。未来的工程技术人才,既需要具有跨学科交叉融合的能力和自由、开放、分享的精神,也需要具备自我驱动、自我学习能力。高技能人才,需要具备不求眼前功利、排除环境干扰的能力,具备专注、单纯地做好每件事情的"工匠精神"。这些素质既来自学校的培养教育,也来自企业的岗位培养。

截至 2017 年 5 月 31 日全国高等学校共计 2 914 所,其中本科院校 1 243 所(含独立学院 265 所)[①]。通过对其中 446 所普通高等院校(包括独立学院)的摸底分析,我们可以获得以下信息。

截至 2016 年年底,共有 383 所开设了与汽车人才培养直接相关的专业,占本科院校总数的 30.8%。其中:在开设车辆工程专业的 265 所学校中有 95.1%(252 所)以道路车辆人才培养为主或兼有道路车辆、轨道交通车辆(含铁路机车、动车组、轨道车辆)人才培养;开设汽车服务工程专业的高校共计 205 所,开设汽车维修工程教育专业的高校共计 9 所,这些专业的指向非常清晰,前者为汽车后市场培养专业人才,后者为汽车职业教育培养师资人才;开设装甲车辆工程专业的高校有 5 所,因专业间有一定的互通性,开设这一专业的学校均同时开设有车辆工程专业;高校的能源与动力工程专业主要培养电力(包括热、核、风、太阳能灯)、制冷空调和动力机械等领域的人才,目前开设该专业的 176 所高校中有 73 所涉及汽车发动机人才培

---

① 教育部网站 http://www.moe.edu.cn/srcsite/A03/moe_634/201706/t20170614_306900.html。

养，占比41.5%；交通运输专业主要针对航空、航海、公路运输进行人才培养，目前共有100所高校开设此专业，其中设置有汽车运用或汽车营销方向的为59所。统计还发现，开设车辆工程和汽车服务工程专业的学校合计为271所，其中的93所同时开设了上述2个专业，占比超过1/3。这些数据表明，有越来越多的学校对汽车人才的培养开始从过去只关注汽车制造业转向汽车全产业链。

在383所开设直接与汽车相关专业的学校中，有225所学校只涉及上述专业中的1个，占58.8%，有110所学校只涉及上述专业中的2个，占28.7%，有48所学校兼有上述专业中的3个及以上，占12.5%。与此同时，上述学校中的机械类、材料类、自动化和电气类专业的科研活动、研究生培养也都与汽车产业有着或多或少的联系。例如：设立在东北大学的"轧制技术及连轧自动化国家重点实验室"与华晨汽车、本钢集团共建了联合实验室；北京科技大学材料学科的科研活动中与汽车相关的占有较大比例；在北京航空航天大学交通学院拥有一支专门从事汽车复合材料研究和应用的高水平教师团队，上海交通大学在异种材料连接技术方面的实力得到了国内骨干企业的高度认可，相互之间有着深度合作。

除上述学校外，自2011年起，一些学校开始围绕新能源汽车发展进行布局，全国已经有不少于40所高校开设了新能源材料与器件专业，不少于87所学校开设了新能源科学与工程专业，前者以培养新一代高性能绿色能源材料、技术和器件（如通信、汽车、医疗领域的动力电源）等领域人才为目标，后者以培养具备新能源科学与工程领域的基础理论和工程技术知识，能够在风力发电、光伏发电、绿色电源、变频器、电动车驱动等相关领域从事研究和开发工作的复合型高级技术人才为目标。在一些高校的传统专业，也开始了同样的行动。例如，北京理工大学珠海学院的应用化学专业设立了新能源方向，培养锂电池、光伏电池、储能与分布式电源、生物质清洁能源等新能源及电子信息材料领域人才。相信这些专业毕业生中的一部分，也将成为中国新能源汽车的新生力量。

对企业经营管理人员、工程技术人员所学专业的分析进一步印证了上述结论。尽管拥有车辆相关专业背景和机械类专业背景的人员仍然是企业人才队伍中的主体，但越来越多的拥有电气类、材料类、力学类、管理类、计算机类和经济与贸易类、金融学类专业背景的人才加入汽车人才队伍中。随着中国汽车工业走向世界，企业对语言类专业背景人才的关注度也在提高。与之相应，这些学科门类的专业也开始围绕汽车产业需求培养人才，如工业设计专业开设有汽车车身造型方向，机械设计制造及自动化专业开设有汽车设计制造方向，测控技术与仪器专业开设有汽车变速器方向，电子信息工程专业开设有汽车电子方向，电子信息科学与技术专业开设有车联网工程方向，软件工程专业开设有汽车信息与智能媒体方向，工商管理专业开设有汽车市场营销方向。可以预见，在今后一个时期，这一趋势仍将持续，甚至愈演愈烈。

上述情况表明了汽车人才培养的一个重要特点：专业涉及的广泛性和专业间的贯穿性。随着汽车向电动化、智能网、网联化、轻量化、共享化的发展和智能制造时代的到来，这一特点将更加突出，对从业者知识的系统性要求将更高。显然，目前车辆工程专业在国家《学位授予和人才培养学科目录》中位于机械类二级学科和汽车人才散布于多个一级学科下培养的状况是无法满足未来汽车产业用人需要的，必须改变汽车人才分属多个一级学科培养的状况，形成以汽车产业发展需求引领下的一体化汽车人才培养体系。

目前车辆工程专业的年招生规模在 2.2 万人左右，汽车服务工程专业的年招生规模略低，约 1.4 万人。从这两个专业的开设时间看，与汽车产销、保有量变化呈现明显的正相关，2011—2017 年开设上述专业的学校分别占开设该专业学校总数的 50.8% 和 63.9%，随着近年汽车产销增幅的回落，每年新增学校数量有所减少。在近年新增开设上述专业的学校中，有相当数量同时开设有高职或中职相关专业，尤其是新增开设汽车服务工程专业的学校，专升本在这些学校的招生中占有一定比例，为技能人才向专业人才发展打通了渠道。

自 2006 年中国启动工程教育认证工作以来，已有 15 所学校的车辆工程专业通过认证，2018 年将有 11 所学校车辆工程专业进行首次认证。按照《工程教育认证标准》的要求，这些学校基于对用人单位、毕业生和其他社会渠道的调查分析，建立了以需求为导向的人才培养体系，包括培养目标、毕业要求、课程体系、师资队伍、持续改进和支撑条件，每个专业都在多个相关企业建立了实训基地。2018 年，汽车服务工程专业认证试点工作启动，相信随着工程教育认证工作的推进，毕业生的质量会进一步提升。

从车辆工程专业的发展情况看，过去的"985""211"院校和现在的"双一流"院校大多以培养研究型人才为主，毕业生多就职于企业研发机构或行业研发机构。这些院校建有国家或地方级的重点实验室、工程实验室或工程中心等，在国家和地方的重大科研计划、国家自然科学基金项目的执行中扮演着重要角色，并与汽车企业保持着长期紧密合作，包括共建实验室、合作培养工程硕士和合作开展科研攻关等，已成为中国汽车产业自主创新发展的重要支撑力量，而其他学校则以培养应用型人才为主。研究还发现，为了应对未来新技术发展的挑战，越来越多的学校在本科专业设置了新能源汽车方向和智能车辆方向，一些学校增加了与氢燃料汽车、智能网联汽车相关的课程，部分学校开设了汽车商务方向，这一点在聚焦应用型人才培养的高校更加突出，但同时也暴露出部分学校在这些新领域教学能力不足的问题，尤其是一些设立时间较短、以培养应用型人才为目标的学校，在新技术领域的研究实力相对较弱，人才培养质量不高。这些问题急需通过推进工程教育认证、加强学科建设、强化学校间的研讨交流等方式加以引导，使其运行更加规范。

在汽车高等职业教育方面，全国目前高职学校总量基本保持在 1 800 所左右，截至 2015 年年底开设汽车相关专业的学校为 824 所，占比 45.7%。它们多数是由教育部门主办的独立高职学校，也有部分以本科院校下设高职学院、独立学院的方式开展教学活动，而后者为高职毕业生的专业进一步发展（专升本）提供了便利通道。

通过对 261 所开设汽车相关专业高职学校的调查发现，87% 的学校开设有汽车检测与维修技术专业，36% 的学校开设有汽车制造与装配技术专业，21% 的学校开设有汽车整形技术专业，79% 的学校开设有汽车营销与服务专业，45% 的学校开设有汽车电子技术专业，19% 的学校开设有新能源汽车技术（目录外）专业，2% 的学校开设有汽车改装技术（目录外）专业。这些学校每年合计毕业生数量约为 12 万人，约占当年高职毕业生总数的 3.6%。

在汽车中等职业教育方面，全国目前中职学校总量基本保持在 11 200 所左右，截至 2015 年年底开设汽车相关专业的中职学校为 3 316 所，占比 29.6%。这些学校的办学单位呈现教育部门、人力资源部门和民办三足鼎立的态势。每年合计毕业生数量约为 30 万人，约占当年中职毕业生总数的 6.3%。

通过对 324 所开设汽车相关专业的中职学校的调查发现，93% 开设有汽车运用与维修专业，44% 开设有汽车整车与配件营销专业，35% 开设有汽车车身修复专业，22% 开设有汽车制造与检修专业，16% 开设有新能源汽车（目录外）专业，13% 开设有汽车美容与装潢专业，8% 开设有汽车电子技术应用专业。

调查还发现汽车专业高职和中职学校发展的一些共同特点：一是学校十分重视对汽车人才需求的调研分析，普遍树立了以改革创新促发展的理念，现代学徒制、全员理实一体、小班化教学、订单班、定向班、中高本衔接等多种教学模式已经被广泛采用；二是毕业生在 4S 店就业比例越来越高，且民营企业是主要就业方向，但近年来就职于国有企业和外资企业的毕业生数量正在稳步提高，选择前往电商企业工作的毕业生数量也在增加。

目前汽车专业职业教育发展面临的最大问题主要集中在以下方面：一是教师的实践能力尚待提高，对于以培养技能人才为主的学校，专任教师中有 69% 的人只有 30 天左右的企业实践经历显然是不够的；二是有能力实质性开展高水平科研活动的学校较少，对此有要求的学校不足四成，也多以课程和教学方法研究为主，直接影响到教师的专业发展；三是用人单位期待高职学生的专业技能、学习能力、创新拓展能力有待提高；四是学生的实践实习管理面临许多困难，校企深度合作有待进一步推动。

为解决上述问题，职业学校期待政府能够在扶植职业学校发展的制度和政策方面提供更多有利条件，行业组织能够在未来产业发展形势和人才需求研究、引导资源的科学合理配置、为教师提供学习和成长平台、推动校企合作等方面发挥更大作用，学校自身也应在强化顶层设计、打造特色专业、完善教师激励机制、进一步优化教学方式等方面有更大作为。

在汽车人才入职后的继续教育方面，对十大骨干汽车企业集团的走访调研表明，企业高度重视员工的培训工作，在不断加大培训经费投入的同时，也对员工提出了具体的培训、进修年平均学时的要求，一些企业还针对不同工作岗位的员工提出了详细的培训内容要求。在培训方式的选择上，企业更倾向于内聘教师为主、外聘专家为辅的内培模式，希望培训能够更具成效，能够更加聚焦于工作中的实际问题，为此多数企业已经建立了内训师的选拔机制。但企业也认识到，单纯的内部培训不利于员工认识和掌握未来所需的知识，因此将员工参加行业培训、学术交流互动和与高校合作培养工程硕士作为补充手段，出于对社会培训机构和网络平台过于商业化的不认可，选择与这类机构或平台合作的比例比较低。遗憾的是，由于高校研究生招生方式的调整，今后继续通过校企合作培养工程硕士以提高员工能力的途径面临一些障碍。

目前，企业和高校都十分清楚，未来新技术革命给中国汽车人才需求和培养带来的挑战不仅在数量方面，更重要的在于质量，包括人才的知识结构、创新思维、协作精神、专业能力等。显然，现行的人才培养体系已经无法满足产业发展需要，我国汽车人才培养体系的创新发展已经到了关键时期，急需构建符合未来人才知识、能力需求的车辆工程专业学科体系，也需要加快构建科学、完善的网络化社会人才培养服务体系，上述体系的核心是"共享"和"联动"，其目标是实现对从业者职业生涯不同阶段成长需要的全覆盖，让从业者通过入职前的工程教育和入职后的继续教育跟上时代前进的步伐。为此，"共享"应聚焦在构建学科发展新理念、师资队伍建设、教材建设、实训基地建设和对未来人才需求趋势的分析、预判等方面；"联动"应包括国家、行业与企业、学校的联动，企业与学校、社会培训机构的联动，企业工程师与学校实训教师双重身份的建立。

四、产业重构将带来产业人才需求观和使用观的巨大变化

在欧洲，汽车产业的经济规模约占欧盟 GDP 的 7%，为 1 200 万名工人提供了就业岗位。2012 年在与汽车产业直接相关的 20 809 家企业中，就业人员就超过 228 万人，其中德国汽车产量为 538.8 万辆，汽车制造业从业人数达到 81 万人，与汽车产业相关的橡胶制品制造业从业人数达到 7.5 万人，而法国上述数量分别为 168.3 万辆、20 万人和 5 万人。

美国 2016 年汽车产量为 393.4 万辆，其中汽车制造业从业人员 94 万人，汽车贸易与销售从业人员 231.4 万人，汽车维修业从业人员 91.3 万人。

日本 2016 年汽车产量为 787.4 万辆，汽车产业相关从业人员占全国就

业人口的8.3%。其中汽车生产部门81.4万人,汽车使用部门269.4万人,汽车关联部门34.9万人,物资材料部门45.6万人,销售与维修部门103.1万人。

根据《年鉴》提供的数据,我国2016年汽车产量为2693.6万辆,规模以上汽车整车企业和零部件生产企业合计为12875家,从业人数为483.3万人。在同等产量规模下,我国汽车产业人数大大高于美国、日本、德国和法国,这与各国汽车生产体系、研发模式等有关,也与企业的生产效率有关,并由此反映出我国汽车生产效率和人力资源管理效率有进一步提升的空间。

我国《汽车产业中长期发展规划》提出:未来10年我国汽车市场将继续保持稳定适度增长,根据国家汽车产业中长期发展规划:2020年汽车生产量将达到3000万辆,其中新能源汽车为200万辆;到2025年汽车生产量将达到3500万辆,其中新能源汽车为700万辆。据此推算,我国2020年和2025年汽车制造业整车企业和零部件企业从业人数将分别达到555万人和628万人左右。

需要关注的是,产销规模扩大对未来汽车制造业从业人数的影响仅占四成(+40%),还有多重因素将导致汽车制造业从业人数预测值的不确定性。综合判断,产业边界扩大的影响将占+3%~+6%,交叉领域从业者难以界定的影响将占-3%~-9%。具体到各类人才的变化趋势如下:

(1)企业领军人才:数据分析、信息识别等方法将被引入企业运营中,企业管理层需要更多领域的负责人,这将使此类人才规模少量增加,人才占比基本保持不变。

(2)设计研发人才:智能网联、新能源等新技术需要更大规模、更加专业的人才投入其中,传统技术仍然需要人才,这将使此类人才规模增长速度变快,在从业人员中的占比将有大幅提升。

(3)生产制造人才:车辆生产规模的扩大需要持续增加生产者,智能制造体系使越来越多的生产者由人变为机器,这将使此类人才规模增长速度变缓,并在经过一定的调整期后占比出现小幅缩减。

(4)营销服务人才:虚拟现实技术使实体销售店的数量长期减少,设计服务一体化使部分服务性工作改由设计研发人员完成,售后服务智能化水平提升使大量人员被机器替代，这将使此类人才规模呈现先增后减的趋势，人才占比有较大幅度缩减。

与此同时，一些新的岗位将出现在企业人力资源管理名单中。例如：在汽车产品研发岗位，将出现 NVH 性能开发工程师、VR 渲染模型师、高级色彩面料设计师、高级油泥模型师、混合动力开发工程师、数字模型高级设计师、外饰高级设计师、物联网嵌入式应用程序开发工程师、车辆运动控制工程师、智能网联 UI/UE 设计师、环境感知算法工程师、路径规划与决策工程师、信息安全工程师、电子电器架构工程师、智能化系统集成工程师、自动驾驶测试与评价工程师、显示与人机交互系统开发工程师、智能工厂系统开发工程师等；在企业管理岗位，安全管理工程师、产品管理工程师、设计管理工程师、工艺技术经理、汽车金融总监、商品企划等人才将进入我们的视线；在汽车后市场，客户关系人才、汽车物流人才、汽车金融保险人才、区域服务经理和销售经理等也将受到重视。

面向未来，我国汽车产业的健康持续发展必然使从业人员数量增长，但这并不意味着企业从业人员数量的无限制扩张，产业重构必将导致企业用人方式的新变化。更多拥有技术专长的科技型企业的出现、服务贸易的扩大、行业共性技术平台的建立、企业间协同力度的加强、相关工业企业从产品提供商向系统化技术解决方案供应商的转变和社会化服务体系的完善，将为企业的人力资源管理带来更多的创新空间，从"我拥有"转向"我聚集"将成为更多企业的选择。

五、构建面向未来的汽车人才队伍需要体制和机制的创新

从九大集团反馈的信息看，它们对我国汽车人才数量现状总体比较满意，但也长期受到人才高流动性的困扰。企业也同时注意到，未来人力资源管理必须面对的另一个新挑战是由骨干企业已经在国内多地布局研发、生产基地和加快"走出去"的步伐所带来的，包括境外用工本土化、境内境外人才管理一体化、引进海外人才带来的国际团队与国内团队的管理协调、发达地区和不发达地区团队的管理协调等，它们需要管理的精细化和新理念的指导，对人才发展的体制机制创新有了更多的期待。它们急需解决的问题包

括以下方面：

（1）在管理体制方面，受到行政主导思维理念和工作模式根深蒂固的影响，政府促进人才发展的政策在汽车企业的落实仍然存在一定问题。市场机制未充分发挥作用。这一状况在汽车零部件企业和地处欠发达地区的企业更加突出，受到企业营利能力和规模的限制和地方经济发展水平的限制，这些企业难以吸引"985"和"211"等高质量学校的学生就业，优秀技术人才的稳定性也受到较大影响。

（2）在人才集聚机制方面，在现今各大城市的人才引进和居住证积分落户政策中，职称和技能等级证书仍作为主要依据，市场发现、市场评价、市场认可的引进机制未充分发挥作用。企业同时认为，本土培养人才和本科毕业人才是企业研发队伍的主体，高素质的技能人才更是企业产品质量的保证，管理和激励好上述人群十分重要，不应把眼睛总盯在"海归"、高端人才身上。处于纺锤形人才队伍结构中段的年轻骨干，也更应成为企业关注的重点，他们代表着企业的未来。

（3）在人才培养机制方面，首先要解决的是人才培养与市场需求割裂的问题，其次是人才入职后的继续教育系统化问题。应更加注重构建高职教育、本科教育、研究生教育、工程师继续教育有效衔接的人才培养模式，支持汽车企业依托各自优势与学校开展多样化的培训合作，推动学科专业建设与产业转型升级相适应。其目标有两个：一是实现为企业未来发展提供所需要的人才，并在此过程中实现高校和企业的双赢，即高校获得来自企业的研发需求和人才培养需求，企业获得高校培养的人才和技术成果；二是实现员工能够依托所就职的企业实现自己的职业生涯规划，从而提高员工的归属感和稳定性。

（4）在人才评价机制方面，我国现行的政府主导职称评审制度已经明显难以适应汽车产业的发展需要，应在评价标准、评价方式与评价主体方面有所突破。对于评价标准，应从引导汽车人才建立正确的价值观、推进中国工程师国际互认角度建立与国际接轨的人才评价标准。对于评价方式，应突出能力导向，强调专业人员解决实际工程技术问题的能力、社会责任、协作精神、对团队建设的贡献和个人的专业持续发展。对于评价主体，应将社会评价纳入国家的人才评价体系中，发挥同行认可的作用，放宽政策性约束，畅通各类所有制企业从业者获得能力评价的通道，去除捆绑在职称制度上的各种待遇，让能力评价回归本位。目前就上述问题政府有关部门已经做出了部署，但社会组织在实际开展工作的过程中仍然面临许多困难。

（5）在人才流动机制方面，需要正确认识合理的人才溢出、合理的人才流动与企业竞争力提升的关系，改革的方向应是尊重市场，加强引导。相关政府部门应有限度合理介入行业人才管理，行业组织应发挥好人才流动的协调作用，既鼓励和尊重正常的人才流动与人才溢出，同时也要对企业间人才恶性竞争加以约束。

（6）在人才激励机制方面，企业应用好薪酬激励、目标激励、职务激励、荣誉激励和学习激励等各种激励手段。针对目前各种激励手段中相对薄弱的学习激励和荣誉激励，政府和行业组织应提供更有效的渠道和平台。在积极探索多种激励方式的同时，也应尊重规律，树立防控风险意识。

六、结束语

在过去的65年，随着中国汽车产销规模的增长，汽车产业从业者队伍的规模不断扩大。当前我国汽车人才队伍的基本特征是：整车企业的人才聚集度更高，本土培养的本科毕业生和35岁及以下年轻人成为主力；大型企业和国有企业依旧拥有人才优势，是中国汽车产业发展的中流砥柱，大型企业和国有企业的人才流动对汽车产业人才队伍建设的作用明显，对产业整体技术水平的提升发挥了积极作用；汽车制造业人才开始向非公企业聚集，关注非公企业人才成长将关乎产业的未来；外商投资企业对本土研发工作的重视程度持续提升，出现研发经费投入和研发人员数量的双增长，与内资企业的人才竞争将成为常态，加之"造车新势力"企业加入"人才大战"，传统车企在人力资源管理方面面临更大的压力。

未来一个时期，中国汽车产销规模仍将保持一定速度的增长，汽车产业从业人数总体上将呈现扩张趋势。随着越来越多的新技术在汽车上应用，将会有更多相关工业人才成为汽车产业人才队伍中的一员；随着整车企业从制造型向生产服务型转变，对从业者的知识结构和能力要求将出现新变化；随着零部件企业向着"专，精，特"发展，中小型企业对人才质量和数量提出了更高的要求。然而，多重因素将影响未来汽车人才队伍的规模，人才队伍扩张的速度也存在一定的不确定性。比较国外同规模产量的汽车制造企业从业人数，我国人力资源管理创新仍有较大的改善空间。

未来中国汽车产业科技革命将以汽车产业与互联网、新能源、新材料、电子信息等的高度融合发展为标志，将导致产业上下游企业关系更加紧密，企业各种资源配置更加突出全球化和高效化，并由此对人才的知识结构和能力提出新要求。汽车产品加快向电动化、轻量化、智能化、网联化的方向发展，将催生一批新的岗位，紧缺人才的定义将随着技术的发展和应用水平的提高而变化。未来的专业领域专家，必须具有更宽更深的知识储备和能力素养；未来的领军人才，知识范围应更宽，对每个领域的理解要求更深；未来的技术人才，专业分工将更细，对"小"领域的把控能力将在一定程度上决定企业的成败；未来生产制造人才的工作重心，将由当前的精通设备操作，转向对生产系统的管理与维护；未来的营销服务人才，需要具备更强的工作创新、统筹协调、主动学习和系统思维的能力，需要具备更多的新的金融和商业知识。

汽车产业的快速发展，推进了高校和职业学校人才培养工作日益贴近产业用人需要，工程教育认证工作的开展对高校工程教育改革发挥了重要引导作用。但部分定位于培养应用型人才的学校，受到基础能力的制约，人才培养质量隐患不容忽视，产业对复合型、交叉型人才的迫切需要也对我国车辆学科的创新发展提出了更加紧迫的要求，急需形成在汽车产业发展需求引领下的一体化汽车人才培养体系。

与此同时，无论企业还是从业者个人，都对入职后的继续教育有着强烈的期待，急需建立贯穿从业者从在校学习到职业生涯全过程的系统化、一体化、网络化的人才培养体系。

为顺应上述变化，人才发展体制机制需要创新，包括人才管理体制、人才集聚机制、人才培养机制、人才评价机制、人才流动机制、人才激励机制等，实施海外高端人才引进工程、企业家人才扶持工程、汽车新业态重点领域紧缺人才聚集工程、汽车创新人才支持工程、汽车行业大国工匠开发和技能人才培养工程、跨界人才集成工程和国际化人才开发工程，是确保各种创新活动取得成效的有效方式。

中国汽车产业中长期
人才发展研究

专题研究

第一章

中国汽车产业人力资源现状及发展环境

一、汽车制造业人力资源现状

（一）汽车制造业人力资源总体状况

随着汽车产业竞争的加剧，"人才是第一生产力"的观念已经深入人心。多年以来，政府不遗余力地为人才成长创造良好的环境，企业不遗余力地激励人才成长，教育机构不遗余力地培养更多产业需要的人才，行业组织也在不遗余力地服务人才的发展，汽车人才队伍质量不断提升。

据《年鉴》统计，我国近年来汽车整车生产企业数量稳定在115~118家，2016年我国规模以上汽车零部件企业数量为15 468家，这两类企业2016年年末从业人员总数达到483.3万人，其中技术人员约为64.9万人，研发人员约为44.0万人，充分反映了汽车产业对人才的吸引力。

随着人才队伍的扩大，企业在人才管理创新方面开展了积极探索，人才效益提升成果显著。据综合分析，2015年我国汽车制造业人才贡献率达到44.6%。另据《年鉴》统计，2016年与2001年比较，汽车制造业全员劳动生产率由7.0万元/(人·年)提高到35.4万元/(人·年)。

从人才质量看，最突出的表现是研发队伍规模的迅速扩大。具体而言，2016年汽车整车企业和零部件企业技术人员总数达到64.9万人，技术人员占从业人员的比例由2001年的10.6%提高到13.4%。2016年汽车整车企业和零部件企业研发人员数量达到44万人，研发人员在从业人员中所占比例也由2001年的2.7%提高到9.1%。与之同时发生变化的，还有专利数量

（表1.1）。从与全国的比较看，汽车制造业的数据也高于全国水平（表1.2）。这些数据反映了在竞争加剧背景下企业对人才质量的高度重视，反映了企业人力资源管理水平的快速提升，更反映了企业实现自立自强和自主创新发展的决心。

表1.1 2001年以来汽车主要科技指标变化

年 份	2001	2005	2010	2015	2016
汽车产量/万辆	234	729	1 826	2 450	2 694
全员劳动生产率/(万元·人$^{-1}$·年$^{-1}$)	7.01	1.32	31.67	29.38	35.36
从业人员中研发人员占比/%	2.98	5.38	7.69	9.40	11.51
专利数/件	1 845	4 019	9 043	100 665	244 128
研发人员人均发明专利数/(件·100人$^{-1}$)	4.51	7.24	8.45	12.96	11.31

资料来源：《中国汽车工业年鉴》编辑部。

表1.2 本世纪以来汽车制造业研发投入国内比较

项 目	2001年		2016年	
	全国	汽车制造业	全国	汽车制造业
研究与试验发展经费投入/亿元	1 043	59	15 677	1 852
研究与试验发展经费投入强度/%	1.1	5.59	2.1	13.51
研发人员人均经费/万元	10.9	13.17	40.4	41.51

注：研究与试验发展经费投入强度＝研究与试验发展经费投入/国内生产总值。
资料来源：全国数据来自相关年份的《全国科技经费投入统计公报》；汽车制造业数据来自《中国汽车工业年鉴》编辑部，包括整车、零部件和摩托车。

从九大集团获得的数据表明，拥有本科及以上学历人员在从业人员中占比已经达到48.6%，已经高于《制造业人才发展规划指南》[①] 提出的"到2020年，制造业从业人员平均受教育年限达到11年以上，制造业从业人员中受过高等教育的比例达到22%，研发人员占从业人员比例达到6%以上"

---

① 教育部、人力资源和社会保障部、工业和信息化部《关于印发〈制造业人才发展规划指南〉的通知》，http：//www.moe.gov.cn/srcsite/A07/moe_953/201702/t20170214_296162.html。

的目标，但汽车制造业从业者中高技能人才缺乏也是不争的事实。九大集团的数据表明，目前高技能人才在技能人才中占比9.31%，要实现《制造业人才发展规划指南》提出的"到2020年，高技能人才占技能劳动者的比例达到28%左右"的目标需要更多努力。

从岗位看，汽车企业技术人员和研发人员所从事的工作有着明显的差异。企业的技术人员主要从事技术管理、生产管理、质量管理和与产品生产制造相关的工作，他们中的绝大部分拥有大学本科及以上学历。企业的研发人员主要从事技术研究和产品开发工作，包括前瞻技术研究、应用技术研究、产品设计和测试，他们的总体学历水平高于技术人员。

从技术人员和研发人员的来源看，本土培养的人才仍然是企业的骨干力量，拥有硕士和博士学位的人数正在不断增加。统计发现，目前我国开设车辆工程专业的高校已经达到265所，其中涉及道路车辆领域人才培养的有252所，形成了以研究型人才培养为主（如清华大学、北京理工大学、吉林大学、同济大学、湖南大学、江苏大学等）和以应用型人才培养为主的两大阵营，而汽车企业每年招收的非车辆工程专业毕业生数量也在不断扩大，以满足企业不同岗位的用人需求，并在新技术研发和新产品开发方面形成团队优势。与此同时，"海归"的优秀技术人才在关键岗位发挥着重要作用。据中国人才研究会汽车人才专业委员会提供的信息，截至2015年年底，中国留学回国人员总数已经达到221.86万人，在"千人计划"引进的共11批5 208名海外高层次人才中，汽车及相关行业人员为160余人[①]。他们加入国内骨干的技术研发团队中，填补了我国在多个关键技术领域的人才空白，加快了我国在这些领域的技术进步。

在企业从业人员中，除技术人员和研发人员外，更多数量的是技能人员，他们主要从事产品生产或是生产辅助工作，他们中拥有中高职或大专学历的人员所占比例在不断提高，在高端装备操作岗位已基本实现了高职或大专学历的全覆盖，一些表现突出的技能人员已进入研发岗位，从事与产品试验相关的工作。

从技能人员的来源看，几乎全部为国内培养，部分企业从国外引进了少量特殊岗位的工匠型人才，他们在确保产品质量方面发挥了重要作用，同时

---

① 2016年版《中国汽车工业年鉴》，中国汽车工业协会，中国汽车技术研究中心。

也将他们的经验传授给了企业的技能骨干。

（二）不同类别企业从业人员状况

根据企业所生产的产品，我们将从业人员分为整车企业（含汽车生产和改装车生产，不含摩托车）从业人员和零部件（含车用发动机生产和零件生产）企业从业人员。

截至 2016 年年底，我国汽车整车企业从业人数达到 129 万人，零部件企业从业人数达到 354 万人。各项数据表明，整车企业的人才密度大大高于零部件企业。

从总量来看，2016 年整车企业从业人数仅占汽车制造业从业人数的 26.7%，但从单个企业从业人数来看，2016 年 118 家整车企业平均从业人数超过万人，而 12 757 家零部件企业平均只有 278 人（图 1.1），这是由不同产品生产特征所决定的。

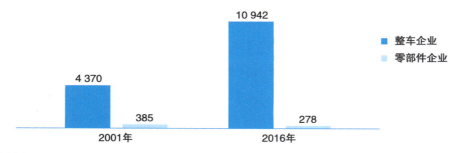

图 1.1　典型年份不同产品生产企业平均从业人员比较

资料来源：《中国汽车工业年鉴》编辑部。

对 2001 年和 2016 年整车企业和零部件企业从业人员的结构进行比较可以发现，技术人员和研发人员在从业人员中所占比例均有大幅度提升，表明零部件企业对整车企业发展的支撑能力在提高（图 1.2），但整车企业技术人员和研发人员占比高于零部件企业的状况依旧。本次研究工作中的企业调研发现，无论是社会招聘还是校园招聘，与整车企业比较，零部件企业都处于劣势地位。这一调查结果与上述结论形成呼应，要从根本上解决零部件企业的人才队伍建设问题，需要国家、社会、行业和企业的共同努力。

图 1.2　典型年份不同产品生产企业技术人员和研发人员占从业人数比例

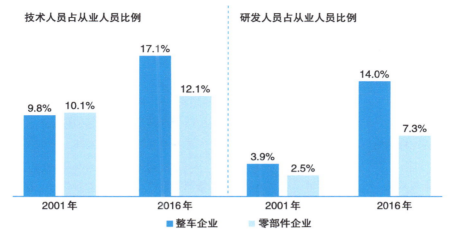

资料来源：《中国汽车工业年鉴》编辑部。

零部件企业发展中值得关注的另一个问题是研发经费投入。如表 1.3 所示，尽管 21 世纪以来零部件企业的研发经费投入不断加大，但无论企均投入还是人均投入，整车企业大大高于零部件企业的状况仍然没有改变，这无疑是导致我国汽车零部件行业竞争力不足的重要原因之一。要提高零部件行业对我国汽车工业发展的支撑能力，需要在研发人员队伍建设和经费投入方面下更大力气。

表 1.3　典型年份企业平均和研究人员人均研发经费投入情况

企业类别	企均研发经费/(万元·家$^{-1}$)		研究人员人均研发经费/(万元·人$^{-1}$)	
	2001 年	2016 年	2001 年	2016 年
整车企业	2 915.5	82 897.5	18.6	54.6
零部件企业	99.7	555.8	9.2	27.2

资料来源：《中国汽车工业年鉴》编辑部。

具体到不同的零部件产品可以发现，企业研发人员数量与零部件的复杂程度呈正相关（表 1.4）。从总体上看，目前多数零部件企业的技术工作仍限于产品开发，部分企业具备了一定的新技术研究能力，一些新能源汽车零部件企业已有能力与中国整车企业进行协同开发，但只有少数企业具备在前瞻技术领域与跨国企业展开较量的能力。

表 1.4 2016 年不同零部件产品生产企业数量及研发人员情况

零部件产品	规模以上企业数量/家	研发人员数量/人	主要产品
发动机	96	22 920	汽油发动机；柴油发动机
曲柄连杆机构	270	3 960	连杆组；活塞；活塞环
进排气系统	531	6 090	进排气歧管组件；空气滤清器；涡轮增压器组件；排气后处理组件；配气机构组件
燃油电喷及点火系统	567	6 660	喷油器及燃油泵组件；燃油滤清器；燃油箱组件；火花塞及相关部件
润滑系统	262	3 790	机油泵；机油滤清器；油底壳及相关部件
冷却系统	184	3 710	冷却水泵；散热器及冷却风扇；节温器
起动系统	378	2 640	起动电机；车用蓄电池
车用变速器及相关部件	339	13 620	自动变速器；液力变扭器、同步器及相关部件；手动变速器
传动系统	1 463	15 430	离合器总成及压盘；驱动桥总成；传动轴；半轴、差速器及相关部件
悬架系统	895	9 410	减震器总成及相关部件；钢板弹簧总成及相关部件
转向系统	1 061	6 950	转向系统总成；转向管柱及组件；转向助力器及组件
制动系统	794	7 150	制动系统总成；制动器摩擦片；制动主缸及轮缸；真空助力器及相关部件
车轮组	329	6 500	车轮铝轮毂；车轮钢轮毂；车轮轮胎
车身系统	2 675	25 400	车身内饰及外饰；座椅总成；仪表总成；车灯照明；空调总成；安全气囊及安全带总成；车用玻璃及相关部件
电子电器系统	1 056	11 090	汽车线束；车载娱乐设备；传感器、微电机及电子控制单元

续表

零部件产品	规模以上企业数量/家	研发人员数量/人	主要产品
通用部件	1 489	11 800	轴承及相关部件；齿轮及相关部件；弹簧及相关部件；密封件及相关部件
新能源汽车专用部件	368	77 728	动力电池；动力电池包；驱动电机；电控系统
合计	12 757	234 848	

资料来源：2017年版《中国汽车工业年鉴》。

具体到不同规模企业①，大型企业的人才优势依然突出。如表1.5所示，仅占汽车制造业企业数量18.1%的大型企业，拥有超过汽车制造业52%的从业者、91%的技术人员和87%的研发人员，这与大型企业多数为整车生产企业有较大关系。

表1.5 2016年汽车制造业不同规模企业和从业人员结构

项目	企业		从业人数					
	数量/家	占比/%	总数/万人	占比/%	其中技术人员/万人	占比/%	其中研发人员/万人	占比/%
大型企业	2 801	18.1	320.3	52.1	48.7	91.2	38.3	86.9
中型企业	389	2.5	22.1	3.6	2.7	5.0	1.8	4.2
小型企业	12 278	79.4	272.7	44.3	2.0	3.8	3.9	8.9
合计	15 468	100	615.1	100	53.4	100	44.0	100

注：统计数据中包括摩托车等纳入统计的所有产品生产企业。
资料来源：《中国汽车工业年鉴》编辑部。

---

① 根据《国家统计局关于印发统计上大中小微型企业划分办法的通知》（国统字〔2011〕75号）的规定，不同规模企业依据从业人数（X）和营业收入（Y）划分，具体如下：大型企业 $X \geq 1\,000$ 人，$Y \geq 4$ 亿元；中型企业 300 人 $\leq X < 1\,000$ 人，$2\,000$ 亿元 $\leq Y < 4$ 亿元；小型企业 20 人 $\leq X < 300$ 人，300 万元 $\leq Y < 2\,000$ 万元；微型企业 $X < 20$ 人，$Y < 300$ 万元。

但是，中小型企业的发展也是显而易见的（图1.3）。2016年与2001年比较，平均到每个企业，中型企业研发投入从67.3万元提高到3 573.3万元，小型企业研发投入从10.3万元提高到364.9万元，表明向"专、精、特"发展正在成为这些企业追求的目标，拥有更多的技术人才和研发人才无疑是实现这一目标的根本保障。可以预计，未来规模化发展的大型企业和技术精湛、产品专门化的中小型企业在我国汽车制造业中的地位将变得越来越突出。

图1.3　典型年份不同规模企业的企均研发投入（万元/家）

资料来源：《中国汽车工业年鉴》编辑部。

比较不同所有制企业的从业人员状况可以发现（表1.6），非公有制企业已经成为汽车制造业的主体力量。但是国有企业仍然是汽车制造业自主创新发展的中流砥柱，无论企业平均研发投入还是研发人员人均研发经费，均大大高于其他所有制企业。从近年来企业间人员的流动情况看，国有企业的人才外溢效果也十分明显，对推动行业整体技术水平的提升做出了贡献。

表1.6　2016年汽车制造业不同所有制企业和从业人数结构

项　目		国有企业	其他内资企业	外商投资企业	制造业合计	制造业均值
企业数量占比/%		5.0	76.2	18.8	100.0	—
人数占比/%	从业人数	10.8	60.5	28.7	100.0	
	技术人员	12.4	68.8	18.8	100.0	
	研发人员	12.2	66.5	21.3	100.0	

续表

项　目	国有企业	其他内资企业	外商投资企业	制造业合计	制造业均值
企业平均研发投入/(万元·家$^{-1}$)	8 608.9	398.2	2 321.5	—	1 167.1
研发人员人均研发经费/(万元·人$^{-1}$)	132.3	17.2	77.4	—	40.8

注：统计数据中包括摩托车等纳入统计的所有产品生产企业。
资料来源：《中国汽车工业年鉴》编辑部。

值得关注的是，近年来外商投资企业对研发能力的提升给予了高度重视，在研发人员数量的扩大和研发经费的投入方面均有大的变化（图1.4）。具体而言，外商投资企业的研发人员数量已经从2001年占汽车制造业的11.3%提高到2016年的21.3%，在同类企业从业人数中，研发人员占比从2001年的3.8%提高到2016年的4.9%，每个研发人员拥有的研发经费也从2001年的40.3万元提高到2016年的77.4万元。这些数据表明，外商投资企业在中国的研发活动正在不断加强，产品开发也在从以往的本土化改进走向全新开发，对研发人员的吸引力也在不断提升，未来内资企业与外商投资企业的竞争将不再只聚焦在产品层面和市场层面，更多的将是人才的竞争。

图1.4　典型年份外商投资企业研发投入比较

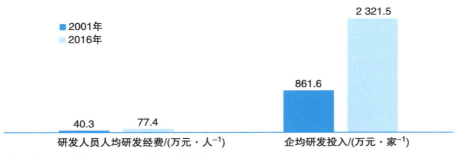

资料来源：《中国汽车工业年鉴》编辑部。

然而，无论何种产品生产企业、何种规模生产企业或何种所有制企业，不能忽视的是占比九成的技能人员，他们的知识体系和能力素质在很大程度上决定着企业所生产产品的市场表现,重视这部分人员的队伍建设,对提升企业竞争力具有十分重要的意义。

二、汽车企业集团人力资源现状

(一)汽车制造企业人力资源基本状况

经过 60 余年的发展,尤其是近 40 年的改革开放,我国已经形成了若干支撑汽车产业快速发展的汽车企业集团。在本次研究所开展的问卷、走访调查中,获得了国内主要汽车集团的人力资源状况基础数据(表 1.7);通过走访调查,了解了他们在营造人才成长环境方面所开展的工作。这些汽车集团的汽车产量合计达到当年我国汽车总产量的 61.9%,从业人数、研发人员数量分别占到我国汽车制造业同类数据合计的 20.2% 和 16.3%,占到整车生产企业同类数据合计的 44.3% 和 36.8%,故而可以认为从这些企业获得的信息具有行业代表性。为此,本报告以此为依据,对汽车制造企业人力资源状况进行分析。

表 1.7 本次研究中接受调查的汽车集团 2015 年基本状况

汽车集团名称	汽车产量 /万辆	从业人员数量	
		总数 /万人	其中研发人员 /人
上海汽车集团股份有限公司(卷)(访)	583.6	20.3	21 000
中国第一汽车集团(卷)(访)	282.0	16.3	7 982
北京汽车集团有限公司(卷)	250.1	12.0	9 000
广州汽车集团股份有限公司(卷)(访)	127.4	7.8	2 146
华晨汽车集团控股有限公司(卷)	85.0	5.0	1 681
安徽江淮汽车集团(卷)(访)	58.4	1.8	1 648
浙江吉利控股集团有限公司(卷)	55.7	2.0	3 732
奇瑞汽车股份有限公司(卷)(访)	52.6	1.4	3 850
中国重型汽车集团(卷)(访)	15.2	4.2	1 092

续表

汽车集团名称	汽车产量/万辆	从业人员数量	
		总数/万人	其中研发人员/人
郑州宇通集团有限责任公司(访)	6.8	2.0	3 000
上述企业合计	1 516.8	72.8	55 131
占汽车制造业比例/%	61.9	20.2	16.3
占整车生产企业比例/%		44.3	36.8

注：（卷）指参与本次研究问卷调查的企业，包括定量调查和定性调查。
（访）指本次研究中走访调查的企业。
资料来源：汽车产量数据来自 2016 年版《中国汽车工业年鉴》。从业人员数量中，上汽集团数据来自中国人才研究会汽车人才专业委员会，其余数据均为问卷调查或走访调查期间企业提供的。

表 1.8 反映了九大集团从业人员的岗位结构和学历结构。从中可以发现，拥有本科及以上学历者已占从业人数的近半数，其中包括 876 位海外留学回国人员、160 位享受国务院特殊津贴的专家、36 位国家"千人计划"专家和 5 位国家"百千万人才工程"国家级人选，他们是企业关键技术领域的领军人才，在提升企业自主创新能力方面具有不可替代的作用。

表 1.8 九大集团从业人员结构和学历结构

从业人员岗位结构/%			从业人员学历结构/%	
	经营管理人才	5.5	硕士及以上学历人员	4.6
工程技术人才	研发设计人才	17.4	本科学历人员	43.9
	其他技术人员	25.3	中专和大专学历人员	12.6
生产工人	高技能人才	4.8	其他学历人员	38.9
	技工人才	47.0	—	—
合计		100.0	合计	100.0

在拥有本科以上学历人员中，研发人员在九大集团从业人员中所占比例与《年鉴》中整车企业统计数据基本吻合，明显高于汽车制造业整体研发人员占比。除此之外，还有 84.0% 的技术人员分布在除经营管理和研发设计岗

位外的其他岗位，如质量管理、生产管理、供应链管理和企业规划、标准化、知识产权管理等，充分表明汽车企业人力资源管理的复杂性和系统性。

从年龄分布看，九大集团从业者的年轻化特征十分明显，即在拥有各种学历的从业者中年轻人所占比例较高。具体而言，在拥有本科及以上学历的从业者中，35 岁及以下人员占 75.9%；在拥有中职和高职学历的从业者中，35 岁及以下人员占 86.6%。说明这是一支充满活力的队伍，但也是一支需要在一代又一代产品开发和生产中不断积累经验的队伍。

从职称分布看，九大集团拥有副高和正高职称的人员只占从业人员总数的 3.4%，技师及以上技能人员只占 2.9%。除上述人员外，在受过专业教育（包括职业教育和高等教育）的人员中，只有少数拥有初级或中级职称，更多的技术人员未参加过职称评定。这一结果说明，企业特别是汽车集团在用人管理方面已主要采用自行建立的人力资源管理体系，现行国家职称体系在企业人力资源管理中的作用已经十分有限，基本只限于两种用途：一是企业选人和聘任的参考；二是从业者可依此获得相应的退休待遇。由此也反映出现行国家职称体系与企业管理需求、技术人员个人发展需求的脱节。

目前企业招聘人才主要有三种途径：定向培养、校园招聘和社会招聘。调查显示（图 1.5），社会招聘是其中最主要的途径。这一结果说明，企业更倾向招聘有工作经验的人员，希望到岗的人员能够立即承担起职责，以减

图 1.5　参与调查的汽车集团从业者的主要来源

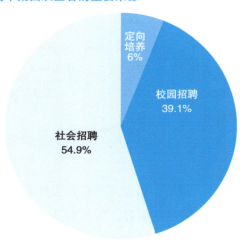

少人员培训压力。出现这一状况与汽车企业人员的高流动和企业人才需求的紧迫性有一定关系。正是在这一用人思路的指导下，一些企业开始收紧对研发岗位的应届毕业生的招聘，转向利用更多的渠道获得"现成"的所需之人。例如将引进（并购）专业团队作为满足企业用人需要的重要方式之一。而在招聘国外人才方面，企业的表现越来越理性，对"海归"的高流动、把国内企业当跳板的现象给予了高度关注。对于未来的用人策略，企业认为应当以更大的视角理解人才的国际化，将"我拥有"转化为"我集聚"，搭建起国际化人才发展的平台，完善国际化人才服务体系。

（二）汽车制造企业对人力资源状况的基本评价

参与调查的企业对人才数量状况比较满意，但同时认为与企业需求仍然有一定距离。相对而言，缺乏优秀经营管理人员的问题更加突出（图1.6）。

图1.6　参与调查的汽车集团对人员数量的满意度评价

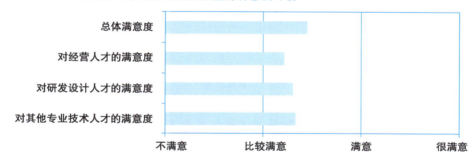

从调查数据看，中职及以上学历的员工中，5年及以上本企业工龄的员工约占36.1%；受过高等教育的员工中，5年及以上本企业工龄的员工约占24.4%。这一调查结果进一步印证了近些年汽车企业人员流动性加剧的状况。但企业同时认为，5%的人员流动率是合理的。在目前状况下，乘用车企业通常能够将人员流动率控制在3%~6%，商用车企业则略高。

企业认为，要解决人才高流动性问题，除各种激励措施外，还应在两个方面采取有效措施：一是要着力解决人才职业发展中的"岗位天花板"现象（指职业发展空间不充分）。企业要留住人，就要为其职业发展多做考虑，营造有利于人才发展的环境，对青年人更是如此。二是要做好知识管理工作，将人才流动，尤其是核心人才流动造成的损失控制在最小。

调查发现，"人才是企业第一资源"的观念已深入人心，为留住人和用好人，企业形成了具有自身特点的人力资源管理模式，出现了全职、兼职、项目合作、智力引进等多种用人方式。为弥补人力资源的短板，集聚国外优势技术资源，企业开始了"借脑发展"的探索，在国外构建研发平台受到企业的重视，或已行动，或已在筹划中。

比较图1.7和图1.6可以看出，企业对现有人员素质的满意度好于对人员数量的满意度，对高技能人才素质的满意度明显高于对高端人才①和高职称人才的满意度。

图1.7 参与调查的汽车集团对人员素质的满意度评价

企业对从事经营管理工作和技术工作的各类人员究竟有着怎样的能力要求，目前最不满意之处在哪里，问卷调查给出的答案是：企业更重视人才的专业能力、创新能力、学习能力和协调能力；在中国大步走向世界的宏观环境下，对国际化素质的要求也将会越来越高。面对当前的人才素质现状，参与调查的企业认为最急需解决的问题是提高对市场的把握能力、创新能力、国际化素质，这一结果也反映了企业对增强自身竞争力的思考（表1.9）。

---

① 本报告所述高端人才包括享受国务院特殊津贴的专家、"千人计划"专家、"万人计划"专家、海外回国人才、"百千万人才工程"国家级人选。

表1.9 参与调查的汽车集团对人才的能力要求和期待

项　目	能力要求重要性排序 （1＝最重要）	能力现状最不满意排序 （1＝最不满意）
经营管理人才	市场把握能力 协调能力 创新能力 学习能力 国际化素质	市场把握能力 创新能力 国际化素质 互联网思维 调查研究能力
研发设计人才	专业能力 创新能力 学习能力 职业道德 沟通能力	创新能力 团队合作能力 国际素质 沟通能力 项目管理
其他专业 技术人才	专业能力 学习能力 创新能力 团队合作能力 沟通能力	专业能力 学习能力 创新能力 国际化素质 项目管理

企业对新入职毕业生的岗位表现总体上比较满意。细化到各学历层次，满意度由高到低排序依次是：博士、本科、高职、硕士、中职。企业对新进毕业生能力最不满意度由高到低排序依次是：专业能力、沟通能力、团队合作能力、学习能力和创新能力。在毕业生的知识结构方面，按重要程度由高到低排序，企业希望进一步强化毕业生在智能化、机电一体化、新能源、网联化和轻量化等方面的知识，以应对未来新技术革命的挑战。

放眼未来10年的发展，企业认为急需解决的问题包括：专业技术人才紧缺、人才总体供不应求、跨界复合型人才紧缺、企业间人才竞争加剧和国际化人才紧缺。未来的高端技术人才将由技术型向"技术＋管理"的复合型转变，高技能人才将由"会干＋干好"向"干精＋干专"转变。因此对现行人才发展体制创新和高校人才培养体系创新提出了更多的要求。

在人才发展环境方面，企业认为当前存在的最大问题依次是：市场决定作用发挥不够、政府人才管理不科学、行业组织主体作用释放不够、人才法制建设不完善；最需要改进的问题依次是：激励机制、培养机制、集聚机制、评价机制、流动机制，以为人才成长创造更友好的环境。企业同时认为，本土培养的人才和本科学历的人才是企业研发队伍的主体，年轻人处于纺锤形人才队伍结构的中段，管理和激励好他们很重要，不应把眼睛总盯在"海归"和高端人才身上。

为满足当前人力资源条件下企业的用人需要，被调查的企业采取了多种激励措施。在这些激励措施中，企业认为最重要的措施由高到低排序依次是：薪酬激励、目标激励、职务激励、荣誉激励和学习激励；而企业认为最有效的措施由高到低排序依次是：薪酬激励、目标激励、职务激励、学习激励和荣誉激励。在两种排序中，学习激励和荣誉激励的位置发生变化，反映了企业在荣誉激励手段方面的不足，这也正是需要政府和行业组织为其提供支持之处，包括通过搭建同行认可的平台扩大能力突出者的社会和行业影响力，在国家和行业人才奖励中加大向企业的倾斜等。

在薪酬激励方面，被调研企业已经开始在新理论、新观点指导下进行优化薪酬体系的探索。其目标是建立长效激励机制，其工作重点主要放在三个方面：一是体现企业发展与人才成长的关系；二是对突出贡献者给予一定的奖金分配灵活性；三是将非法定福利与薪酬有机结合。一些民营企业已经开始探索股权激励模式，在间接薪酬方面做出了新的尝试。随着国有企业混合所有制改革的全面提速和深化，未来薪酬激励的手段将会更加丰富。

在学习激励方面，企业采取的最主要方式：一是内部培训；二是外派培训；三是支持员工参加在职学历教育。被调查的企业普遍建立了内训体系和内部讲师队伍，与外部专家建立了联系，对不同级别、不同岗位的人员设置了不同的培训内容，对各级别员工每年必须完成的学时有明确要求，并做到了较好的落实，对人才培训费用做出了系统安排。作为企业培训力量的重要补充，一些行业专家和高校教师被邀请到企业授课。在派人员参加外派培训时，企业优先选择的培训机构依次是：行业组织、本科院校、社会培训机构和职业学校；优先选择的培训内容依次是：新技术、创新思维、新方法和文化素养。这对社会培训体系的创新发展提出了新挑战。对于企业自办大学、职业学校（如吉利、江淮、一汽）的意义：企业认为有助于企业文化的导入、培训教材的开发和管理、学生的实习和实践融为一体，对提升员工队伍的素质、稳定性及其对企业的认同感有极大益处。

在职务激励方面，被调查的企业都为消除"官本位"进行了积极探索，普遍采取了分类管理模式，建立了管理、技术、技能三条人才成长渠道，并实现了三条渠道的"互联互通",让人才中有管理能力者进入领导岗位,让人才中有技术能力者不仅可以不断追求"技术卓越",还可实现管理和技术岗位的相互流动。同时,许多企业也为高技能人才进入研发岗位提供了渠道,建立了优秀年轻干部的选拔、培养和储备制度。

为做好职务激励,被调查的企业普遍建立了基于多维度评价和能力评价、绩效评价相结合的内部评价机制。但在这一工作中暴露出的突出问题是企业间的标准差异,为人才流动、企业选人和用人带来了困惑,希望国家能够在社会化人才评价制度改革方面加大力度。从问卷调查反馈的信息看,企业对现行人才评价制度的满意度较差(图1.8),现行由政府主导的评价体系受到诟病,对推进行业主导评价充满期待。

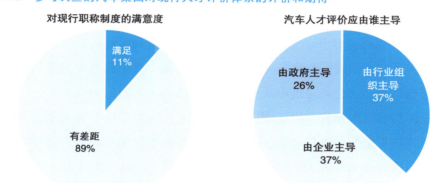

图1.8　参与调查的汽车集团对现行人才评价体系的评价和期待

与此同时,企业也在以更加开放的思想不断深化对构建人才创新平台内涵的认识。企业认为,一名汽车人才至少要经历20年的磨炼才能有所成就,未来5~10年是汽车行业变革发展的重要时期,激发技术人才的创新活力很关键。上汽建立的"创新之家"、宇通建立的首席工程师制度为行业提供了很好的案例,这些制度让更多有志向的技术人才获得了更大的施展才能的空间,对激发人才潜力有重要作用。重汽与地方合作建立的高技能人才培训基地,不仅让本企业受益,也为地方培养高素质蓝领工人做出了贡献。

未来企业人力资源管理必须面对的另一个新挑战是,企业在国内多地的研发、生产布局和走向国际所带来的境外用工本土化、境内境外人才管理一体化、国际团队与国内团队的管理协调、发达地区和不发达地区团队的管理协调等问题,需要管理的精细化和新理念的指导。

三、汽车后市场企业人力资源现状

(一)汽车后市场企业人力资源的基本状况

所谓汽车后市场,是指汽车销售以后围绕汽车使用所产生的各种服务,涵盖消费者从买车、用车到车辆报废所需要的一切服务,是围绕汽车售后各种需要和服务而产生的一系列交易活动的总称。

目前国内尚未建立完整的汽车后市场统计体系,据估算其主体企业的人员规模大致如下①:

全国约有 9 万家汽车品牌授权经销商,其中 2 万多家为 4S 店模式。此类企业的人员构成中主要包括管理人员、营销人员和维修人员。

全国约有汽车园区和汽车交易市场 600 余家,据中国汽车流通协会有形市场分会估算,在此类市场中从事新车销售的人员大约为 180 万人。

全国约有汽配和汽车用品市场 1 000 多个,每个市场中聚集着数百户乃至上千户汽车或配件销售企业。据全国工商联汽摩配商会估算,此类市场中从业人员大约为 100 万人。

全国约有二手车交易市场 1 000 多家,据中国汽车流通协会估算,此类市场中从业人员大约为 100 万人。

全国约有汽车修理企业 44 万家,根据 GB/T 16739.1-2—2004 的规定可分为一、二、三类企业,从业人员大约为 200 万人。

汽车后市场的独立电商仍处于发展初期,从业人数估计在 10 万人左右,但作为新型业态,其发展已经引起业内的高度关注。

由此可见,与汽车制造企业相比,汽车后市场的企业和人员体系更加庞大和复杂,而伴随着汽车制造业乃至整体经济、社会的剧烈变革,汽车后市场也在经历着大变革,并在大变革中谋求大发展,其总的趋势是:传统业态

---

① 苏晖,《国内汽车市场和汽车后市场变化发展基本情况》,2017 年 9 月。

面临着新技术革命和"互联网+"的双重冲击,各种新兴业态层出不穷;集约化、规模化、标准化已成为汽车后市场企业转型升级的主流方向。在此背景下,汽车后市场的企业和人员体系必将更加复杂和多元。

基于以上情况,考虑到现状和未来的衔接,本次研究选取了汽车经销商集团类(以下简称集团类)、4S店、快修连锁、独立电商四类企业进行分析,获得了44家企业对汽车后市场人才现状的评价和对未来趋势的判断(表1.10)。这些企业均处于国内同行的领先地位,它们的成长代表了汽车后市场企业未来的发展方向。

表1.10 本次研究中参与调查的汽车后市场企业基本情况

项	目	有效问卷数量/份	受访企业员工数合计/人		所在地区
			2010年	2015年	
	合计	42	2 227	20 314	—
其中	集团类	8	1 772	15 474	广东、河北、湖南、江苏、山东、重庆
	4S店	28	—	2 720	湖南、陕西、四川、辽宁、山东、江苏、新疆、广东、北京
	快修连锁	3	265	676	北京
	独立电商	3	190	1 444	北京

从汽车后市场企业人数变化看(表1.10),集团类和独立电商企业的人数增长最快。从这些企业从业者的学历分布看,学历层次在不断提高。在此次调查纳入统计的20 314人中,拥有中职及以上学历的人员占比由2010年的76.4%下降到71.4%,受过高等教育的人员占比从2010年的40.0%提高到50.9%,拥有硕士及以上学位的人员占比从2010年的0.9%提高到1.6%。这四类企业中,独立电商企业的从业者受教育程度无疑是最高的,快修连锁企业是最低的。值得关注的是,在集团类企业中开始出现海外留学回国人员,尽管他们的人数还很少,但表明了汽车后市场企业对人力资源的重视及在这方面竞争力的提升。具体到不同类型企业,情况略有不同,详见图1.9。

图 1.9　参与调查的汽车后市场企业 2015 年年末不同学历从业者占比情况

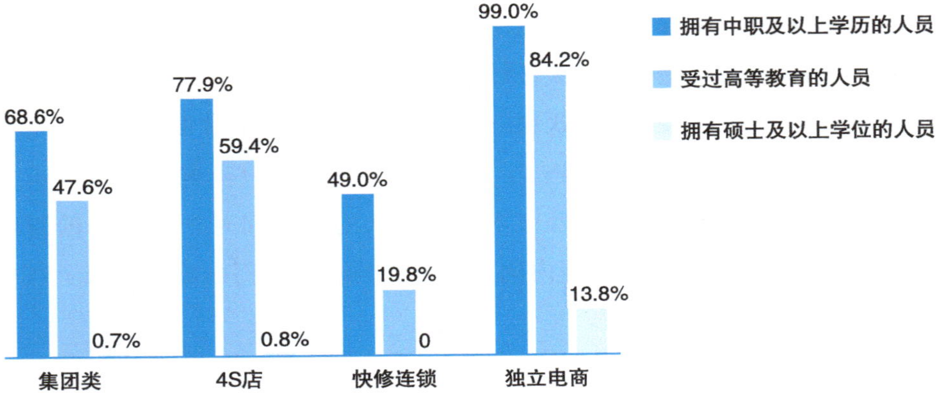

	集团类	4S店	快修连锁	独立电商
拥有中职及以上学历的人员	68.6%	77.9%	49.0%	99.0%
受过高等教育的人员	47.6%	59.4%	19.8%	84.2%
拥有硕士及以上学位的人员	0.7%	0.8%	0	13.8%

同样的情况也存在于 35 岁以下的人群中（表 1.11），这一年龄段拥有中职及以上学历的人员占比和受过高等教育的人员占比均为独立电商企业最高，4S 店次之。在拥有中职及以上学历的人员中，35 岁以下人员占比最高的仍然是独立电商企业，4S 店次之。受过高等教育的人员中 35 岁以下员工占比，集团类企业最高，4S 店次之。显然，无论从何种角度分析，快修连锁企业面临的人才压力更大。

表 1.11　参与调查的汽车后市场企业 2015 年年末从业者的年龄和学历结构

| 企业类型 | 拥有中职及以上学历的人员/人 | | | 受过高等教育的人员/人 | | |
| | 总数 | 其中 | | 总数 | 其中 | |
		35 岁以下人数	≥5 年工龄人数		35 岁以下人数	≥5 年工龄人数
集团类	10 621	4 264	2 644	7 371	2 909	1 262
4S 店	2 120	1 563	587	1 617	1 190	432
快修连锁	331	89	68	134	39	26
独立电商	1 429	1 129	91	1 216	922	38

总体而言，校园招聘、定向培养和社会招聘是目前汽车后市场企业员工的主要来源，但具体到不同类型的企业，情况略有不同（表 1.12）。相对而言，独立电商企业对社会招聘的依赖度最高，4S 店次之，快修连锁企业对

校园招聘的依赖度更高。

表1.12 截至2015年年末参与调查的汽车后市场企业各种来源的员工占比　　%

项目	44家企业总体	集团类	4S店	快修连锁	独立电商
校园招聘	38.70	43.88	30.34	45.69	2.19
社会招聘	29.72	45.96	56.44	19.68	93.86
定向培养	31.58	10.16	13.22	34.63	3.95
合计			100.00		

与汽车制造企业一样，从业者的稳定性问题非常严峻。调查发现，在受过中职及以上学历教育的从业者中，各类汽车后市场企业拥有5年工龄者均未超过30%，其中受过高等教育者占比更低，这充分说明汽车后市场企业人员的不稳定性比汽车制造企业更高。

参与调查的企业对人才数量和人才稳定性的满意度评价进一步证实了上述观点。

图1.10显示了参与调查的企业对人才数量的满意度评价结果，总体处于比较满意的水平，但各类企业存在细微差异。

图1.10 参与调查的汽车后市场企业对人才数量的满意度评价

集团类、快修连锁和独立电商企业对经营管理人才的满意度要高于其他方面的人才，4S店对研发设计人才的满意度要高于其他方面的人才。

图1.11显示了参与调查的企业对人才稳定性的满意度评价结果，总体处于比较满意的水平。

图 1.11 参与调查的汽车后市场企业对人才稳定性的满意度评价

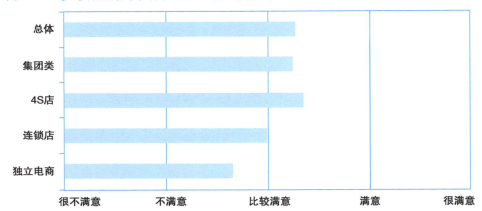

对各类企业在岗 5 年以上人员的占比分析表明，中高职学历人员的稳定性较好。具体到不同类型企业，快修连锁企业中高职学历人员的稳定性好于其他学历人员，4S 店中高职学历人员的稳定性高于其他类型企业，独立电商企业的人才稳定性最低，这也是目前 IT 行业的共性问题。

后市场企业的技术人员主要集中在经营管理岗位和技术管理岗位，从被调查后市场企业的人才岗位分布（表 1.13）来看，近五年，后市场企业的各类人才均有很大的提升，其中研发设计人才在集团类企业和 4S 店实现了从无到有，而快修连锁类企业增加的是汽车维修技术人员，独立电商企业增加的是信息化平台建设人员（IT 技术人员），说明企业越来越重视消费者感受，为了让消费者有更好地消费体验，也在努力提升和完善企业的岗位分配比例。

表 1.13 参与调查的汽车后市场企业 2015 年年末人才岗位分布　　　　人

企业类型	经营管理人才		研发设计人才		其他专业技术人才	
	2010 年	2015 年	2010 年	2015 年	2010 年	2015 年
集团类	223	1 240	0	68	234	2 132
4S 店	10	235	0	14	3	354
快修连锁	22	50	0	0	0	33
独立电商	18	150	0	0	120	731

从人员来源看，社会招聘是参与调查的企业采取的最主要方式（图 1.12，

图中数字为将其作为第一选择企业占参与调查的企业总数的比例），但不同类型企业存在明显差异。快修连锁企业把校园招聘和定向培养作为主要手段，集团类企业采取的是校园招聘和社会招聘并举，而独立电商企业和4S店则将社会招聘作为主要手段。

图1.12　参与调查的汽车后市场企业从业者的主要来源

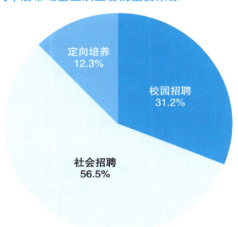

（二）汽车后市场企业对人力资源状况的基本评价

汽车后市场企业对人才素质的满意度评价出现了与汽车制造企业同样的结果，即对高技能人才的满意度最高，对高端人才的满意度最差，由此促使我们不得不深入思考在高端人才聘用和管理方面需要做出的改变（图1.13）。

图1.13　参与调查的汽车后市场企业对人才素质的满意度评价

参与调查的企业认为经营管理人才最重要的能力由高到低排序前三位的是：市场把握能力、学习能力和创新能力；而当前最需提高的能力由高到低排序前三位的是：创新能力、市场把握能力和学习能力（图1.14，图中数字为参与调查的企业中持相同观点的企业数量占参与调查的企业总数的比例，下同）。不同类型企业的观点的差异在于，在对经营管理人才的最重要能力的排序中，4S店将学习能力排在第一位，而其他企业将市场把握能力排在第一位；在对现有经营管理人才最不满意的能力的排序中，独立电商企业把市场把握能力和学习能力排在第一位，而其他企业将创新能力排在第一位，这与独立电商企业和其他企业所处的发展阶段不同有密切关系。同时，通过比较可以发现，企业对经营管理人才国际化素质的关注度大大高于专业技术人员，但真正关注到这一点的企业数量还很少。

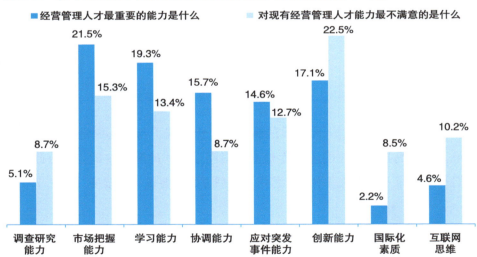

图1.14　参与调查的汽车后市场企业对经营管理人才的能力要求和评价

同为专业技术人员，企业对研发设计人员的能力要求与对其他专业技术人员的能力要求有明显差异，最需提升的能力也各有不同。参与调查的企业认为，研发设计人员最需要的能力是专业能力、创新能力和团队合作能力，而当前急需提升的能力是创新能力、团队合作能力、学习能力和项目管理能力（图1.15）。对于其他专业技术人员，参与调查的企业认为最重要的能力是专业能力、学习能力和团队合作能力，而当前急需提升的能力是创新能力、专业能力和沟通能力（图1.16）。由此可以认为，无论在汽车后市场企业从事哪类技术工作，专业能力都是不可忽视的，而创新能力是最需提升的。

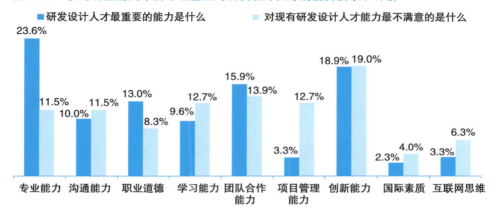

图1.15 参与调查的汽车后市场企业对研发设计人才的能力要求和评价

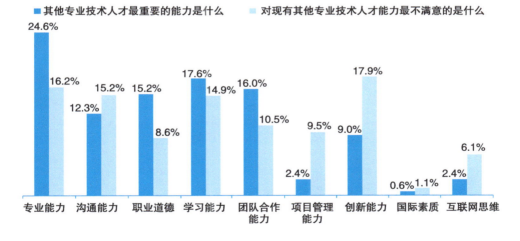

图1.16 参与调查的汽车后市场企业对其他专业技术人才的能力要求和评价

关于未来10年汽车行业人才发展总体趋势是什么，参与调查企业认为排序前三位的依次为专业技术人才更加紧缺、人才流动加剧和企业间人才竞争加剧，而国际化人才更加紧缺被排在最后（图1.17），这一结果与图1.14、图1.15和图1.16形成呼应，反映出企业对从业者专业技术能力的关注和对人才稳定性的担忧，同时也表明汽车后市场企业尚未关注到汽车制造企业加快走出去的步伐对汽车后市场企业发展将带来的影响。

图1.17　参与调查的汽车后市场企业对未来10年汽车行业人才发展总体趋势的判断

在校园招聘占到从业者来源31.1%的情况下，企业对新入职的毕业生的能力是否认可？问卷调查给出的结论是"比较满意"。相对而言，对本科生和高职生的满意度高于对其他学历的人员，对新进毕业生能力最不满意的排序依次为专业能力、团队合作能力和学习能力，且各类型企业的观点差异不大（图1.18）。

图1.18　参与调查的汽车后市场企业对毕业生能力的评价

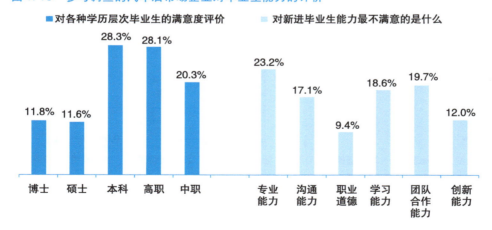

经过与后市场企业人员座谈，发现他们已经开始根据汽车未来技术发展趋势思考未来的人才布局，有62.5%的被访谈企业认为应当尽快开设新能源汽车专业，这与当前新能源汽车市场迅速扩张的背景下，汽车后市场面临的销售、维修服务压力密切相关。

为适应当前汽车行业发展，参与调查的汽车后市场企业认为汽车专业毕业生最应强化的课程知识有机电一体化、新能源、智能化等（见图1.19）。

图1.19　参与调查的汽车后市场企业对汽车专业毕业生最应强化的知识的评价

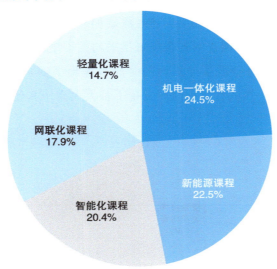

如何培养出企业所需要的人，参与调查的企业认为应优先考虑在高职和本科生培养方面采用定向培养方式（图1.20）。

图1.20　参与调查的汽车后市场企业对校企合作人才培养方式的期待

已经有68.4%的参与调查的企业在这一模式上开展了深入的工作。主要方式有两种：一是专项技术的定向培养，如营销技术、故障诊断技术、机修

和钣金修复技术等;二是开设校企合作定向班,如丰田班、现代班、宝马班、上汽通用班等。此外,也有企业与学校在大学生定向培养实习基地建设方面开展了合作。

对于如何提高在岗人员的能力,与汽车制造企业侧重内部培训不同,汽车后市场企业更多地采取内部培训和外派培训并举的措施(图1.21)。调查获取的数据表明,参与调查的各企业每年平均用于培训进修的经费支出达到53.2万元;对员工每年需参加培训的时间也提出了要求,其中集团类企业和4S店无论在经费投入和培训时间安排上都大大高于其他类型企业。

图1.21 参与调查的汽车后市场企业在从业者继续教育方面的主要措施

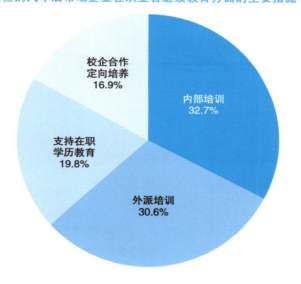

在外派培训方面,企业更希望与行业组织和社会培训机构合作,并希望通过这些培训帮助从业者获得新技术、创新思维和新方法方面的提升;也有参与调查的企业提出希望外派培训也能在提升经营管理者的管理能力方面发挥作用(图1.22)。遗憾的是,参与调查的企业中有71.4%的企业认为目前外部培训体系与企业需求有差距,11.2%的企业认为有很大差距,认为能够满足需求的只占参与调查企业总数的17.5%。

尽管汽车后市场企业在提高从业者专业能力方面已经有了许多思考和行动,但学习激励在人才管理方面能够发挥的作用仍然十分有限。企业采用的

图 1.22 参与调查的汽车后市场企业对外派培训的期待

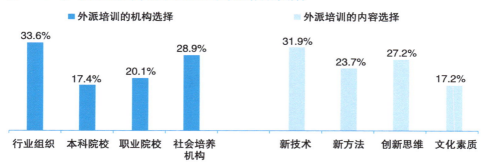

最主要的人才激励措施排序前三位的依次是薪酬激励、目标激励和职务激励，而认为所有激励措施中最有效的措施排序前三位的分别是薪酬激励、职务激励和目标激励（图 1.23）。受到现行职称制度的制约，汽车后市场企业难以将职称激励作为重要手段，由于文化激励需要以企业文化的建立为基础，在当前状况下也难以为企业所用。

图 1.23 参与调查的汽车后市场企业采用的人才激励主要措施和效果

要解决上述问题，参与调查的企业认为需要在人才发展体制方面做出调整（图 1.24）。首先是人才培养机制，其次是人才激励机制和人才评价机制；应发挥市场决定性作用和行业组织的主体作用，提高政府人才管理的科学性。

参与调查的企业同时认为，发挥行业组织的主体作用的很重要方面之一是人才评价机制的改革。在回答人才评价工作应当由谁来主导时，45.1% 的企业认为应由行业组织来主导，36.7% 的企业认为应当由企业自行主导，只有 15.4% 的企业认为应当由政府主导，2.8% 的企业选择其他。

图 1.24 参与调查的汽车后市场企业对现状的看法和对未来改进方向的建议

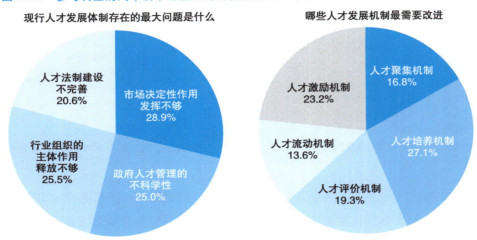

第二章

中国汽车人才培养体系现状

一、汽车高等教育发展现状

（一）汽车人才培养的学校和专业的基本情况

截至 2017 年 5 月，全国高等学校共计 2 914 所，其中本科院校 1 243 所（含独立学院 265 所）[①]。在这些学校中，我们可以根据毕业生中进入汽车行业就业的比例，将与汽车人才培养相关的专业分为直接相关、间接相关和无关三类。

直接相关类专业是指有较多的毕业生进入汽车行业就业，包括车辆工程专业（专业代码 080207）、汽车服务工程专业（专业代码 080208）、汽车维修工程教育专业（专业代码 080212T）、装甲车辆工程专业（专业代码 082106）、能源与动力工程专业（专业代码 080501）以及交通运输专业（专业代码 081801）。据课题组对相关院校网站的调查统计，目前开设上述专业的院校约为 446 所。由于汽车产业发展对人才的需求旺盛，这些院校此类专业的毕业生或是就职于汽车企业和汽车相关研发机构，或是成为高校和职业院校的教师，或是进入汽车上下游企业或研究机构，如钢铁企业吸纳车辆工程专业的毕业生从事汽车用钢的应用研究、石油企业吸纳能源与动力专业汽车发动机方向的毕业生从事汽车用油的研究、金融和投资机构吸纳汽车相关

---

① 教育部网站 http：//www.moe.edu.cn/srcsite/A03/moe_634/201706/t20170614_306900.html。

专业背景的毕业生从事与汽车产业投资相关的工作，这些充分表明了汽车产业与相关产业在发展中的依存关系。

间接相关类专业是指在人才培养方案中将汽车人才作为方向之一，尤其在研究生的培养中与汽车产业结合度较高，但从进入汽车行业就业的毕业生比例看，大大低于直接相关类专业，具体包括以下两类：

（1）在专业的培养方案中写明汽车方向，从这一专业方向毕业的学生也大多就业于汽车行业，如机械设计制造及自动化专业（专业代码080202）开设有汽车设计制造方向、应用化学专业（专业代码070302）开设有新能源汽车动力电池方向、工业设计专业（专业代码080205）开设有汽车车身造型方向、测控技术与仪器专业（专业代码080301）开设有汽车变速器方向、电子信息工程专业（专业代码080701）开设有汽车电子方向、电子信息科学与技术专业（专业代码080714T）开设有车联网工程方向、软件工程专业（专业代码080902）开设有汽车信息与智能媒体方向、工商管理专业（专业代码120201K）开设有汽车市场营销方向。

（2）尽管没有设立专门的方向，但由于汽车行业人才需求的复杂性、广泛性和职业发展有巨大的空间，毕业生也将在汽车行业就业作为毕业后的第一个就业选择，不仅汽车企业在高校发布的招聘简章中写明招聘此类专业毕业生，而且在汽车企业、研究机构现有人才队伍中也可以发现一定数量的此类专业人员。此类专业主要包括机械类、电气类、材料类和力学类等。从近几年汽车企业、研究机构在高校发布的招聘信息看，越来越多的拥有工商管理类、计算机类、经济与贸易类、金融学类专业背景的人才加入汽车人才队伍中。随着中国汽车产业走向世界，企业对有语言类专业背景的人才的关注度也在提高。

除上述学校外，自2011年起，全国已经有不少于40所高校开设了新能源材料与器件专业（专业代码080414T），不少于87所高校开设了新能源科学与工程专业（专业代码080503T）。前者以培养新一代高性能绿色能源材料、技术和器件（如通信、汽车、医疗领域的动力电源）等领域的人才为目标；后者以培养具备新能源科学与工程领域的基础理论和工程技术知识，能够在风力发电、光伏发电、绿色电源、变频器、电动车驱动等相关领域从事研究和开发工作的复合型高级技术人才为目标。一些高校的其他传统专业，也开始将汽车人才培养作为方向之一。可以预见，随着汽车电动化、轻量化、智能化、网联化技术的发展和智能制造时代的到来，这一趋势仍将保持，甚至进一步发展，这些专业毕业生中的一部分将成为推动中国新能源汽车和智能网联汽车发展的重要新生力量。

从上述专业的培养定位看，"985"院校和"211"院校主要定位于培养研究型人才，这些院校毕业生进入汽车行业的第一个工作岗位多是企业的技术中心、研究院或行业科研机构。这些院校大多建有国家级或省级研发机构，或是国家重大科技专项的承担者，如依托清华大学、吉林大学和湖南大学车辆工程专业的优势分别设立的汽车安全与节能国家重点实验室、汽车仿真与控制国家重点实验室、汽车车身先进设计制造国家重点实验室，依托天津大学能源与动力工程专业优势设立的内燃机燃烧学国家重点实验室等，北京理工大学同时是车辆传动国防科技重点实验室、电动车辆国家工程实验室、工信部新能源汽车北京实验室、工信部无人车技术重点实验室、电动汽车北京市工程研究中心建设的依托单位。这些高校同时也是汽车企业实现自主创新发展的重要依靠力量，以同济大学"上海市地面交通工具空气动力与热环境模拟重点实验室"为例，这是国内首个以产学研联合共建方式建立的车辆专用空气动力学实验室，一举改变了长期以来中国汽车产品空气动力学设计依托航空系统实验设施的状况。

间接相关专业中也存在同样的情况，依托这些专业建立的国家级重点实验室也是汽车企业技术发展不可缺少的力量。例如：设立在东北大学的"轧制技术及连轧自动化国家重点实验室"与华晨汽车、本钢集团共建了联合实验室；北京科技大学材料学科的科研活动中与汽车相关的占有较大比例；北京航空航天大学交通学院拥有一支专门从事汽车复合材料研究和应用的高水平教师团队；上海交通大学在异种材料连接技术方面的实力得到了国内骨干企业的高度认可，相互之间有着深度合作。仅以2015—2017年国家自然科学基金汽车产业创新发展联合基金项目为例（图2.1），在3年获批的34个项目中，有32个项目由高校承担，2个由中国科学院所属研究所承担。在高校承担的项目中，车辆工程专业承担的占50%，其余50%分别由机械类其他专业、材料类专业、电气类专业和化学类专业承担。而在所有高校承担的项目中，93.8%的研究团队是由高校和企业共同组成，这反映了汽车产业发展对高校学科建设的重要性，反映了相关学科对汽车产业创新发展的支撑作用，也反映了跨产业、跨学科协同发展的重要性。

图 2.1 2015—2017 年汽车产业创新发展联合基金项目分学科承担情况

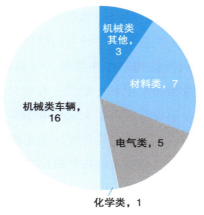

注：图中数字为各学科承担的相关项目的数量。

上述情况还表明了汽车人才培养的一个重要特点：专业涉及的广泛性和专业间的贯穿性。在汽车新技术革命和产业结构调整正在火热进行中的大背景下，这一特点将更加突出，对从业者知识的系统性要求将更高。显然，目前车辆工程专业在国家《学位授予和人才培养学科目录》中位于机械类二级学科的设置和汽车人才散布于多个一级学科下培养的状况已无法满足未来汽车产业用人需要，必须改变汽车人才分属多个一级学科培养的状况，形成以汽车产业发展需求引领下的一体化汽车人才培养体系。

（二）汽车人才培养直接相关专业的发展状况

在 446 所开设车辆工程专业、汽车服务工程专业、汽车维修工程教育专业、装甲车辆工程专业、能源与动力工程专业和交通运输专业的高校中，有 383 所与汽车人才培养直接相关[①]，占全国本科院校总数的 30.8%，占开设

---

① 判断依据为：其一，专业发布的培养目标与汽车产业的相关性；其二，该专业课程体系与汽车产业的相关性；其三，汽车企业在该学校发布的招生简章中是否明确招聘该专业毕业生。

此类专业院校总数的 85.9%。

上述专业的大致分布如下（图2.2）：开设车辆工程专业的高校共计265所，其中以道路车辆人才培养为主或兼有道路车辆、轨道交通（含铁路机车、动车组、轨道车辆）人才培养的院校为252所，占比95.1%，其余4.9%以培养轨道交通车辆人才为主；开设汽车服务工程专业的高校共计205所，开设汽车维修工程教育专业的高校共计9所，这些专业的指向性非常清晰，前者为汽车后市场培养专业人才，后者为汽车职业教育培养师资人才；开设装甲车辆工程专业的高校有5所，因专业间有很强的互通性，开设这一专业的高校均同时开设有车辆工程专业；高校的能源与动力工程专业主要培养电力（包括热、核、风、太阳能等）、制冷空调和动力机械等领域的人才，目前开设该专业的176所高校中有73所涉及汽车发动机人才培养，占比41.5%；交通运输专业主要针对航空、航海、公路运输进行人才培养，目前共有100所高校开设此专业，其中设置汽车运用或汽车营销方向的有59所，占比59.0%。

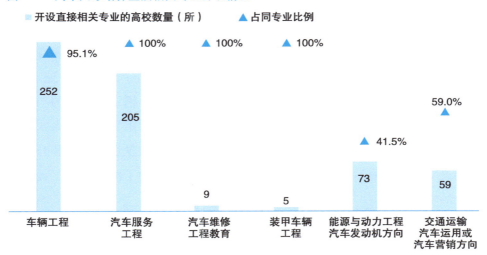

图2.2　汽车人才培养直接相关专业开设情况

汽车产业对人才的旺盛需求和汽车人才培养的学科相关性，导致许多高校同时开有多个专业。如图2.3所示，在383所开设直接与汽车相关专业的高校中，有超过40%的高校并行开设了2个及以上专业，其中有110所高校只涉及上述专业中的 2 个，占 28.7%，有 48 所高校兼有上述专业中的 3 个及以上，占 12.5%。

图 2.3　汽车人才培养直接相关专业的并行开设情况

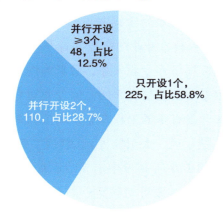

注：图中为并行开设相关专业的高校数量及所占比例。

从车辆工程专业、汽车服务工程专业和汽车维修工程教育专业开设的时间看，其与汽车产业的发展呈现明显的正相关。具体而言，近 10 年是中国汽车产业发展的重要转折期，自 2008 年起中国连续 9 年位列世界汽车产销量第一，2009 年中国汽车产量首次突破 1 000 万辆，当年全国汽车保有量中私人汽车占比首次超过 70%，并在此后持续提升。汽车产销量的快速增长，带来了汽车制造业对人才的旺盛需求，直接导致开设车辆工程专业的本科院校数量快速增长；私人汽车消费的兴起，带来了汽车后市场企业对人才的旺盛需求，直接导致开设汽车服务工程专业的普通高校数量快速增长和开设汽车相关专业的职业学校的数量快速增长，而后者又带动了汽车维修工程教育专业的发展。

如表 2.1 所示，2010 年之后开设车辆工程专业、汽车服务工程专业和汽车维修工程教育专业的院校数量分别占到目前开设相关专业院校数量的 52.8%、63.9% 和 55.6%，且每年新增相关专业院校的数量随着这些年汽车产销量增幅的变化而起伏。

表 2.1　2010 年以来汽车相关专业开设的情况

年份	汽车产量/万辆	汽车保有量/亿辆（私人汽车占比/%）	新增相关专业院校数量/所		
			车辆工程	汽车服务工程	汽车维修工程教育
2008	935	0.51（68.7）	—	—	—
2009	1 379	0.63（72.9）	—	—	—
2010	1 826	0.78（76.1）	9	12	2
2011	1 842	0.94（78.3）	18	13	0
2012	1 927	1.09（80.9）	22	27	0
2013	2 212	1.27（82.9）	17	8	0
2014	2 372	1.46（84.5）	21	22	1
2015	2 450	1.63（86.6）	20	27	0
2016	2 694	1.86（88.0）	13	13	2
2017	2 902	2.17（86.2）	13	9	0
合计	—	—	133	131	5

资料来源：汽车产量数据来自国家统计局发布的相关年份的《国民经济和社会发展统计公报》；

汽车保有量数据来自相关年份的公安部发布的数据；

新增专业院校数量来自教育部相关年份的《普通高等学校本科专业备案和审批结果》。

目前车辆工程专业的年招生规模为 2.3 万人左右，汽车服务工程专业的年招生规模在 1.4 万人左右。图 2.4 显示了 204 所开设车辆工程专业的院校和 167 所开设汽车服务工程专业的院校的年招生规模分布情况。通过比较发现，无论车辆工程专业还是汽车服务工程专业，招生规模在 31～60 人的占比最大，但相对而言，车辆工程专业招生规模超过 150 人的院校多于开设汽车服务工程专业的院校，最多的甚至超过 500 人，而这一状况在汽车服务工程专业中比较少见，反映出当前情况下汽车制造业和汽车后市场对工程技术人员的需求情况，也反映出汽车后市场对技能型人才和工程技术人员的需求情况。但我们有理由相信，这一状况将会随着新能源汽车、智能网联汽车的快速发展和汽车企业从制造型向生产服务型的转变而改变，也就意味着在今后一个时期，汽车服务工程专业的招生规模将不断扩大。

图 2.4　车辆工程专业和汽车服务工程专业招生规模分布

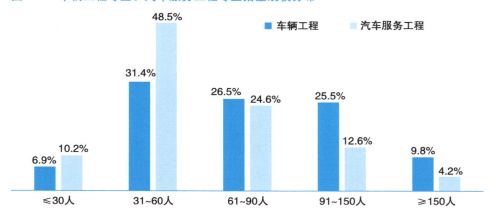

受到发展历程的影响，车辆工程专业与汽车服务工程专业的现状存在一定差异。

对于车辆工程专业来说，以培养研究型人才为主的院校均有着良好的基础能力，坚实的科研基础为此专业人才培养的质量提供了有效保障。但以应用型人才培养为主的院校，此专业有相当数量是从汽车服务工程专业、交通运输专业汽车运用方向发展而来，在汽车产品开发和制造技术领域的积累相对较弱，在提高人才培养质量方面面临较大挑战。

对于汽车服务工程专业来说，目前以培养研究型人才为主的院校主要是在车辆工程专业的基础上发展而来，而以培养应用型人才为主的院校，多数是由交通运输专业和高职学校汽车相关专业发展而来，因此在与用人单位的联系方面比前一类型院校更加密切。此类院校的另一个特点是，许多开设汽车服务工程专业的院校同时开设高职或中职相关专业，或是与高职、中职学校有着深度合作，专升本、中升本在这些院校的招生中占有一定比例，打通了高技能人才向工程技术人才发展的渠道。

从参与问卷调查的高校车辆工程专业和汽车服务工程专业使用的教材看，所有骨干课程使用的教材都是公开出版的教材，没有使用自己编写的教材的课程。在这些课程中，车辆工程专业精品课程占比为19.7%，汽车服务工程专业精品课程占比为14.7%。

对于学生的培养目标，各学校虽在表述上有一定差异，但从实质来说大同小异。以同济大学为例，对本科生、专业型硕士研究生、学术型硕士研究生以及博士研究生的培养目标分别表述如下：

<u>本科生</u>：培养面向未来，德、智、体、美全面发展，"知识、能力、人格"三位一体，掌握车辆工程学科的基本原理和基本知识，具有扎实的基础理论、宽厚的专业知识，获得工程师的基本训练，具备良好职业素养，较强工程实践、一定的工程研究及创新能力，能具备从事车辆工程领域内的设计制造、科研开发、应用研究、产品管理与营销等方面工作，具有较强的社会责任感、国际视野的创新性实践型工程技术人才，毕业5年之后成为能够独立开展相关工作的专业骨干。

<u>专业型硕士研究生</u>：培养高层次应用型专门人才，使其具有坚定的理想与信念、良好的政治素养和社会责任感，遵纪守法、诚信公正，具有良好的职业道德、合作精神和敬业精神，身心健康，同时掌握坚实的基础理论和系统的专业知识，具有较强的解决实际问题的能力，能够承担专业技术或管理工作，具有良好的理论和职业素养，熟练地掌握一门外语。

<u>学术型硕士研究生</u>：培养良好学术素养的高层次专门人才，使其具有坚定的理想与信念、良好的政治素养和社会责任感，遵纪守法，诚信公正，具有良好的学术道德、合作精神和敬业精神，身心健康，同时掌握坚实的基础理论和系统的专业知识，具有从事科学研究和独立解决实际问题的能力，具有应用外语开展学术研究和学术交流的基本能力，具有良好的协调与组织能力。

<u>博士研究生</u>：培养科学家及行业精英，使其具有坚定的理想与信念、良好的政治素养和社会责任感，遵纪守法，诚信公正，具有良好的学术道德、合作精神和敬业精神，身心健康，并且掌握坚实宽广的基础理论和系统深入的专门知识，能独立地、创造性地从事科学研究工作，具有国际视野，能熟练地进行国际学术交流，具有良好的协调能力与领导能力。

（三）车辆工程专业本科教育的发展状况

本次研究工作中，共获取了29所开设车辆工程专业并将汽车人才培养列入培养目标的高校基本信息（以下称样本学校）。在样本学校中，有7所是"985"院校，有14所已经通过工程教育认证，有2所申请了2018年工程教育认证（以下称认证高校）。尽管样本学校在目前开设车辆工程专业的高校中所占比例不高，但具有相当的代表性，故以样本学校的数据为基础，对我国车辆工程专业本科教育状况加以分析，其中认证高校的信息来自各校《工程教育认证自评报告》，未申请工程教育认证高校的信息来自各校调查问卷（以下称参与问卷调查高校）。

样本学校各年度的招生规模略有差异，总体上保持在4 300人左右。从学生的就业分布看，本科毕业之后立即进入企业工作的为多数，约占59%，选择继续深造的约占31%，其余则就职于部队、政府机构、研究机构或学校（图2.5）。而在选择继续深造的毕业生中，有相当部分会在研究生毕业后选择到企业工作，他们的第一个工作岗位往往是在企业的研发中心或行业研究机构。因此，无论是以培养研究型人才为主的院校还是以培养应用型人才为主的院校，都必须将学生的工程素质培养放在第一位。

图2.5 样本学校毕业生的主要去向

在就业于企业的毕业生中，约有44%选择在国有企业就业，26%选择在三资企业就业，且"985"院校和"211"院校的毕业生在三资企业的就业数大大高于其他院校，而进入整车企业就业的毕业生数量约为零部件企业的3倍。这些数据折射出薪酬待遇、职业发展空间、企业所在地区对毕业生的吸引力，也反映出零部件企业的人才困境。

样本学校的专任教师数量合计为951人，各校教师数量差异巨大，最多的达177人，最少的仅为11人。在此之外，各校均聘请了一批企业专家参与专业培养方案、课程体系的讨论和举办专题讲座，聘请了兼职教师承担专业课程授课、专业讲座和指导毕业设计、学生创新活动的教学任务。

如图 2.6 所示,从专任教师的年龄分布看,"70 后"和"80 后"已经成为支撑高校教学活动的主力军,提高青年教师的各项能力无疑是一项长期工作。从学历分布看,拥有博士学位的数量已超过 60%,在"985"院校、"211"院校和列入教育部卓越工程师计划的院校这一状况更加突出,普遍在 70% 以上,最高达 97%;但在一些以应用型人才培养为主的院校,本科学历的教师仍然占有一定的比例,提高这些院校教师的专业水平是一个不容忽视的问题。

图 2.6 样本学校教师年龄和学历结构

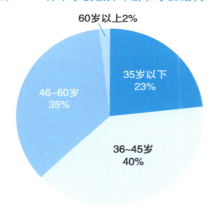
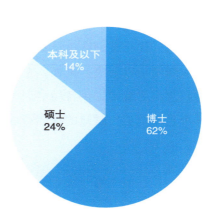

从教师的专业背景看,超过 2/3 的教师是从车辆工程专业毕业,一定数量的非车辆工程专业背景教师的加入,对扩大学生视野无疑具有许多益处。真正的挑战来自教师的工程背景。从样本学校提供的数据看,有近 1/4 的教师拥有 1 年及以上企业或研究机构的工作背景,其余的则有过与企业进行科研合作的经历(图 2.7)。但仔细分析后会发现,在这些具有企业经历的教师中,多数人的成长路径是:以技术员、助理工程师或工程师身份在基层短期工作→考研→在高校就职,之后通过接受企业委托的科研项目获得工程经验。因此真正能够从企业视角理解复杂工程问题的内涵和具备相应解决能力的教师是少数。显然,这样的教师队伍对学生工程素质的培养具有潜在的不利影响。

图2.7 样本学校教师的专业背景和工程背景情况

这些问题也反映在了对高校的问卷调查中（图2.8），如何提高教师的专业能力、优化教师队伍结构是目前各高校十分关注的问题，各高校也建立了相应制度加以解决。例如，在认证高校，都有对青年教师在职攻读学位的支持政策，为教师提供各种培训机会，许多学校要求青年教师必须到企业进行6个月甚至更长时间的挂职锻炼等。

图2.8 参与问卷调查的高校对师资能力的评价

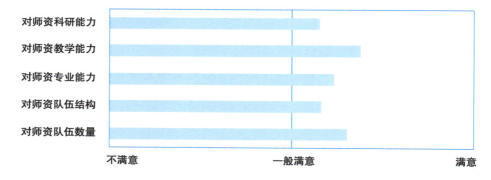

根据从参与问卷调查的高校获取的信息，在教师进入岗位后最常用的培训方式中，排在首位的是校内岗位培训，占到17%，其次是企业实习、参加行业组织举办的培训和国外进修，它们占到所有途径的63%（图2.9，多选）。根据从认证高校获取的信息，这些高校的教师中约有14.5%的教师得到过出国学习一年的机会，有10.5%的教师得到过短期出国访问交流的机

会，但前者主要集中在"985"院校，"211"院校也占有一定比例，其他院校教师获得这样的机会较少，更多的是利用国内条件进行能力提升，参加行业性交流、研讨活动是他们获得能力提升的重要渠道之一。

图2.9　参与问卷调查的高校教师主要岗位培养途径

从校内岗位培训的内容看，主要集中于教学方法和专业能力提升，对新技术和综合素质的培养尚未引起高度重视（图2.10，多选），教师工程能力的培养处于学校有要求、教师有期待但具体实施受到各种条件制约的状态，要改变这一局面，提高校企合作水平是其中的关键之一。

图2.10　参与问卷调查的高校教师主要岗位培养内容

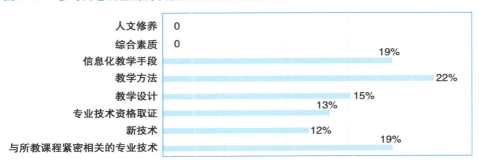

从调查情况看，高校普遍建立了实践教学基地，多则10余个，少则4个，这些基地主要承担生产实习和专业认识实习任务，部分基地还承担了课程设计任务。高校对这些基地的运行情况基本满意，但同时认为校企合作有待进一步深化，还应在合办定向班、教材和课程开发、为企业开展继续教育方面开展更多工作（图2.11）。

图 2.11　参与问卷调查的高校对与企业合作办学效果的评价

参与问卷调查的高校对高校现行教育体系的基本评价如图 2.12 所示。相对而言，对教学研究条件认同度较低，所有学校都认为只达到了"一般"的水平，缺少经费无疑是造成这一结果的重要因素之一。

图 2.12　参与问卷调查的高校对高校现行教育体系的基本评价

根据对认证高校的统计，各校平均年经费收入为 287 万元（图 2.13），其中来自国家和地方政府的拨款约占 2/3，"985"院校、"211"院校和列入教育部卓越工程师计划的院校无疑是这笔经费的最大受益者，年度获得的国家和地方科技项目经费支持可多达数百万元，同时这些院校也在社会募集和创收方面有着更多的渠道。其他学校经费主要是学校拨款。

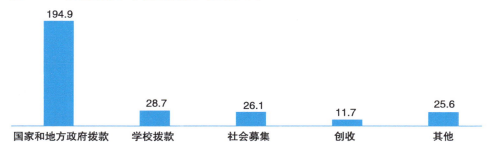

图2.13 认证高校平均年经费收入（万元/年）

在经费支出方面（图2.14），各校平均年经费支出为276.3万元，用于教学设备支出的占比最大，达到50.7%；其次是学生支持，约占20.3%，包括学生实习和创新活动，其中吉林大学和北京交通大学每年用于学生支持的经费超过百万元。

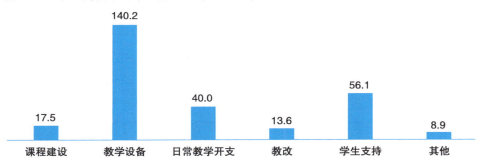

图2.14 认证高校平均年经费支出（万元/年）

对于车辆工程专业未来的发展，目前主要受到三重因素的影响。

（1）我国于2006年启动的工程教育认证工作。截至2017年年底已有198所高校的846个专业通过了认证，其中包括15所高校的车辆工程专业，2018年将新增11所高校认证。汽车服务工程专业的认证试点工作也在进行中。现行《工程教育专业认证标准》对工科专业的学生的培养目标、毕业要求，以及持续改进、课程体系、师资队伍和支持条件等提出了明确要求，指导着工科院校教学改革和学科建设的方向。

（2）2018年1月教育部颁布的《普通高等学校本科专业类教学质量国家标准》。该标准从基本办学条件、基本信息资源、教学经费投入，包括实验室、实验教学仪器设备、实践基地、图书信息资源、教材及参考书、教学经费等方面提出了各专业的教学基本要求和质量保证体系要求，为我国汽车人才培养质量的全面提升提供了保障。

（3）社会需求。从认证高校对用人单位的调查中发现，目前对毕业生能力认可度相对较低的主要集中在多学科交叉融合的能力、应用现代工具和管理技术的能力、利用科学技术资源解决车辆工程领域专业问题的能力、国际化视野和外语综合运用能力、工艺及结构设计能力、合作与协调能力等方面。参与问卷调查的高校普遍认为，针对未来人才需求，应当在学科建设方面下大力气，进一步聚焦新能源汽车技术、汽车智能网联技术、汽车动力技术、汽车电子技术、汽车底盘技术、汽车试验技术、汽车车身与空气动力学技术和造型技术，从体系和机制两个方面入手，确保汽车后备人才的培养能够跟上时代发展的步伐。

为应对上述影响，各高校开展了多种方式的探索。例如：对标《工程教育认证标准》，从提高生源质量、明确培养目标、清晰毕业要求、强化持续改进、优化课程体系、完善师资队伍和保障支撑条件等方面入手进行改革；样本学校均加大了实践课程的学时，以提高学生的动手能力和所学技术的运用能力；吉林大学的课程体系中双语课数量达到9门，以提高学生的外语能力；同济大学和江苏大学均针对未来企业用人的专业能力要求将专业课分为多个模块，供学生选择学习；合肥工业大学自2016年起设立了智能车辆技术实验班，以期通过这样的措施提升学生能力与未来新技术的贴合度。同时，各高校也加大了毕业设计中工程设计类的比重，提高了企业专家指导毕业设计的比重。从样本学校获取的数据看，目前理论研究在学生毕业设计中的占比最高的不超过1/3，北京理工大学等已经实现毕业设计100%工程化，教师的科研活动和与企业的合作项目成为毕业设计重要的选题来源。

相信随着工程教育专业认证工作的推进、《普通高等学校本科专业类教学质量国家标准》的实施和高校不断深化各项改革，未来的后备汽车人才将会更加贴合产业发展的需要，有力支撑企业的创新发展。

二、汽车高等职业教育发展现状

（一）参与调查的学校的基本情况

近年来，随着我国汽车产业的迅猛发展，汽车职业教育也有了长足发展。从总体情况看，高职学校的数量相对稳定，但汽车相关专业（以下简称汽车专业）点呈现逐年上升趋势，从一个侧面反映出汽车产业发展对汽车专业人才培养的拉动作用。

具体而言，2011—2015年全国高职学校总量基本保持在1 800所左右，没有大的变化，但是开设汽车专业的学校增加了148所，增长幅度为21.9%，开设汽车专业的学校占高职学校的比例也从2011年的37.5%提高到2015年的45.7%。2015年与2011年相比，高职学校汽车专业在校学生数、平均各校在校学生数、招生数、平均各校招生数、毕业生数均有所增加（表2.2）。这些数据表明，高职学校对汽车专业重视程度不断提高。

表2.2　全国高职学校汽车专业开设情况

项　目		2011年	2015年
学校数量/所	全国高职学校总计	1 803	1 804
	开设汽车专业的学校	676	824
在校学生数/万人	全国高职学校总计	1 027	1 084
	汽车专业	33	47
平均各校在校学生数 /(人·校$^{-1}$)	全国高职学校总计	5 700	6 010
	汽车专业	182	261
招生数/万人	全国高职学校总计	346	376
	汽车专业	12	17
平均各校招生数 /(人·校$^{-1}$)	全国高职学校总计	1 922	2 086
	汽车专业	177	205
毕业生数/万人	全国高职学校总计	326	337
	汽车专业	8.3	12

资料来源：教育部相关部门。

参与本次问卷调查的高职学校数量为261所，占到全国开设汽车专业的高职学校总数的31.7%，分布在全国30个省、市、自治区，覆盖了各类学校（表2.3），是我国汽车高职教育的骨干力量，因此有理由认为本次调查结果可以反映我国高等职业教育汽车专业的现状，这些学校的认识和观点无疑也将为我国高职教育的创新发展带来新的启示。

表2.3　参与调查的高职学校的类型占比　　　　　　　　　　　　　　　　　　%

办学部门		学校类型		学校影响力	
教育部门	85	独立高职	80	国家级重点学校	3
人力资源部门	5	本科院校下设高职学院	18	国家级示范学校	19
民办学校	5	其他	2	国家级骨干学校	17
其他部门	5			省级重点学校	10
				省级示范学校	34
				市级示范学校	12
				其他	5
学校数量合计：261所，100%					

表2.4显示出参与调查的261所高职学校所开设的汽车专业集中于汽车检测与维修技术、汽车营销与服务等7个专业，主要呈现以下特点：

汽车检测与维修技术专业仍然是开设最多的专业，占样本的87%；而随着汽车后市场服务领域的不断拓宽，汽车营销与服务专业的开设率提升很快，样本中占比已达到79%，与汽车检测与维修技术专业同列第一阵营；与上述专业相比，汽车制造与装配技术专业点明显减少，这与制造业对技术技能人才需求结构的变化有很大关系。

从2014年起，一些学校开始在目录外开设新能源汽车技术专业，到2015年已有19%的学校开设此专业。2018年，教育部将该专业正式列入教育部高职专业目录，专业点约有200个。

在所有专业中，开设汽车电子专业的学校数量排名第三，占45%。从传统汽车的角度来看，这一专业与汽车电子化程度不断提高有关；从新技术发展角度来看，这一专业也与未来智能网联汽车技术发展高度相关，因此得到学校的高度重视。但从目前这一专业的课程体系和师资力量来看，要应对智能网联汽车的发展需要，面临的挑战大大高于其他专业。

有2%的学校开设了汽车改装技术专业，说明消费者对汽车个性化需求的变化已经引起了高职学校的高度重视。由于汽车改装技术成为汽车后市场一个新的增长点，所以高职学校在满足社会对改装技术人才需求方面开始了积极的行动。

表2.4 参与调查的高职学校汽车专业开设情况（2015年年底）

主要开设的专业	样本占比/%	主要开设的专业	样本占比/%
汽车检测与维修技术	87	汽车营销与服务	79
汽车制造与装配技术	36	汽车电子技术	45
汽车整形技术	21	新能源汽车技术	19
汽车改装技术	2	其他	5

学校数量合计：261所，100%

（二）参与调查的学校的教学能力状况

参与调查的261所高职学校共计拥有教师5 742人，表2.5反映了他们的职称和年龄结构。从中可以发现，与高等院校一样，"70后"和"80后"已经成为支撑教学活动的主力军，但其中近60%只具有初级和中级职称。

表2.5 参与调查的高职学校专业教师的职称和年龄情况（2015年年底）

专任教师职称结构				专任教师年龄结构	
职称	样本占比/%	职业资格	样本占比/%	出生时间	样本占比/%
初级	20	高级工	35	1957—1959年	3
中级	38	技师	37	1960—1969年	15
副高级	31	高级技师	28	1970—1979年	42
正高级	11			1980—1989年	30
				1990年及之后	10

教师数量合计：5 742人，100%

参与调查的高职学校专业师资队伍的学历结构和来源情况详见表2.6。从学历情况看，高职学校的教师目前仍以本科学历为主，具有硕士学位的教师开始占到一定比例，但拥有博士学位的教师很少。从教师来源看，高校的应届毕业生是主要来源，但从企业引进的教师数量也已经超过1/3。

表2.6 参与调查的高职学校专业教师的学历和来源情况

学　位		学　历		2011—2015年教师来源	
名称	样本占比/%	名称	样本占比/%	来源	样本占比/%
学士	59	专科	6	高校应届毕业生	52
硕士	37	本科	62	企业引进	35
博士	4	研究生	32	同类院校引进	13
				海外引进	0
教师数量合计：5 742人，100%					

从表2.7看，专任教师企业实践经历不足仍然是困扰高职学校发展的一个重要问题，主要的解决方案有两个：一是积极聘请社会兼职教师；二是加强对教师的培训，使其达到"双师"要求。

表2.7 参与调查的高职学校专业教师的企业实践经历情况（2015年年底）

专任教师的企业实践经历		专任教师和社会兼职教师结构	
时间	样本占比/%	类型	样本占比/%
具有30天以上实习经历	69	专职教师	73
具有1~5年企业工作经历	15	社会兼职教师	27
具有5年以上企业工作经历	16		
教师数量合计：5 742人，100%			

早在2010年7月中共中央、国务院颁布的《国家中长期教育改革和发展规划纲要（2010—2020年）》和2014年5月2日国务院颁布的《国务院关于加快发展现代职业教育的决定》中均明确提出了加强"双师型"教师队伍建设的要求。为此，各校近年来纷纷围绕强化专业师资的培训开展了大

量工作，但从问卷调查反馈的信息看（图2.15），各校师资培训工作重点主要放在了两个方面，一是为满足专业教师取得专业技术资格而进行的培训，二是教学方法、信息化教学手段和教学设计等培训，对教师综合素质与人文修养的培育关注度不高。但恰恰是这后两方面，直接影响到教师的职业素养，进而影响到学生职业素养的培养，需要引起各方的高度重视。

图 2.15　参与调查的高职学校专业教师的主要培训内容

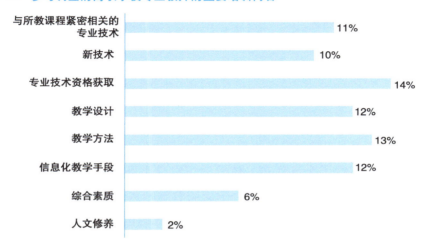

目前高职学校对专业师资培训的途径多样，其中最主要的是参加行业组织举办的培训班和通过校企合作项目培训（图2.16）。显然，这些途径提供的培训主要集中在对新技术的了解和工程经验的积累方面，这也对行业组织更有效地整合和协调各方资源为教师提供更加多样化的培训渠道、校企之间不断创新合作模式以建立更稳固的合作平台提出了更高要求。

参与调查的高职学校中有80%的学校已经开展了行业劳动力市场调查，说明高职学校已经认识到及时了解汽车行业劳动力需求状况和掌握需求变化趋势的重要性。通过这些调查，学校能够进一步清楚自己究竟要培养什么样的人才。在调查的基础上，各校开展了有针对性的改革和创新。在参与调查的高职学校中，有95%的学校完成了针对工作任务、工作过程和生产组织的分析，有92%的学校自行或借助外力开发了教学文件和教学材料，为教学改革与课程建设做了较为充足的准备。

图 2.16　参与调查的高职学校专业师资培训的主要途径

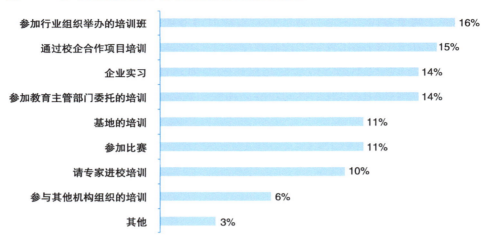

随着我国现代职业教育体系建设的不断深入，探索更加多样、更加有效的培养模式成为高职学校实现改革发展的重要内容之一。参与调查的高职学校中，有 19% 实行了全员理实一体教学，实行小班化教学、订单班和定向班教学的分别占到 17%，采取现代学徒制教学的占到了 16%，中高本衔接在一些学校得到落实（图 2.17）。这些教学模式的创新，提高了教学的针对性，打开了技术技能人才职业发展的新通道。

图 2.17　参与调查的高职学校多样化教学模式实施情况

表 2.8 显示了参与调查的高职学校校内实训室的建设情况。从建筑面积、设备总值、设备数量的专业分布来看，汽车营销与服务专业、汽车电子技术专业和新能源汽车技术专业拥有的实训室条件、设备条件相对较好，表

明了学校对这些领域发展的重视程度。

表2.8　参与调查的高职学校校内实训室建设情况（2015年年底）

专　业	建筑面积/万平方米	设备总值/亿元	设备数量/台套
汽车检测与维修专业	9.0	1.8	9 000
汽车营销与服务专业	12.1	2.9	15 000
汽车制造与装配技术专业	8.6	1.8	4 000
汽车电子技术专业	10.1	2.5	12 000
汽车整形技术专业	7.4	1.5	6 000
新能源汽车技术专业	10.0	2.4	11 000
汽车改装技术专业	8.0	1.6	4 000
合计	65.2	14.5	61 000

但从参与调查的高职学校的校外实训基地的使用和接纳就业的情况看，与上述情况存在一定差异。如表2.9所示，参与调查的261所高职学校共拥有246个校外实践教学基地，这些基地既是在校学生的实习基地，也是这些学生未来就业岗位的提供者之一。相比较而言，汽车制造与装配技术专业实践教学基地接待的学生数量最多，汽车检测与维修技术专业基地的使用时间、接受顶岗实习学生数量和接受就业学生数量方面均好于其他专业，这与这两个专业发展历史相对悠久有关，同时也反映出随着汽车企业工业自动化水平的不断提升，对一般性操作工人的需求在减少，维修企业仍然是高职学校毕业生的主要就业方向。

表2.9　参与调查的高职学校校外实训基地使用和接纳就业情况（2015年年底）

专　业	接待学生数量/人次	基地使用时间/天	接受顶岗实习学生数量/人	接纳就业学生数量/人
汽车制造与装配技术专业	10 200	2 946	1 130	634
汽车营销与服务专业	3 840	3 704	1 100	827
汽车检测与维修技术	3 516	3 700	1 226	1 342
汽车电子技术专业	3 260	3 166	1 130	1 125

续表

专　业	接待学生数量/人次	基地使用时间/天	接受顶岗实习学生数量/人	接纳就业学生数量/人
新能源汽车技术	3 150	1 680	750	453
汽车改装技术专业	2 670	930	210	166
汽车整形技术专业	2 120	540	170	166

从表2.4、表2.8和表2.9还可发现，新能源汽车专业已经成为高职学校建设和发展的重点之一，已开设该专业的学校占到参与调查的高职学校的19%。通过进一步调查发现，参与调查的高职学校中有16%已开设新能源汽车课程，但由于课程体系建设周期、师资力量配备和教学经验积累等方面的原因，在这些已经开设新能源汽车技术专业或课程的学校中，有相当部分仍然采用传统汽车的教学体系。

（三）参与调查的学校的学生培养和就业情况

在毕业时同时持有毕业证书和职业资格证书已经成为职业学校毕业生之必需。调查结果显示，对于就读高职学校七大汽车相关专业的学生而言，在毕业前所考取的职业资格证书最多的是汽车维修工，占60%，汽车营销师、汽车配件销售师、汽车美容师、二手车鉴定评估师等各占7%。值得关注的是，随着汽车营销方向等国家职业资格的取消，汽车营销与服务专业将面临无专业证书可考的尴尬局面。

参与调查的261所高职学校在2010年、2015年毕业生总数分别为23 520人和29 280人。除新能源汽车技术专业外，各专业的一次对口就业率在80%~86%。2015年与2010年比较，除了汽车制造与装配技术专业的毕业生一次对口就业率有所下降外，其他专业均保持不变或略有提升，这与表2.9反映的情况形成呼应。新能源汽车技术专业，2015年的一次对口就业率在70%，说明企业对这一专业毕业生的就业吸纳处于上升过程之中。分析其原因，与新能源汽车发展所处的阶段不无关系。尽管我国新能源汽车生产量和保有量均处于世界领先地位，但相对于汽车总产量和社会保有量而言，新能源汽车仍相对较少，且目前新能源汽车生产企业仍然在新能源汽车维修中扮演着重要角色。

分析发现（图2.18），毕业生就业去向排名前三位的分别是4S店、整车生产企业和经销商集团，而前两者的就业人数2015年比2010年有所增长，去经销商集团的就业人数较5年前有明显下降；同样下降的还有选择连锁服务网点就业的毕业生数量，与此同时选择对口升学的毕业生在增加。热门的汽车电商企业5年间吸纳高职学校毕业生数量并无大的变化，这与汽车电商企业的人才结构有很大关系，也反映出高职学校有必要考虑根据新的发展需求进一步优化专业设置。

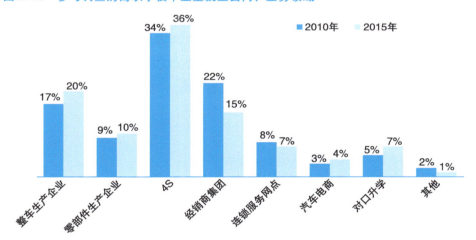

图2.18 参与调查的高职学校毕业生就业去向：业务领域

从高职学校毕业生就业企业的性质看（图2.19），非国有企业是高职学校毕业生就业的主要选择对象，占到了选择就业的毕业生总量的80%左右，尤其是民营企业，仍然是高职学校毕业生的就业首选。但通过2015年与2010年的比较发现，国有企业和外资企业对毕业生的吸引力加大。

在本次调查中，企业对高职学校毕业生能力的总体评价较好，在毕业生岗位适应性的评价方面仅次于本科生，位居第二位，相对比较满意，并十分认可高职学校已经注意到对学生机电一体化和轻量化等新技术的培养，认为毕业生的专业知识基本能够适应企业的需要；但企业同时认为毕业生的素质能力仍然有待提高，包括学习能力、创新拓展等，并希望高职学校能够进一步加强专业课建设，进一步重视新能源、智能网联汽车技术领域专业人才的培养。

图 2.19　参与调查的高职学校毕业生就业去向：企业性质

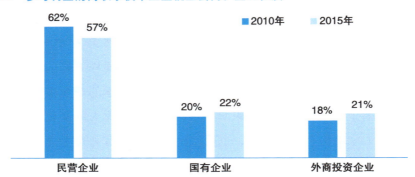

（四）对高职学校现状的基本评价和期待

对于高职学校目前的专业教学条件，参与调查的高职学校均较为满意（图 2.20），其中对设施设备条件、企业实习条件的满意度相对较高，对教学研究条件和信息化建设水平的满意度相对较低，这是高职学校未来发展必须重视的问题。

图 2.20　参与调查的高职学校对专业教学条件的评价

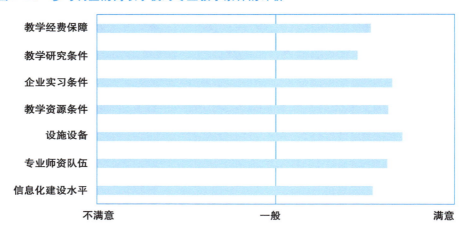

参与调查的高职学校对汽车专业教师现状的总体评价较好，其中满意度最高的是师资专业能力与师资教学能力，相对较差的是师资队伍数量（图 2.21）。

图 2.21　参与调查的高职学校对专业教师现状的评价

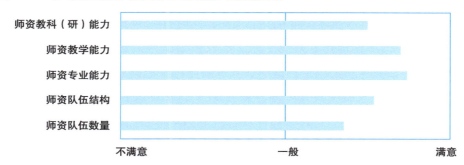

对于制约专业改革与发展的主要因素，参与调研的学校认为最突出的是教学资源不足、办学经费不足和设施设备不足，同时专业师资不足和场地不足问题也应引起关注（图 2.22）。这些问题的解决，首先需要政府在相关制度和政策方面的突破，其次需要加强行业组织、企业和学校间的合作，以共建共享的思路进行大胆尝试实践。值得注意的是，随着国家对高技能人才发展关注度的提升和汽车就业市场的良好表现，生源数量已经不再是学校关心的重点，但提高生源质量仍然是急需解决的问题。

图 2.22　参与调查的高职学校对制约专业改革与发展的主要因素的评价

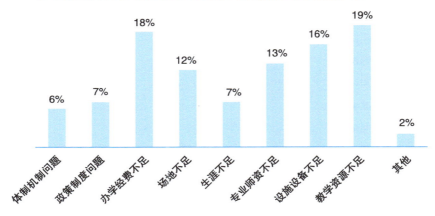

对今后一个时期高职学校最急需开办的新专业的调查结果表明，汽车改装技术专业首当其冲，占参与调查的学校数量的 16%；之后依次是新能源汽车技术专业（占 15%）、汽车电子技术专业（占 14%）、汽车整形技术

（占12%）、汽车制造与装配技术（占11%）、汽车营销与服务（占10%），选择汽车检测与维修技术专业的只占6%；同时有11%的学校选择了汽车应用技术，5%的学校选择了其他专业。学校做出这样的选择，既考虑到当前就业形势，也关注到了汽车新技术发展浪潮对汽车消费新模式的影响而导致的汽车后市场用人需求变化，并开始着手新专业建设和传统专业的转型发展。值得关注的是，对于新能源专业，计划开设的学校为35%，而认为急需开设的仅为15%，表明高职学校对产业发展热点的关注，但同时也反映出在专业建设方面存在一定盲目性。对于如何办好新专业，参与调查的高职学校认为，首先要解决的是师资问题，其次是场地和资金问题。

关于校企合作，参与调查的高职学校对其效果总体认可，尤其在合作定向班/订单班方面满意度较高，但同时希望能够与企业在学校课程开发、利用学校资源为企业提供在岗职工培训方面进一步加强合作（图2.23），希望有更多的企业能够为学生提供适合的实习岗位，希望已经为学生提供实习岗位的企业能够在学生实习内容与专业的符合性方面做进一步改善。

图2.23　参与调查的高职学校对校企合作效果的评价

高职学校对未来校企合作的建议是：

（1）做好校企之间的利益协调，解决好学校适应企业需求的能力不强和企业参与高职学校汽车专业发展的意识不强的矛盾。

（2）做好校企之间的效益协调，企业应为高职学校提供教师实习岗位，以提高教师的实践能力，学校也要为企业提供技术支持、员工培训、信息服务、技术研发和产品开发方面的支持。

（3）实现校企的共赢共荣，以共建实习基地为切入点，实现学校学生培养和企业员工培养的双赢。

为有效解决上述问题，参与调查的高职学校建议，国家应建立对接纳学生实习、为学校提供技术支持的企业的更大力度的优惠政策，通过财政支持或税收减免，引导更多的企业愿意服务未来产业人才培养。

三、汽车中等职业教育发展现状

（一）参与调查的学校的基本情况

据统计，2011—2015 年全国中职学校的总量基本保持在 11 200 所左右，没有大的变化，但其间开设汽车专业的学校增加了 430 所，增长幅度为 14.9%，开设汽车专业的学校占全国中职学校的比例也从 2011 年的 25.8% 增长到 2015 年的 29.6%（表 2.10）。

表 2.10　全国中职学校汽车专业开设情况

项　目		2011 年	2015 年
学校数量/所	全国中职学校总计	11 186	11 200
	开设汽车专业的学校	2 886（占 25.8%）	3 316（占 29.6%）
在校学生数/万人	全国中职学校总计	1 241	1 335
	汽车专业	93（占 7.5%）	117（占 8.8%）
平均各校在校学生数/(人·校$^{-1}$)	全国中职学校总计	1 126	1 192
	汽车专业	80（占 7.1%）	104（占 8.7%）
招生数/万人	全国中职学校总计	476	480
	汽车专业	42（占 8.8%）	46（占 9.6%）
平均各校招生数/(人·校$^{-1}$)	全国中职学校总计	426	429
	汽车专业	37（占 8.7%）	40（占 9.3%）

续表

	项目	2011 年	2015 年
毕业生数/万人	全国中职学校总计	470	473
	汽车专业	24（占 5.1%）	30（占 6.3%）

资料来源：教育部相关部门。

这些数据表明，随着汽车行业人才需求量持续上升，中职学校对汽车专业重视程度不断提高，2015 年与 2011 年相比，汽车专业在校人数、平均各校在校学生数、招生数、平均各校招生数、毕业生数均有所增长。但无法回避的一个事实是，由于高校和高职招生数量的扩大，一定程度上挤压了中职学校的生源。因此对于中职学校而言，进一步明确培养定位、培养目标和提升培养质量是今后一个时期不得不面对的问题。

参与本次问卷调查的中职学校共有 324 所，占到全国开设汽车专业的中职学校的 9.8%；这些学校分布在全国 25 个省、市、自治区，涵盖了各类学校，其中超过 60% 的学校在全国具有一定的影响力（表 2.11）。因此有理由认为，本次调查结果可以反映我国中等职业教育汽车专业的现状。

表 2.11　参与调查的中职学校的类型占比（2015 年年底）　　　　　　　%

办学部门		学校类型		学校影响力	
教育部门	38	中等职业学校	92	国家级重点学校	29
人力资源部门	30	职业高中	4	国家级示范学校	30
民办	20	技工学校	2	国家级骨干学校	2
行业	12	其他	2	省级重点学校	19
				省级示范学校	17
				市级示范学校	2
				其他	1
学校数量合计：324 所，100%					

调查显示，参与调查的学校中开设汽车运用与维修、汽车整车与配件营销、汽车车身修复 3 个专业的较多，分别占参与调查的中职学校数量的

93%、44%和35%；开设汽车制造与检修、汽车美容与装潢、汽车电子技术应用专业的也有一定比例（表2.12）。此外，自2013年以来，已有16%的中职学校开设了新能源汽车专业，且近些年开设此专业的学校的数量呈现上升趋势，同时有11%的学校开设了新能源汽车课程。

表2.12　参与调查的中职学校汽车专业开设情况（2015年年底）

主要开设的专业	样本占比/%	主要开设的专业	样本占比/%
汽车运用与维修	93	汽车整车与配件营销	44
汽车车身修复	35	汽车制造与检修	22
汽车美容与装潢	13	汽车电子技术应用	8
新能源汽车（目录外）	16	其他	4

学校数量合计：324所，100%

（二）参与调查的学校的教学能力状况

参与调查的324所中职学校的教师总数为4 726人，其专业师资队伍的职称和年龄结构情况如表2.13所示。从中可以发现，中职学校专业教师的职称以初级、中级为主，而持有技师、高级技师职业资格证书的比例高于高职学校；从年龄结构看，"90后"教师比例高于高等院校和高职学校。

表2.13　参与调查的中职学校专业教师的职称和年龄情况（2015年年底）

专任教师职称结构				年龄结构	
职称	样本占比/%	职业资格	样本占比/%	出生时间	样本占比/%
初级	33	高级工	21	1957—1959年	3
中级	45	技师	46	1960—1969年	16
副高级	19	高级技师	33	1970—1979年	30
正高级	3			1980—1989年	37
				1990年及之后	14

教师数量合计：4 726人，100%

进一步调查发现（表2.14），中职学校专业教师的学历明显低于高职学校，来源与高职学校类似，也是以高校应届毕业生为主，但占比明显低于高职。值得关注的是，中职学校有10%的海外引进教师，而在参与调查的高职学校中，海外引进教师为零。

表2.14 参与调查的中职学校专业教师的学历和来源情况（2015年年底）

学位		学历		2011—2015年教师来源	
名称	样本占比/%	名称	样本占比/%	来源	样本占比/%
学士	82	专科	17	高校应届毕业生	44
硕士	17	本科	71	企业引进	22
博士	1	研究生	12	同类院校引进	24
				海外引进	10
教师数量合计：4 726人，100%					

与高职学校一样，参与调查的中职学校的专业教师的实践工作经历仍然是以企业实习为主，但具有1年以上企业工作经历的教师占比明显高于高职学校。这与中职学校的发展历程有关，当然也不排除现行人事制度对中职学校和高职学校的管理不同（表2.15）。

表2.15 参与调查的中职学校专业教师的实践工作经历（2015年年底）

专任教师的实践工作经历		专任教师和社会兼职教师结构	
时间	样本占比/%	学历	样本占比/%
具有30天以上实习经历	43	专职教师	87
具有1～5年企业工作经历	36	社会兼职教师	13
具有5年以上企业工作经历	21		
教师数量合计：4 726人，100%			

参与调查的中职学校中，有多数学校认为目前汽车专业的师资能力能够满足教学需要，但依然有持续提高能力的强烈需求。为此，学校对师资培训采取了多种方式（图2.24），其中将参加行业组织举办的培训列为首选方式

的学校最多，占到参与调查的中职学校的16%。除此之外，参加教育主管部门委托的培训、企业实习，以及参加比赛和请专家进校培训也被许多学校认为是最重要的方式。

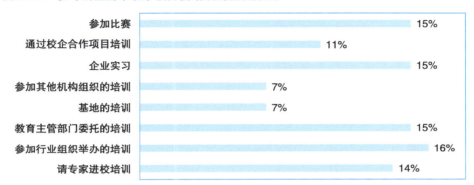

图2.24　参与调查的中职学校师资培训的主要方式

从师资培训内容看，学习信息化教学手段、专业技术、教学设计、新技术、教学方法列前五位，成为许多参与调查的中职学校的首选（图2.25）。

图2.25　参与调查的中职学校师资培训的主要内容

与高职学校一样，中职学校也十分关注企业用人需要的变化趋势，并据此积极调整教学工作。参与调查的中职学校中有85%开展了行业劳动力市场调查工作，81%开展了工作任务、工作过程和生产组织的分析工作，95%自行或借助外力开发了教学文件和教学材料，说明中职学校和高职学校一样，已经普遍树立了不断深化教学改革的理念，并已付诸实施。

在教学模式的新探索方面，中职学校在现代学徒制、订单班、中高本衔接模式的实践方面的比例明显高于高职学校，而其他教学模式也均有不少学校在实施，且各种模式的推广情况不相上下（图2.26）。

图2.26　参与调查的中职学校汽车专业教学模式

参与调查的324所中职学校共拥有校内实训基地（实训室）915个，平均每校2~3个，总建筑面积18.2万平方米，设备总值约为7.4亿元，设备总计为15 100台套（表2.16）。其中，汽车运用与维修、汽车整车与配件营销、汽车车身修复3个传统专业的实训条件明显强于其他专业。值得注意的是，新能源汽车专业虽然开设时间最短、开设学校最少，但实训室面积、设备总值、设备数量却强于汽车制造与检修、汽车美容与装潢、汽车电子技术应用3个专业，可见中职学校对新兴专业的重视。

表2.16　参与调查的中职学校校内实训室建设情况（2015年年底）

专业	建筑面积 /万平方米	设备总值 /亿元	设备数量 /台套
汽车运用与维修专业	4.7	2.07	5 400
汽车整车与配件营销专业	3.1	1.63	2 300
汽车车身修复专业	3.5	1.7	2 400
汽车制造与检修专业	2.0	0.52	1 800
汽车美容与装潢专业	1.8	0.6	800
汽车电子技术应用专业	0.9	0.14	600
新能源汽车专业	2.2	0.74	1 800
合计	18.2	7.4	15 100

参与调查的 324 所中职学校共有校外实践教学基地 72 个。这些基地为学生提供的条件各不相同，能够为学生提供住宿条件的有 51 个，占 70.8%；为学生发放实习补贴的有 64 个，占 89%。与高职学校一样，传统、成熟专业的校外实训基地的使用情况明显强于新兴专业，在这些基地就职的毕业生中，汽车车身修复专业和汽车美容与装潢专业明显多于其他专业，反映了汽车后市场企业对高职和中职学生使用上的差异。但总体看，中职学校校外实训基地总量不足的矛盾比高职学校更加突出（表2.17）。

表 2.17 参与调查的中职学校校外实训基地使用情况（2015 年年底）

专业	接待学生数量/人次	基地使用时间/(人·天$^{-1}$)	接受顶岗实习学生数量/人	接受就业学生数量/人
汽车运用与维修专业	10 180	11 190	1 814	1 406
汽车整车与配件营销专业	6 400	3 012	1 577	1 406
汽车车身修复专业	6 030	2 367	1 656	1 571
汽车制造与检修专业	7 160	2 152	2 129	1 152
汽车美容与装潢专业	2 640	1 291	395	1 322
汽车电子技术应用专业	4 150	1 076	158	744
新能源汽车专业	1 130	430	158	661
合计	37 690	21 518	7 887	8 262

（三）参与调查的学校的学生培养和就业情况

324 所参与调查的中职学校 2010 年和 2015 年的毕业生总数分别为 38 000 人和 44 000 人。2015 年与 2010 年相比，参与调查的中职学校各汽车专业毕业生的一次对口就业率均有提高，2015 年除新能源汽车专业一次对口就业率为 72% 之外，其余都达到 79% 以上，最高的为 87%（汽车车身修复专业）。但可以确定，随着社会新能源汽车保有量的提升，该专业毕业生的就业前景非常乐观，这也是越来越多的中职学校开设新能源汽车专业的重要原因。

这些学生毕业前考取职业资格证书最多的是汽车维修工证书，占比 84.3%，考取汽车营销师证书的为 16.4%、汽车配件销售师证书的为 17.6%、汽车美容师证书的为 13.9%、二手车鉴定评估师证书的为 6.3%。但与高职学校毕业生一样，随着汽车营销方向国家职业资格考试的取消，汽车整车与配件营销专业将面临无专业证书可考的尴尬局面。

调查表明，这些学生的毕业去向与高职毕业生完全一致，而且 5 年间的变化也基本相同，即排在前三位的分别是 4S 店、整车生产企业和经销商集团（图 2.27），且 2015 年与 2010 年比较，选择 4S 店、整车生产企业就业的人数在增加，而选择经销商集团的就业人数明显减少。中职毕业生选择连锁服务网点就业的人数也在减少，而且比高职更明显。与高职毕业生不同的是，中职毕业生选择对口升学的人数呈现下降趋势，而选择汽车电商企业就业的毕业生 5 年间有明显增加。

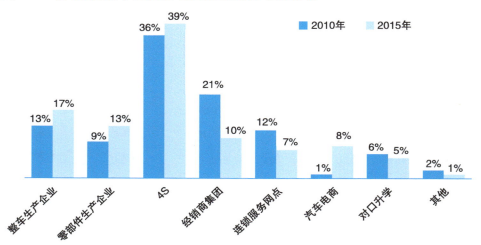

图 2.27　参与调查的中职学校毕业生就业去向：业务领域

从就业的企业性质看（图 2.28），民营企业同样也是中职毕业生的主要就业方向，但 5 年间有明显减少。与此形成对照的是，中职毕业生在国有企业和外资企业的就业人数在增加，特别是外资企业，5 年间由 11% 上升到 27%，这一方面说明外资企业与内资企业的竞争领域开始从制造端向消费端扩展，同时也是外资在汽车后市场领域投资增加的结果，这给内资企业，特别是民营企业敲响了警钟，如果不在人力资源管理上下足功夫，将失去对人才的吸引力。

图 2.28 参与调查的中职学校毕业生就业去向：企业性质

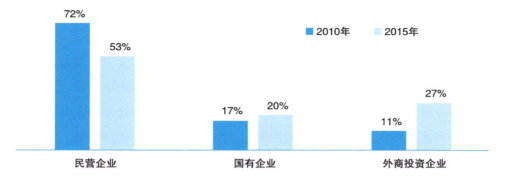

（四）对中职学校现状的基本评价和期待

在对中职学校专业教学条件的评价中，从专业师资队伍、设施设备条件、教学资源条件、企业实习条件、教学研究条件、教学经费保障 6 个方面看，对企业实习条件和教学设施设备条件的满意度最高，而满意度相对较差的是教学研究条件和信息化水平，尤其在信息化水平方面，参与调查的中职学校普遍认为，目前学校对网络建设的重视程度大大高于教学资源建设，而对信息化教学水平提升的关注度最低，甚至达不到"一般"的程度，这一点需要引起中职学校的高度重视（图 2.29）。

图 2.29 参与调查的中职学校对教学条件的评价

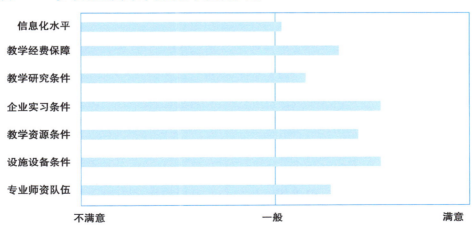

对于制约专业改革与发展的主要因素，中职学校将教学资源不足、专业师资不足和办学经费投入不足列在前三位，紧随其后的是设施设备不足、场地不足、体制机制问题、政策制度问题（图2.30）。结合高职学校的情况，可以得出这样的结论：尽管近十几年来国家和地方政府加大了对职业教育的投入力度，但投入不足仍是职业教育最大的"痛点"；与此相关联，师资缺乏、专业师资队伍的建设始终跟不上专业发展的步伐已经成为职业学校创新发展的最大制约因素。与高职学校相比，中职学校对体制机制问题、政策制度问题的关注度更高。

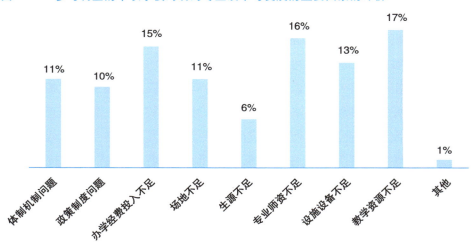

图2.30　参与调查的中职学校对制约专业改革与发展的主要因素的评价

中职学校现有师资队伍建设也面临一些挑战，尤其是在教师的教（科）研能力方面存在的问题比较突出，具有企业实习经历的教师占比较小和教师工程能力不足是导致这一问题的重要因素之一（图2.31）。为此，参与调查的中职学校认为，要坚定不移地发展"双师"型教师团队，强化教师终身学习意识，加强校企人员互通。

在参与调查的中职学校中，有83%的院校认为目前的专业设置能够满足本地区产业的发展需求，但仍然对优化专业设置提出了期望（图2.32），其中对汽车美容与装潢专业和新能源汽车专业最关注，在参与调查的中职学校中分别有19%和17%认为急需开设，这说明学校同时关注到市场人才的现实需求和未来需求。对于如何办好新专业，在参与调查的中职学校中有24%的学校认为首先应解决资金问题，22%的学校认为首先应解决生源问题，20%的学校认为首先应解决师资问题或场地问题，可谓各种问题旗鼓相当。

图2.31　参与调查的中职学校对专业师资能力的评价

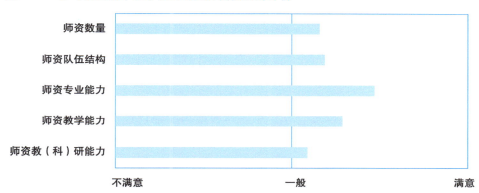

图2.32　参与调查的中职学校对最急需开办新专业的期待

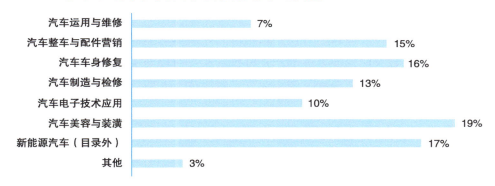

参与调查的中职学校对校企合作整体效果评价较好（图2.33），其中评价结果突出的是为学校提供实习机会和合作定向班。而在校企合作中一个无法回避的现实情况是，中职学校与高职学校、本科院校相比，各方面条件往往处于劣势，导致企业与中职学校的合作比较松散，即使是目前合作相对较好的定向班等也面临一些阻力和不确定性，企业认为中职学校生源素质差是制约校企深入合作的最主要因素。

图 2.33 参与调查的中职学校对校企合作效果的评价

对于如何推动校企深度合作，中职学校给出的建议包括以下三个方面：

（1）希望实现企业接纳学校教师参观和实习的常态化，并定期派出专家到学校为学生们进行专业技能教学。希望通过上述交流机制的建立，实现双方的信息互通，使学校能够及时了解企业的用人需求，帮助学校制定更加切实可行的专业发展规划，不断提升教学质量。

（2）希望校企合作建设更多的高水平实训基地，包括校内实训基地和校外实训基地。希望通过这一合作，使校内实训基地更加贴近企业的当前设备条件、工艺流程及岗位能力标准，并将校内实习与校外实习更好地结合，使学生在毕业前能够更充分地了解企业、了解岗位，入职后能够更好地承担起岗位职责。

（3）希望企业能够为学生实习提供更多方便，包括有更多的企业能够为学生提供适合的实习岗位，进一步改善实习学生的待遇，更好地管理实习学生。

四、汽车企业继续教育发展状况

（一）汽车企业继续教育工作的总体情况

继续教育是指面向从业者的教育活动，是对在职人员进行知识更新、补充、拓展和能力提高的追加教育，是终身学习体系的重要组成部分。在知识经济时代，继续教育是从业者提升自身适应社会新变化能力的重要方式，尤其是面对汽车技术的日新月异，继续教育是汽车产业实现高质量发展的重要基础。

在本次研究中，通过问卷调查共获得了九大集团（表1.7）和44家汽车后市场企业（表1.10）继续教育工作开展情况的信息，从各个角度都证明，企业高度重视员工的继续教育工作，并将其纳入员工激励制度。继续教育的对象，覆盖了企业从业者中各个岗位的人员；继续教育的方式包括自行组织员工内部岗位培训、支持员工参与社会组织的培训、与高校合作培训、自办培训基地或学校等；继续教育的内容既包括岗位技能、专业能力的提升和围绕岗位实际问题的针对性指导，也包括面对未来产业发展趋势的新技术、新理念的导入。

自行组织员工内部岗位培训是目前各企业最主要的培训方式，其优点是员工受益面广、便于管理和节省时间、经费。企业内部培训体系的建立、内训师选拔制度的建立和外部专家的引入，确保了培训工作的质量和较强的针对性。

在支持员工参与社会组织培训方面，主要是派出员工参加行业组织和社会培训机构举办的研讨交流活动。从中国汽车工程学会举办的学术年会和研讨活动规模就可见一斑，且在过去的十余年呈现逐年增加的趋势。每年一度的中国汽车工程学会学术年会参会人数已经超过3 000人，中国汽车工程学会围绕新能源汽车、智能网联汽车、轻量化技术、智能制造技术等举办多个研讨活动，规模也已达到千人左右，且均以企业在职人员为主，更有越来越多的企业主动安排员工参加中国汽车工程学会的微课堂学习。这些情况都表明，行业性活动已经成为企业帮助员工了解和掌握新技术的重要渠道。

在与高校合作培训方面，汽车生产企业普遍采取的方式主要有协议培训合作和学历深造合作。所谓协议培训合作，是指企业与高校签订长期协议，每年派出一定数量的管理人员和骨干技术人员在高校进行为期数周甚至数月的培训，如东风集团、上汽集团与清华大学的培训合作等。这些培训的内容主要围绕提升管理能力、掌握新技能和了解新技术发展趋势，相关高校会调动所有与汽车相关的院系和专业为培训活动提供支持。所谓学历深造合作，是指企业与高校合作举办工程硕士班或是企业为员工攻读在职博士、硕士提供方便，如上汽集团与上海交大的合作、一汽集团与吉林大学的合作等。但由于教育部提高了工程硕士学习的入学门槛，这一方式的可持续性遇到极大挑战。

企业自办的培训基地或学校主要承担着为企业内部培训提供支撑和培养高质量后备高技能人才的任务，这一模式近年来开始被越来越多的企业所采用，成为企业为加强人才队伍建设采取的重要举措。始建于1980年的上汽集团培训中心已经与一批国内外知名的企业集团、高校和社会培训机构建立了长期的合作关系，形成了完整的课程体系；吉利控股于2007年兴办浙江汽车工程学院之初就引入了多个"985"高校的教学资源，邀请了来自社会各方面的专家、教授担任讲师；2018年6月广汽集团与华南理工大学签订协议，共同打造广汽大学。在高质量后备高技能人才培养方面，许多企业的做法是自办技工学校。在一汽集团技工学校和一汽职业技术学校的基础上成立的长春汽车工业高等专科学校，隶属于江淮汽车公司的安徽汽车工业技师学院，以及吉利控股在浙江、湖南等多地建立的学校，不仅满足了企业自身用人需要，也已成为行业高技能人才的重要供给者。

（二）整车生产企业继续教育工作的进展和评价

如前所述，作为对员工激励措施的重要方式之一，九大集团都十分重视员工的培训工作，2015年投入培训经费合计达17 771万元，对员工培训进修年平均学时要求为164小时/人，且对不同岗位人员提出了有针对性的要求。

从员工每年接受培训的频次看，接受公司层面培训的次数大大少于部门培训，86%以上的员工接受部门5次以上培训（图2.34）。由此可以认为，部门培训在企业继续教育工作中扮演着重要角色。企业做出这一安排，无疑更加有利于将培训与员工的工作岗位能力要求紧密结合，有利于直接面对员工工作中的突出问题，而公司层面的培训通常会更侧重于共性问题或者思想类、战略类问题。

图2.34 九大集团员工接受继续教育的频次

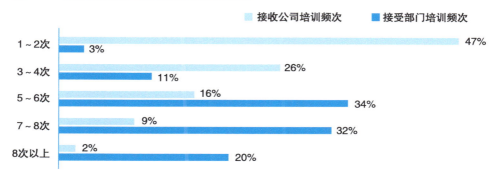

参与问卷调查的九大集团已经开始广泛利用信息化手段推动继续教育工作有序开展，其中有99%的企业会利用信息化手段做培训需求调查，95%的企业会做培训需求分析，81%的企业会做数据总结。一些企业已经开始探索利用专业培训平台/软件开展培训工作（图2.35）。

图2.35 九大集团继续教育工作中信息化手段的利用情况

从培训内容来看（图2.36），主要围绕业务知识和专业技能进行，同时企业也会在自我发展、团队建设、公司制度等方面做出安排。

如前所述，企业内部培训是企业采用最多的方式，占67%（图2.37）；其次是校企合作培训，占12%。同时，企业还会在外派培训和在职攻读学历方面为员工提供支持，并鼓励员工进行网络自主学习。

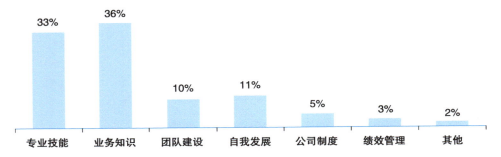

图 2.36　九大集团继续教育的主要内容

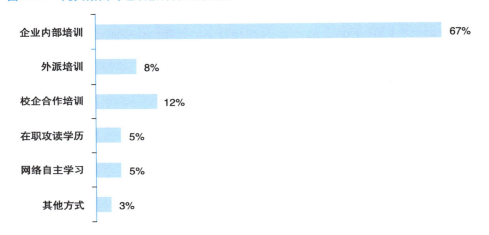

图 2.37　九大集团对继续教育方式的选择

在继续教育平台的选择方面（图 2.38），参与问卷调查的九大集团中有 53% 的企业选择企业直训，22% 的企业选择行业组织，选择院校合作、社会

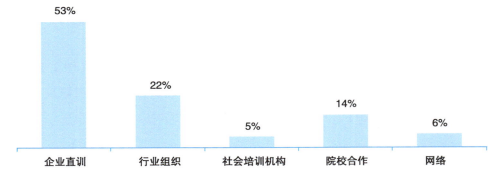

图 2.38　九大集团对继续教育平台的选择

培训机构和网络的比例相对比较低。这一方面说明企业内部培训体系在逐步完善，一些企业甚至开办了自己的大学，行业组织在培训方面的优势在逐步体现。另一方面也说明，社会化的继续教育工作体系仍然有待进一步完善，弱化社会培训机构的功利目的是参与调查企业的共同呼声，行业组织的培训能够赢得企业的认同也正是源于此。

九大集团的培训教师主要来自三个方面：社会培训机构讲师、高校教师和企业内训师（图2.39）。此外，高管/部门经理也加入培训教师的队伍，他们在将自己的丰富经验传递给后人的同时，也获得了更多的成就感和对企业的责任感。

图 2.39　九大集团继续教育师资的主要来源

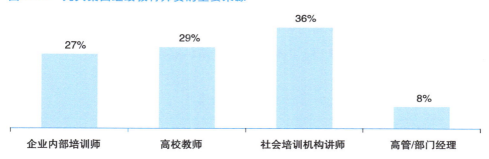

从图2.40和图2.41可以发现，九大集团对目前继续教育的整体情况基本满意，对继续教育基础条件的充足度也给予了高度肯定，只是认为在仪器设备和经费投入方面需进一步完善。

图 2.40　九大集团对继续教育整体情况的满意度评价

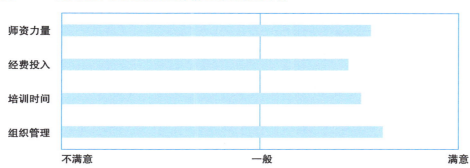

图 2.41　九大集团对继续教育基础条件的充足度评价

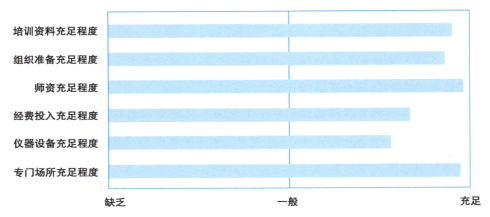

九大集团对培训内容满意度高的是专业技能培训和行业前瞻性培训，对师资满意度高的是专业性和内容针对性，同时希望强化管理水平方面的培训内容，强化讲师的授课技巧，以进一步提升培训效果（图 2.42）。

图 2.42　九大集团对继续教育内容和师资的满意度评价

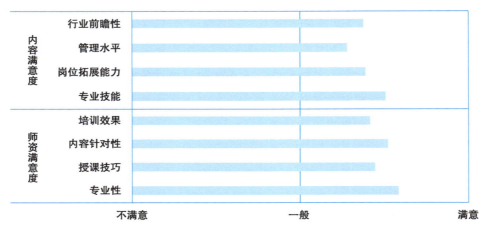

（三）汽车后市场企业继续教育工作的进展和评价

在参与此次调查的 44 家汽车后市场企业中，其中一部分企业为本次调查提供了 2015 年继续教育工作的进展情况。这些企业的经费总投入为 274 万元，企业员工培训年平均学时约为 87 小时，明显低于整车生产企业，但纵向比较已有相当大的进步。与整车生产企业一样，部门培训也是后市场企业培训的主要方式，从频次来看，85% 以上的员工接受部门 5 次以上培训（图 2.43）。

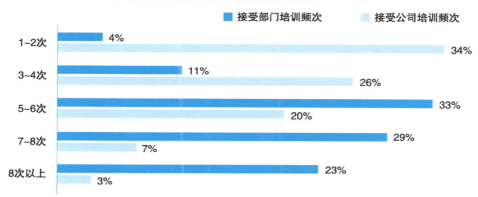

图 2.43　参与调查的汽车后市场企业员工接受培训的频次

汽车后市场企业也已经开始利用信息化手段来推动培训工作的有序开展（图 2.44），81% 的企业会利用信息化手段进行培训需求调查，91% 的企业会做培训需求分析，78% 的企业会做数据总结。但从总体上看，信息化手段的利用水平仍有待进一步提高。

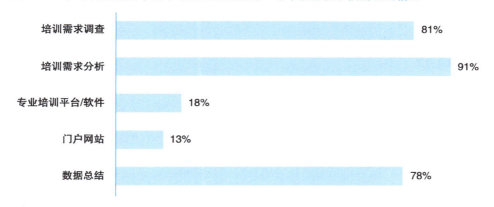

图 2.44　参与调查的汽车后市场企业继续教育工作中信息化手段的利用情况

在继续教育的内容方面（图 2.45），参与调查的汽车后市场企业明显将重点放在了业务知识培训（占37%）和专业技能培训（占36%）方面。值得注意的是，此类企业对绩效管理的培训力度高于整车生产企业，这与两类企业员工的整体状况不同有一定关系。

图2.45　参与调查的汽车后市场企业继续教育的主要内容

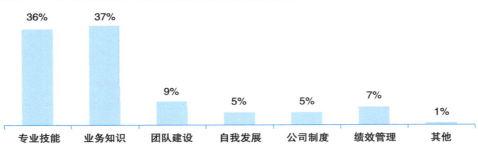

在继续教育方式的选择上，相对于九大集团，汽车后市场企业对企业内部培训的依赖度更高，在鼓励员工在职攻读学历和网络自主学习方面力度不足（图2.46）。

图2.46　参与调查的汽车后市场企业继续教育方式的选择

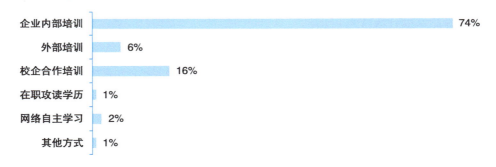

在继续教育平台的选择方面（图2.47），参与调查的汽车后市场企业中有48%的企业选择由企业直接组织安排的主机厂相关的产品和技术培训，23%的企业选择行业组织，15%的企业选择院校合作，与九大集团的选择基本一致。

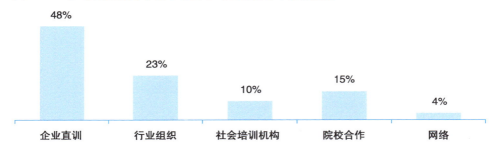

图 2.47　参与调查的汽车后市场企业对继续教育平台的选择

与九大集团比较，汽车后市场企业的继续教育工作更加倚重社会培训机构和企业内部人员（图 2.48）进行。由于后市场企业与职业学校合作的紧密度大大高于高等院校，因此高校教师在培训师资中的占比较低，但这些年随着与高校合作的加强，这一状况正在不断改善。

图 2.48　参与调查的汽车后市场企业继续教育师资的主要来源

从参与调查的汽车后市场企业对继续教育整体情况的满意度看（图 2.49），对培训时间的满意度最高，对经费投入的满意度最低，扩大经费等筹集渠道是有待解决的问题。

图 2.49　参与调查的汽车后市场企业对继续教育整体情况的满意度评价

汽车后市场企业对继续教育的基础条件总体较为满意，但同时认为仪器设备和经费投入方面缺口较大，不利于企业继续教育工作更好地开展（图2.50）。

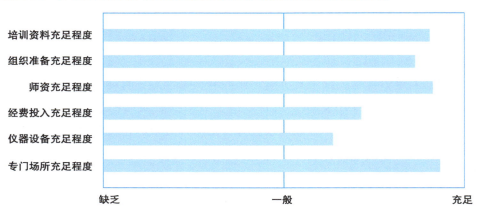

图 2.50 参与调查的汽车后市场企业对继续教育基础条件的充足度评价

在对培训内容和师资的满意度方面，汽车后市场企业对专业技能和行业前瞻性的培训效果较为满意，对师资能力也给予了充分肯定（图2.51）。

图 2.51 参与调查的汽车后市场企业对继续教育内容和师资的满意度评价

五、对满足未来需求的汽车人才培养体系的思考

2017年4月，工业和信息化部、国家发展和改革委员会、科技部联合发布的《汽车产业中长期发展规划》指出：我国将力争经过十年持续努力，迈入世界汽车强国行列。实现这一目标包括：关键技术取得重大突破；全产业链实现安全可控；中国品牌汽车全面发展；新型产业生态基本形成；国际发展能力明显提升；绿色发展水平大幅提高；新兴需求和商业模式加速涌现；产业格局和生态体系深刻调整。这些目标的实现，需要中国的汽车人才培养体系和继续教育体系的有力支撑。

我国现有汽车人才培养体系，包括学历教育和继续教育，为汽车产业"十二五"以来的发展提供了有力支撑，基本满足了企业用人需求，但是仍然存在一些亟待解决的问题。

（1）尽管学校加强了对行业用人需要的研究，但长期以来困扰业界的人才供给与需求"脱节"的现象并未得到根本性改变。面对新技术革命的冲击，创新政府教育管理体系和重构车辆工程学科发展体系的紧迫性愈加突出，对企业呼声强烈的跨文化背景国际化人才培养方面，目前也仅限于少数院校的尝试性探索，尚未形成体系。

（2）产教融合、校企合作是现代工科教育核心的理念已经得到了普遍认同，在实践层面也已经有了积极的探索，并取得一定成效，但与实际需要相比，这些探索还远远不够。尤其是面向未来的师资队伍建设、课程体系建设和实践基地建设方面，无论高等院校和职业学校，都期盼能够形成与企业合作的可复制、可推广模式，让更多的工程师参与到学校的教学活动中；让企业在提供兼职教师、实训基地和深度参与教材编写等方面为学校提供更多的支持，还需要政策的引导和行业组织的积极协调。

（3）汽车产业发展对人才的旺盛需求导致目前设置汽车相关专业的学校数量激增，出现专业设置趋同、热门专业布点过多，以及专业布局调整、课程体系调整、师资力量、毕业生能力跟不上行业发展需要等问题，给企业对新员工的继续教育带来较大压力，甚至导致一些企业开始逐步压缩新员工中的校园招聘比例。要解决这一问题，既需要政府教育管理理念的创新，也需

要加强行业的引导以及企业和学校长效合作机制的建立。

（4）虽然企业对员工的继续教育给予了必要的关注，但目前我国没有建立贯穿从业者从学生时代到职业生涯全过程的教育体系，入职前的学历教育和入职后的继续教育处于完全割裂的状态，企业的继续教育工作压力不断加大，在企业自身教育经费投入能力有限和企业间人才恶性竞争局面在短时间内难以改变的状况下，企业对员工培养的积极性受到制约。要解决这一问题，既需要政府层面的政策支持，也需要企业层面的理念转变。

《国家教育事业发展"十三五"规划》（国发〔2017〕4号）明确提出，"十三五"期间要实现全民终身学习机会进一步扩大，教育质量全面提升，教育发展成果更公平地惠及全民，人才供给和高校创新能力明显提升，教育体系制度更加成熟定型，为实现中国教育现代化2030远景目标奠定坚实基础。因此，我们有必要瞄准未来新技术革命和产业变革下的汽车产业人才特征，从以下五个方面入手，构建符合新时代要求的汽车人才培养体系。

（一）构建汽车人才终身培养体系

构建汽车人才终身培养体系的任务目标是：根据未来汽车产业人才特征，系统梳理典型职业（岗位）能力要求（知识、技能和素养），形成系列能力标准；根据能力标准，研发设计学历教育标准和职业资格评价标准，构建全新的人才资历框架；通过学分累计和转换制度，实现普通教育、中职、高职、本科教育以及继续教育的有效衔接，让曾经的填鸭式教学转变为自主选修式学习，以此搭建汽车人才终身教育的立体通道，建立汽车人才全新的成长模式。

为了实现这一任务目标，需要早日建立我国的国家资历框架，组建由政府、行业组织和社会相关方面共同组成的国家资历框架管理机构，明确相关标准；建立国家资历框架认证平台，建设国家学习成果转化管理网、学习成果认证服务体系等基础设施，为学习者建立终身学习成果档案；推进同层次或不同层次学校之间，学校与行业、企业、社会培训机构之间，区域之间实现学习成果互认。

与此同时，还需要政府部门从以下五个方面实施政策引导：一是鼓励和支持各种社会力量参与终身教育事业，实现教育资源的优化配置和有效利用；二是整合教育、人力资源和社会保障、产业主管等政府部门的人才交流培训信息，整合行业组织、用人单位与社会培训机构的信息，建立人力资源综合培训平台，为各类用户提供个性化服务；三是加大培训资金投入，加强职业培训的软硬件环境设施建设，尤其是示范性培训基地建设，为强化前沿、高端人才培养创造条件；四是制定实施相关鼓励政策，激励个人通过不断学习提升能力，激励用人单位在继续教育方面加大投入；五是保障终身教育在不同地区的均衡发展。

汽车行业组织、院校和社会培训机构也应积极参与到新体系的构建中，研究人才市场需求变化趋势，提供教育培训内容、方式改革的方向性建议，帮助用人单位合理调整培训计划，强化师资、设备力量。

（二）构建产教融合校企合作的长效机制

构建有利于汽车人才培养的产教融合校企合作的长效机制，需要政府、行业组织、企业和学校的通力配合。

（1）政府方面，要尽快推动相关法律法规的出台。在法律层面明确行业、企业参与教育的责权利，营造人才成长的良好环境；在措施层面鼓励行业和企业参与教育，激发人才的自我学习热情，限制人才的恶性竞争，支持学校对学科建设的新探索；从组织机构上，要尽快突破现有仅围绕一级学科或部委组建行业教学指导委员会的做法，从产业发展趋势出发，依托对行业人才培养有话语权的行业组织，联合产学研各个方面，建立能够对行业人才培养发挥指导作用的强有力机构，引领汽车行业后备人才培养的方向，协调各种资源保障。

（2）行业组织方面，要在政府主管部门的正确领导下，主动研究汽车产业人才的发展趋势，据此建立和不断完善人才评价标准、评价体系，并将其作为学历教育标准、企业培训标准、工程教育专业认证标准的制定和各类学校专业课程体系调整的重要依据。同时，行业组织应在整合各方资源、直接提供前瞻培训、引导各类社会培训机构发展、为企业继续教育提供资源保障和配合政府主管部门建立汽车工程教育专业认证体系方面发挥更大作用，为汽车工程技术人才成长提供有效通道，为汽车工程教育的改革与发展提供有力支持。

（3）企业方面，要真正树立以人为本的经营理念，更加重视人才培养，继续加大人才培养投入。同时，企业应转变观念，更多地利用社会资源实现人才培养，不断深化与学校的合作机制，创新合作模式，以充分的尊重、互利为基础实现企、校双赢，切实帮助合作学校建立符合企业用人需求的培养目标、毕业要求、课程体系和实训体系。

（4）学校方面，在思想上应转变观念，真正将企业视为合作伙伴，而不是"索取资源"的对象。按照国家教育改革的总体要求，深刻理解高等教育层面卓越工程师培养计划、新工科建设和职业教育层面现代学徒制、工学交替人才培养模式的内涵，实现企业合作的平台化，建立学校与企业的战略合作机制，从科研合作、教学体系构建、实训基地建设、教师能力提升等方面进行系统规划，实现校企行业的可持续发展，让企业在与学校的合作中获得更多的收益，让学校在企业的支持下获得更大的发展。

（三）构建汽车专业及其课程设置的动态调节机制

构建汽车专业及其课程设置的动态调节机制的核心，是建立对行业需求变化的快速响应机制，解决热点专业一哄而上、新兴专业师资力量短缺、学校难以针对研究型人才培养和应用型人才培养进行课程体系设置、学生入职后的岗位适应性差等问题。

政府主管部门应建立学历教育专业目录的动态调整机制，按照"放、管、服"的要求，通过制度设计，依托汽车行业组织研究，提出汽车类专业目录及其动态调整建议，让学校能够根据自身特点和人才培养定位自主决定课程设置。同时，通过专业评估对学校的培养质量进行评价，并向社会公示。

汽车行业组织应牵头组建相关专家委员会，主要开展以下工作：

（1）研究和定期发布行业人才的需求信息和变化趋势，及时提出专业设置调整指导意见。在这个指导意见中，应包括全行业和区域性人才需求数量分析，以避免跟风式开设专业；同时应包括开设专业的条件，并将其以避免不顾自身条件地盲目开设专业，不仅带来人才培养质量的下降，还会带来社会资源的浪费。

（2）研究制定并适时修订相关专业教学标准，提出课程体系调整意见，以指导各院校科学合理设置课程。在行业组织提出的课程设置指导意见中，应包括开设课程的保障条件，并将其作为专业评估的依据，以确保教学质量。

（四）构建社会化服务保障体系

构建人才培养的社会化服务保障体系是汽车人才终身培养体系建设的重要组成部分，是产教融合校企合作的长效机制有效运行的重要支撑力量，其核心是"共享"和"联动"，实现合作共赢。

所谓共享，是要广泛集聚各类社会资源，以行业人才需求分析为牵引，以满足人才个体成长需要和企业用人需要为目标，共同构建学科发展新理念，共同研究、预判和分享对未来人才需求趋势的分析成果；在师资队伍建设、教材建设、实训基地建设等方面实现共建共享，并实现教学经验交流和标准建设等方面的共同研讨，为提升我国汽车相关专业高等教育和职业教育的整体水平提供支撑。

所谓联动，是要实现政府部门与行业组织，行业组织与企业、学校，企业与学校，学校与学校围绕共同目标的联合行动。

政府部门与行业组织的联动，即政府部门应发挥行业组织对产业未来发展趋势、人才需求变化趋势有深刻认识的优势和专家优势，牵头编制专业目录并动态调整，牵头制定典型职业（岗位）能力标准并将其转化成专业教学标准，以此引导汽车产业人才培养体系的科学合理运行，为政府部门制定针对性的政策措施提供支持。

行业组织与企业、学校的联动，即行业组织应发挥好自身组织优势，通过深化与企业和学校的交流，通过与行业骨干企业和骨干学校的合作，共同持续开展人才需求及变化趋势研究，共同开展人才标准的制定、修订和汽车人才评价体系的构建工作，并定期发布其成果，引导高校适时调整培养方案和课程体系，引导企业开展人才培训工作，引导汽车人才终身培养体系和社会化服务保障体系的建设、发展。

企业与学校的联动，即要深化校企合作的内涵，企业和学校应围绕未来企业用人需要开展深度合作，在目前学校定期邀请企业为其专业发展工作目标、培养方案和课程体系的制定、修订提供指导的基础上，探索在兼职教师聘用、教材编写、实训基地建设、学生创新活动支持等方面的合作新模式，将目前校企"一事一议"式的合作升级为"平台化"的合作，将以解决当前问题为主的利益合作上升到着眼于长远的战略合作。

学校与学校的联动包括两个层面的工作：一是深化同类学校间的联动，共同围绕师资能力建设、课程体系建设和实训基地建设等方面开展合作，实现资源共享、信息共享和优势学校对弱势学校的帮扶。二是深化高等院校与职业学校的联动，依托高等院校在前沿学科和新技术领域先走一步的优势和学术积累，为职业学校师资队伍建设、专业建设提供帮助，并为更多有意进一步提高能力的职业学校毕业生提供成长通道。

（五）构建国际化交流合作体系

当前，中国已经成为全球第二大经济体，"一带一路"倡议的实施让中国产品、中国企业走出去的步伐不断加快。随着中国产品销往全球，随着更多的中国企业在国外设立研发和生产基地，企业对具有国际视野、跨文化背景交流能力的人才渴求度不断提升，企业的单打独斗已经难以满足发展需要，因此急需构建汽车人才培养国际化交流合作体系。这一体系需要在创新机制、打造平台、营造环境等方面开展工作，推动国际化汽车人才的培养。

创新国际化人才培养机制是构建国际化交流合作体系的首要任务。在这一机制下，企业能够充分表达对国际化人才的需求，社会服务体系能够为企业和高校发现和培养所需人才提供支持，高校能够为企业提供高质量的符合未来需要的人才。同时，行业组织应能够发挥牵头引领作用，通过与国外相关机构的广泛联系，帮助企业准确判断国际化人才的能力要求，帮助高校获得人才培养国际合作的渠道，帮助社会服务相关机构提升国际化服务能力，让中国汽车相关专业的工程教育水平与中国企业国际化发展需求同步，让代表中国走出去的管理人员和工程师们能够在当地顺利开展工作，并为中国汽车工业的国际化发展建立新功。

打造全球化大数据平台是信息化时代构建国际化交流合作体系的必要手段。在中国不断扩大开放、中国汽车企业积极推进国际化发展的背景下，以中国企业为中心的全球汽车人才跨国家流动将成为不可阻挡的趋势，走出去的中国企业需要更多的当地优秀人才加入它们海外的研发、生产基地和销售体系。同时也会有越来越多的中国企业、高校和研究机构希望吸纳更多的优秀外籍人才来中国工作，他们或是优秀的管理者，或是掌握关键技术的工程师，也可能是有着专项技能的高技能人才。全球化的汽车人才大数据平台应当成为满足企业用人需要、满足人才寻求更大发展空间需要的重要依靠，不仅应当成为聚集人才的资源平台、人才流动的信息平台，更应成为人才成长轨迹的记录平台。

营造全球化交流环境是构建国际化交流合作体系的重要支撑。政府间合作示范项目所发出的方向引领性信息、各国行业组织间的经常性联系和交流机制的建立、学校间长期战略合作关系的建立都对营造良好的交流环境有着重要作用，其关键词是平等交流、诚信交流和高效交流。借助这一环境的营造，增进国内外企业对汽车人才队伍建设和发展状况的了解，增进国内外高校对汽车相关学科的发展状况和趋势的了解，共同分享对未来汽车人才需求的判断和汽车人才体系构建、人才培养的经验。

第三章
新科技革命背景下汽车人才特征变化及需求分析

一、新一轮科技革命对汽车产业的影响和挑战

一个产业发展的不同阶段对人才的能力要求是不同的。因此，在分析未来人才需求时，我们首先需要对未来产业发展面临的新形势、新变化做出准确的判断。

目前，全球制造业已经进入转型升级、变革重构的新时代。而在本轮变革过程中，作为制造业的集大成者，汽车产业首当其冲。如图3.1所示，以物联网、大数据、云计算、增材制造和人工智能等技术为代表的新一轮科技革命最核心的影响是实现人类社会的"万物互联"，从而使离散化资源的

图3.1 新一轮科技革命对汽车产业的全面影响

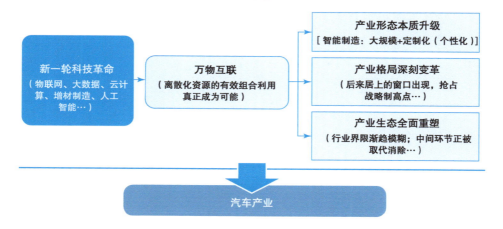

有效组合利用真正成为可能。受此影响，产业形态将发生本质升级，产业格局将发生深刻变革，产业生态将发生全面重塑，这些变化都将在汽车产业得到充分体现。

汽车自诞生之日起，就一直集中应用人类的各种最新技术，汽车产业也始终是制造业的载体、龙头和抓手。此前，麦肯锡发布的研究报告提出了至2025年可能带给人类重大影响的12项颠覆性技术，其中9项技术与汽车产业直接相关，2项技术与汽车产业间接相关，唯有1项技术（下一代基因组技术）目前看来与汽车没有关联。

在9项直接相关的技术中，移动互联网技术、物联网技术和云计算技术将整合应用于车联网和汽车工业物联网领域，有效支撑车辆产品和汽车智能制造领域的发展；人工智能将在自动驾驶、工业智能化等众多领域充分发挥作用；先进机器人则将直接应用于工业系统的智能制造；自动化交通工具本身即是未来高度智能的汽车产品；能源存储技术、可再生能源技术将为汽车动力革命提供相应的技术支撑；先进材料技术则为汽车轻量化及车辆结构、工艺等方面的发展提供保障。在2项间接相关技术中，3D打印技术将推动汽车生产制造工艺的革新；非常规油气勘探开采技术将影响传统能源汽车的应用前景。

由此可见，汽车并非"过气"的传统产业，而是承载着未来众多领域技术进步与应用的"古老"的战略新兴产业。

从机遇角度来看，新一轮科技革命带来的汽车产业格局重构，将使产业渐趋无边界，催生各种全新商机。如图3.2所示，传统的汽车产业链呈线性形态，以OEM为主导，零部件企业与OEM之间主要是简单的供货关系，产业外延极其有限。而未来的汽车产业将演化形成网状移动出行生态圈，彻底打破传统的产业边界：智能制造、可成为移动充/储能装置的新能源汽车、

图3.2 汽车产业链变化趋势

可自动驾驶的智能网联汽车以及可实现实时共享的多元交通工具等，相互关联、相互支撑、相互融合。受此影响，未来汽车产业在基础设施、软/硬件供应、移动出行服务、新型出行设备制造等领域将出现重大发展机遇。

从挑战角度看，传统车企原有的核心技术优势在逐步下降，新的核心技术在不断涌现，此消彼长，企业转型升级迫在眉睫。同时，产业渐趋无边界，但企业经营不能无边界，这也在挑战企业战略决策的判断与定力。如图3.3所示，传统车企以整车制造技术、发动机、变速器等传统汽车核心技术以及长期积累形成的自身品牌为核心优势。但是，未来电动汽车所拥有的不同轻量化逻辑，将会引发包括新材料、新工艺在内的整车制造技术的重大改变；由电池、电机构成的新动力总成，将对传统的发动机、变速器动力总成构成直接替代；而在车辆网联化和智能化前景下，预计汽车共享将大行其道，导致品牌差异可能变得不再那么重要。因此，未来车企将以新的整车制造能力、三电（电池、电机、电控）等新能源汽车关键技术以及智能网联关键技术等为核心优势。面对如此革命性的变局，传统车企必须充分认识到挑战的严峻性，并积极予以应对。

图 3.3 车企核心优势转变趋势

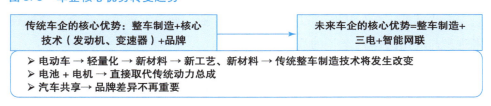

二、汽车产业变革的未来图景

新一轮科技革命对汽车产业的影响是全方位的。在其影响下，社会—人—汽车的关系将发生巨大变化，并将进一步影响到汽车产业形态和汽车产品、技术的发展方向。

（一）社会图景

在汽车产业发生颠覆性变革的过程中，人本身起到了至关重要的作用。因为，归根结底，人的变化是一切社会和产业剧变的根本原因和原始驱动力。

如图3.4所示，社会变革和人本身的变化之间有着密不可分的联系，具体到本轮科技革命的影响，我们可以将其归纳为三个方面，下面逐一进行阐述。

图3.4 社会变革与人的变化间的关系

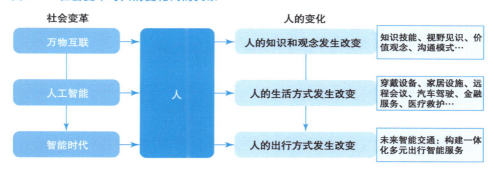

首先，万物互联正在改变着人的知识和观念。在万物互联的新时代，以"随身智能网联终端"为代表的新技术条件将塑造基本属性完全不同的一代新人，他们的知识技能、视野见识、价值观念以及沟通模式等都将发生重大变化。

在知识技能方面，万物互联时代的人们需要学习并且储备更多的知识和能力，才能应对社会的快速变化。同时，人们了解和获取知识的渠道也极其丰富和方便，全世界成为没有边界的"学校"，每个人都享有便利接受教育的可能。

在视野见识方面，万物互联使人们能够借助无处不在的各种媒介及时获取多样化的信息。尤其是社会化媒体的兴起将满足人类对说和写的需求，带来全球范围的P2P互动。

在价值观念方面，共享理念正在受到越来越广泛的认同，并逐渐改变人们的价值观。"使用而不拥有"的共享商业模式已经具备了大范围流行和规模化推广的外部环境。

在沟通模式方面，移动互联社交软件的快速普及，使人们的社交活动重心逐步向网络转移，未来预计人们进行虚拟社交的比例和时间将远远超过现实社交。时时在线使虚拟社交变得越来越方便和自然，特别是新生一代将天然习惯于此，现实社交反而可能成为特定情况下的特殊需要。

其次，人工智能正在改变着人的生活方式。由于物联网使人与机器设备之间、机器设备与机器设备之间的交互成为可能，"无处不在"的人工智能将影响人们生活的点点滴滴，进而改变人们的生活方式。人工智能的应用场景及功能和对生活方式的具体影响如表3.1所示。因此，未来人们可以直接对机器、设施等进行智能化的远程控制；机器及各种设施也将被人工智能（AI）赋能，从而具备一定的信息存储和处理功能，例如私人家居和交通工具等可实现对人类的习惯、喜好的识别、记忆和反馈。

表3.1 人工智能的应用场景及功能

应用场景	功能
穿戴设备	实时监控个人生理指标，实现与外界的信息交流等
家居设施	自动完成卫生保洁，自主调节屋内设施等
会议现场	实时语音自动转文字，实时多语种机器翻译
汽车驾驶	自动驾驶以及基于人工智能的人车互动
金融借贷	基于大数据高效精准地完成信用评估
医疗救护	为医生做出诊断和治疗决策提供全方位支撑

最后，智能时代正在改变着人的出行方式。在智能时代，人们将拥有全新的出行方式。未来的交通体系将由多元并存的交通方式组合而成，并通过无缝连接为人们提供高效便捷的出行体验。

如图3.5所示，未来交通出行的理想形态是构建一体化出行服务平台。当个人有短距离出行需求时，采用端对端的个人移动方式；当个人有长距离出行需求时，在交通枢纽无缝换乘轨道交通。同时，城市道路实现数字化，并与各类智能化交通工具相互融合；高等级的自动驾驶功能，保障交通工具的自主流动。此外，与汽车相关的基础设施与技术也会得到快速发展，如充电设施的普及将有效提升新动力车辆的持续行驶能力和运行效率。

图 3.5　未来的交通体系组成

（二）产业图景

如图 3.6 所示，在新一轮科技革命的影响下，能源、互联、智能三大革命为汽车产业发生革命性变化提供了内在动力，而能源、环境、拥堵和安全等汽车社会的制约因素正日益严峻，又为汽车产业转换发展方式提供了外部压力。内力和外力共同作用，使汽车产业正在进入全面颠覆性变革的特殊时期：制造体系、产业形态、产业价值链和产品形态等都将发生重大改变。

图 3.6　汽车产业的颠覆性变革

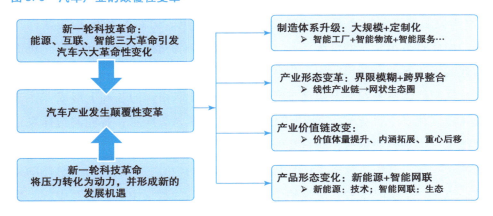

在三大革命中，互联和智能革命二位一体，协同发展，两者相互包容和促进，并共同促进能源革命的深入发展。在三大革命的驱动下，汽车产业将

---

① 1 公里 = 1 000 米。

发生六大革命性变化。

（1）车辆将由"制造"向"智造"转变，汽车生产的智能化程度不断增强。

（2）车辆将由耗能机械向储能/供能设备转变，保有量形成规模的电动车接入能源互联网将对能源结构、电网平衡等产生重大影响，并可作为一定情况下的供能装置。

（3）车辆将由"信息孤岛"向充分互联的"智能终端"转变，从而成为物联网中不可或缺的重要一环。

（4）车辆将由人工驾驶向自动驾驶转变，从而有效解放车内驾驶人员，并为全新商业模式创造各种可能。

（5）车辆将由"拥有使用"向"共享使用"转变，彻底改变汽车的应用场景以及与此相关的产业生态。

（6）车辆将由单一交通工具向移动出行服务转变，为更高效快捷的个人出行提供有力支持。

受此影响，"汽车文明"将被重新定义。未来汽车产业将需要新核心技术（三电，云、管、端和智能）、新制造模式（C2B 和 B2B）、新开发模式（众筹众包和软硬分离）、新使用模式（汽车共享和自动驾驶）、新维护模式（汽车金融和汽车保险等）和新基础设施（充电、道路和环境）的共同作用，由此打造出全新的汽车产品（移动＋储能＋供能，移动＋伙伴），进而构建起无边界的全新出行服务生态圈。

从制造体系来看，未来汽车产业将在充分互联协作的基础上形成"大规模＋定制化（个性化）"的智能制造体系。如图 3.7 所示，智能制造体系以智能工厂为平台和枢纽，融合智能生产、智能物流、智能设计、智能服务等功能于一体。其中，智能工厂是智能制造体系的中心，它既是一个总体的概念，也是一个实时平台，更是整个智能制造体系的数据中心、交互中心、判断中心、决策中心、控制中心，从而集传统制造业全过程的各个环节于一身，其核心包括基本架构、标准接口、基础设施以及信息物理系统等。

以智能工厂为枢纽，需求、设计、生产、物流和服务将会形成互联、互动、智能的有机整体，从而可以最大限度地根据用户需求进行分散制造资源的集成应用，大大提高整个制造体系的效率和精准度。

图 3.7　智能制造体系示意

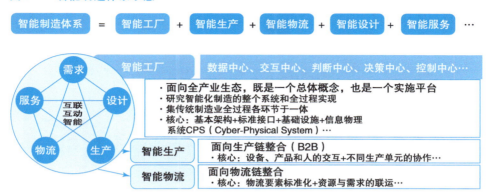

从产业形态来看，过去的垂直线型产业链将向未来的交叉网状出行生态圈演进。受此影响，在汽车产业跨界将成为常态，协作将成为必然。如图 3.8 所示，汽车行业与其他行业间的界限将日趋模糊，多产业协同的跨界融合将大量出现。

图 3.8　汽车产业形态变化

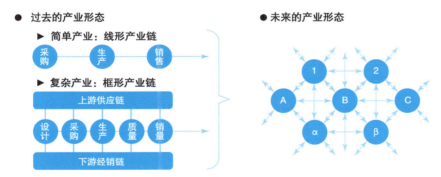

从产业价值链来看，汽车产业的内涵与外延将得到拓展，如图 3.9 所示。具体而言，在新的产业价值体系中，一方面，汽车产业的价值总体量在不断增加；另一方面，整个价值链条总体上呈现后移趋势。产业链前端和后端的价值都有显著提升，设计研发和后市场服务的重要性进一步增强；同时，产业链后端还将有很大程度的扩展：车辆的拥有、使用、维护、管理、服务、回收、金融及互联等的模式都将大不相同。在此格局下，分包式研发、分散式制造、用户画像、精准营销、模块化分工和设计过程交互等都将付诸实践，并相互连接而成一体，彼此互为支撑和拉动，共同为各种商业模式创新创造诸多可能。

图 3.9 汽车产业价值链变化

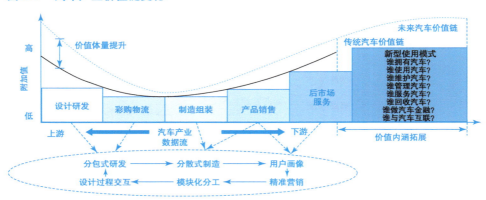

（三）产品及技术图景

在新一轮科技革命的影响下，未来汽车产品和技术本身也将大不相同，这可以从新能源与智能网联两大方向展开分析。

如图 3.10 所示，新能源汽车的发展意味着：①将产生并行于传统发动机的全新产业链，即与电池电机相关的产业链条，包括全新的材料、工艺和装备等。②可能产生不同的销售和使用模式。电动车的特点使其更适宜"共享"，而国家大力推进新能源汽车的发展也会倒逼汽车销售和使用模式的革

图 3.10 新能源汽车带来的变化

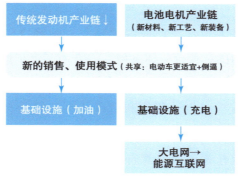

命。③出现不同的基础设施体系。充电站与加油站的特点完全不同，前者可以接入大电网，成为未来能源互联网的一部分。

如果说能源革命主要还是一个技术问题，那么智能网联革命则是整个产业生态的问题。汽车网联化与智能化的相互融合，代表着未来汽车技术的战略制高点。如图3.11所示，智能网联汽车不仅是简单的产品，更是综合的平台，它将成为未来不可或缺的信息交互终端，并提供最方便的人机交互界面。在这个平台上，车联网技术、自动驾驶技术、智能技术和车载信息娱乐系统有效融合，使汽车的功能和价值大幅提升。汽车最终将会成为智能交通，乃至智慧城市等更大智能系统中的重要组成部分。

图 3.11　智能网联汽车平台的内涵

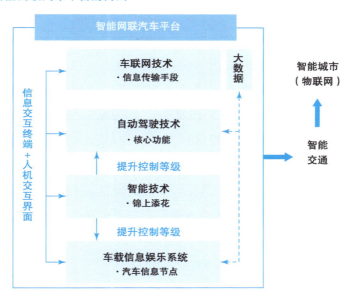

三、变革中汽车产业对人才的全新需求

纵观历史，每次重大的科技革命和深刻的产业变革都会使人的知识结构、能力要求产生新的变化。我们正在经历的本轮变革也是如此，而且它对汽车产业人才需求的影响将是全方位的。

（一）产业变革带来的人才新需求

作为一个"古老"的交叉学科，汽车将众多学科整合在一起，汽车人才是依托车辆学科成长起来的，具有强烈的跨学科特征（表3.2）。它是各类应用、多元创新、价值实现、成果集成的有效载体，同时也为相关学科的发展提供驱动力和发展空间，促使其完成由量变到质变的飞跃式进步。

表 3.2　与汽车相关的知识或行业领域

项目	知识或行业领域					
产业维度	能源	环境	交通	城市	社会	文化	安全
企业维度	战略	管理	经济	政策	市场	品牌	质量
技术维度	机械	电子	信息	动力	热能	材料	工艺
人才维度	领军	研发	生产	财务	法务	营销	技能

将汽车产业人才需求和IT产业人才需求进行比较可以发现（表3.3）：汽车产业人才培养周期很长，工作复杂，上手慢，行业特点为"长、稳、慢"；而IT产业人才培养周期相对较短，工作单一，上手快，行业特点为"短、平、快"。因此，基础扎实、专业精深、知识面宽和适应性强是汽车产业人才的最重要特征。同时，汽车产业对复合型人才的系统思维比其他产业有着更高的要求，对高端人才的战略管理能力也提出了新挑战。

表 3.3　汽车产业与IT产业的人才需求对比

项目	汽车产业	IT产业
行业特点	长、稳、慢	短、平、快
培养周期	很长	较短
换岗适宜性	上手慢	上手快
从事的工作	复杂	单一

汽车人才成长中另一个无法回避的问题是社会生产方式变革所带来的影响。人类社会发展至今经历了农业社会、工业社会和后工业社会三个不同阶

段。在农业社会中,劳动力(也就是人)和土地是最重要的生产要素。人使用工具在土地上进行生产活动,以得到生活的最基本保障。在工业社会中,能源和原材料是最重要的生产要素。人操纵机器进行生产活动,生产力得到极大提高。而在正在到来的后工业社会中,作为生产效率的根本动力和有效保障,科学技术是最重要的生产要素。这一阶段人和机器协同发展,两者互为促进、互为补充,也互为制约,共同进行生产活动,从而形成了动态的微妙平衡。

因此,未来我们将面对的是"智能化+互联化"的新型社会。智能化使人类的能力得到全方位的极大拓展和增强,甚至有部分能力已经超越了人类本身。互联化则让人与人、人与物、物与物之间时刻保持密切联系,使人类能够随时随地获取各种各样的信息和资源,享有智能化所带来的各种优势。

在这一背景下,预计未来社会中人才结构的分化将更明显(图3.12),即中层和高层人才的比例将会显著增加,而基层人才的比例会显著减少,且在中层与基层之间出现明显断层,这是因为很大一部分基层工作都将由智能机器承担。与此同时,从事基层工作的人也和以往大不相同,他们不再只是单一地完成某种相对固化的工作,而需要具备指挥从事基层工作的智能机器群组的知识和技能。从这个角度说,他们已经不是传统意义上的"蓝领"。实际上,未来社会"白领"和"蓝领"的界限将不再分明,因为不会再有纯粹的"蓝领"。而中层和高层人才的能力需求将加倍提高,他们必须分别具备指挥机器、同时指挥人和机器的能力。这一系列变化,都源自人工智能对人类劳动的承担和支持。

图3.12 社会人才结构的变化趋势

尽管这是一个渐进的转变过程,但它是我们无法回避的趋势。在这一过程中,简单重复性的工作和大量计算性、记忆性的工作将逐渐完全由(人工

智能）赋能的机器承担；不过人的作用并未下降，反而进一步提升，这更多地体现在承担协调管理工作，特别是总体性协调管理工作。因此，未来社会的人才需要具备四项核心能力：统筹协调能力、综合决策能力、分析判断能力和创新思考能力。而能够统领各方资源（人和机器）、整合复杂产业的领军型人才，将是未来最迫切需要的。

未来汽车产业还将面对以"网联化"为媒介形成的全新商业生态圈。由此，车企既要保持与消费者群体的紧密相连，也要与互联网企业形成密切的合作关系，形成线上与线下相贯通、销售与服务相融合的全新模式（图3.13）。在这个全新的"跨界"产业生态圈中，汽车将成为辐射更多行业、不同领域、各种岗位的"巨无霸"式产业，从而也将为更多的人才带来更加广泛的和巨大的发展机遇。

图3.13 未来汽车产业网联化生态圈

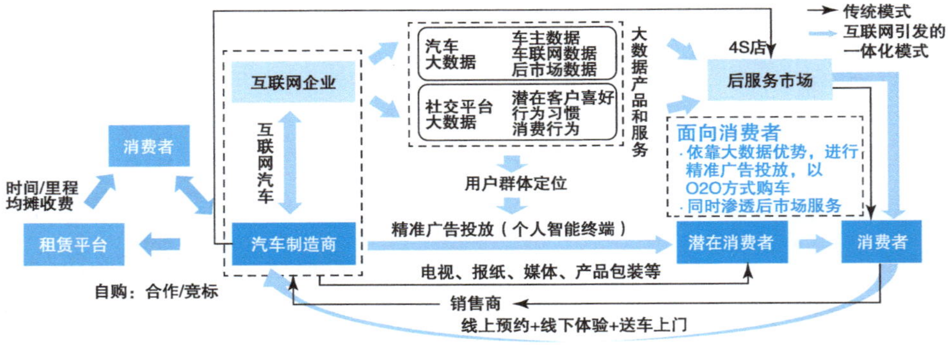

（二）未来汽车产业复合型人才的内涵

在传统认识中，汽车产业复合型人才常常被定义为既懂底盘又懂车身，或者既懂技术又懂管理的人才。在新的历史时期，汽车产业复合型人才的定义将发生巨大改变，具有更加丰富的内涵。未来的汽车产业是实体与虚拟、制造业与互联网、机械工程与信息网联、产品与体验的综合体，这就需要汽车人才具备更加宽泛的知识技能和更加广阔的视野思路。

在这种趋势的影响下，预计未来汽车人才发展将呈现两极分化的趋势（图3.14）。一方面，尽管知识结构和能力构成仍符合正态分布，但未来某领域专家必须具备更宽更深的知识储备和能力素养，即知识能力范围总体与过去相似，但要求了解更多的领域，同时在本领域要做到更精深；另一方面，行业领军人才的变化更大，不仅要求知识范围更宽，而且要求深度普遍更深，也就是说领军人不仅需要了解更多的领域，而且每个领域都需要了解到相当的深度，这对领军人的学习能力提出了严峻考验。

图 3.14 未来汽车人才分化趋势

造成这一"两极分化"的原因有两个：一是因为每个方向对人才的需求完全不同。特别是在领军人才方面，未来很可能将诞生出总战略师和总架构师等新的关键人才，他们将对企业的发展发挥至关重要的作用。二是因为互联网时代将形成全新的人才观。万物互联使全球范围内人力资源的一体化使用有了实现的可能；同时由于"跨界"成为常态，任何企业乃至行业都不可能包罗所有和汽车产业相关的不同领域专家，因此互联网时代的企业需要"既求所有，更求所用"的全新的人才观。

为此，企业必须不断提升自身对人才的挖掘、调配、使用及组合的能力，充分利用一切可资利用的内外部资源，建立"召之即来、来之能战"的全球资源库（不限于人才，但人才是其中最重要的一部分），实现对资源的有效整合，并最终形成合力。显然，这一趋势将对企业文化提出新的要求，更对企业领军人的指挥协调能力提出新的挑战。总之，未来的专业化分工将更趋细化，原来很多的"小"领域可以通过互联和平台而积累成为"大"领域。如果不能充分利用这些分散的"小"资源，企业就不可能成功，甚至无法正常运营。因此未来企业决胜的关键，不是拥有多少资源，而是能够协调、调动、使用多少资源，其核心就是要努力把资源用足、用好、用精、用到极致！

四、未来汽车人才特征图谱的构建与分析

百余年来,汽车在一次次满足社会新需求的过程中快速发展,并逐步成为集众多新技术于一体之大成者。其中每一次社会变革都带来了对人才基础能力和知识技能需求的变化,汽车产业也正是在这些变革中不断取得新的进步。在新一轮科技革命的背景下,未来汽车产业图景将发生重大变革,而这一变革将会导致汽车人才的种类、规模和工作内容等都发生变化,并形成全新的汽车人才特征。

(一)汽车人才的分类

目前,全社会还没有达成一致的汽车人才分类方法,从各种不同渠道文献中收集到的信息如下:上市企业年度报告通常将人才分为5类,即生产人员、销售人员、技术人员、财务人员和行政人员;人社部的职业分类也将人才分为5类,即单位负责人、专业技术人员、办事人员、服务人员以及生产、运输设备操作人员;其他行业研究报告(如猎聘网《汽车行业中高端人才大数据报告》等)对汽车人才的分类各有不同,例如有的报告从工程师角度将汽车技术人才进行了分类,包括汽车设计工程师、机械工程师、软件工程师、算法工程师等。

由于研究新一轮科技革命下汽车人才需求的新变化带有前瞻性和预测性,因此汽车人才的分类方式不宜过细,同时应尽可能在总体上具有一定的延续性,即确保所分类别的人才至少是未来仍将继续存在的重要群体。据此,本研究依据工作内容的差异性和重要性,将汽车人才分为企业领军人才、设计研发人才、生产制造人才和营销服务人才四个主要类别,其余统称为其他人才(表3.4)。

表3.4 汽车人才分类

人才类型	人才内涵	分类原因
企业领军人才	引导、决定企业发展方向的核心力量,主要包括企业的核心管理层	企业领军人才对企业发展起导向性作用,重要性极高

续表

人才类型	人才内涵	分类原因
设计研发人才	进行技术研发的专业人才，主要包括整车、零部件企业研发部门人员和工程公司、科技公司研发人员	设计研发人才对产品的持续发展起推动作用，重要性高
生产制造人才	进行产品生产制造的专业人才，主要包括汽车和零部件企业制造工厂的人员	生产制造人才是产品生产制造的根本，是车企发展的核心力量，重要性高
营销服务人才	进行车辆市场营销和售后服务的专业人才，主要包括企业经销商和服务商等相关人员	营销服务人才直接面对市场，其对车辆和市场有相当的了解，重要性较高
其他人才	对车企发展起到保障作用的各类专业人才，主要包括企业内负责质量管理、采购、财务、法务、人力等工作的人员	其他专业人才为企业发展提供有效支撑作用，重要性中等

各类型人才规模的具体比例如表 3.5 所示，其数据主要来源于对我国部分主流乘用车和商用车企业，对相关数据进行平均后取大致的比例。其中一些数据来自上市公司年报，上市公司通常架构完整，同时信息公开，对分析相关集团乃至行业整体的人才情况具有一定代表性。

表 3.5　各类型人才规模的具体比例

项目	企业领军人才	设计研发人才	生产制造人才	营销服务人才	其他人才
人才占员工总数的比例	约 0.1%	约 20%	约 60%	约 10%	约 10%

由表 3.5 可以看出，目前我国汽车产业中设计研发人才、生产制造人才和营销服务人才的规模较大，在产业总就业人数中占据较高的比例。需要注意的是，随着汽车产业的格局重构，不同类型的汽车人才之间的界限将不再泾渭分明。例如在服务、设计和制造一体化趋势的带动下，部分营销服务人才与设计研发人才的工作内容将相互重合。

（二）各类人才工作内容的变化趋势

未来的汽车产业将会有众多新兴力量涌入，汽车产业原本垂直线型的产业价值链将会发展成为交叉网状的出行生态圈，如图3.15所示。在这一过程中，汽车产业的内涵将会极大地丰富和拓展，产业所需各种类型人才的工作内容也将因此而发生变化。

图3.15 传统汽车产业圈和未来汽车生态圈

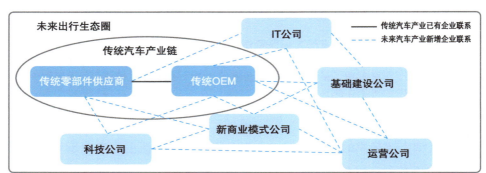

1. 企业领军人才的工作需要紧跟时代特点

在未来智能网联的时代特点下，数据、信息等资源分析管理工作的重要性和必要性不断提升，企业领军人才需要以更加开放、更加创新的思维来面对更加复杂的工作。实际上，部分企业已设立了专门高管（如首席信息官CIO和首席数据官CDO）来领导相关工作。

目前企业领军人才的核心职能是决策企业发展方针并组织企业的经营管理，具体工作主要有监管企业正常运营、组织企业正常生产、领导企业技术开发、管理企业全面财务和培养企业人才梯队等。面向未来，企业领军人才除了仍然要完成好这些工作之外，还要以更加开放、更加创新的思维，建立更加快速、更加灵活的决策机制，建立动态的评估机制，建立更加灵活、更加扁平化的组织架构等。同时，数据、信息等资源的管理工作也日益重要，这要求企业领军人才具备对数据的挖掘、处理和分析能力，并根据分析结果为企业运营和发展指引方向；能够有效组织和利用企业的IT资源，将新技术开发与商业模式创新连接形成合力。

2. 设计研发人才的工作内容更加多样

未来汽车产业三大革命将使汽车设计研发人才的工作内容变得更加多样化，一些原本不属于汽车领域的技术也将成为汽车技术的一部分，甚至其中一些还将非常重要。

目前设计研发人才的核心职能是进行汽车产品及其附属配套产品的设计、研发和改进，具体工作主要围绕着汽车四个基本部分展开，即传统动力总成、底盘、车身及造型和汽车电子电器的设计开发。面向未来，能源革命将使新能源汽车大行其道，因此设计研发人才的工作内容必然要包括三电技术，同时轻量化技术的研发也将拥有不同的内涵和标准；网联与智能革命将催生智能网联汽车。这意味着自动驾驶、人工智能、车联网以及车载信息娱乐系统的开发都将成为汽车设计研发人员的工作内容。

3. 生产制造人才的工作对象发生变化

对汽车生产制造人才而言，最大的变化来源于智能制造设备不断向工厂渗透而导致的汽车制造体系的智能化水平持续提高。在此情况下，生产制造人才的工作对象将发生变化，由原来对生产设备的操作与维护转变为对生产系统的管理与监控。

目前生产制造人才的主要工作是进行汽车产品及其附属配套产品的生产制造，具体工作包括生产制造任务的管理、安全生产目标的保障、汽车生产工艺的改进、产品的质量管理和机械化生产设备的操作与维护。面向未来，服务于"智能制造"体系的生产制造人才，其工作必将增添以下内容：掌握智能制造等先进生产技术，完成生产过程中数据的收集、处理和分析，对信息化平台进行管理、监控和维护等。与此同时，智能工厂中非信息化的机械生产设备的比重将不断下降，这部分的操作和维护工作将逐渐从汽车生产制造人才的工作内容里消失。

4. 营销服务人才的工作定位发生转变

未来汽车产业必将产生众多全新的商业模式，这将促使汽车营销服务人才的工作内容发生重大转变。同时服务、设计和制造一体化工程将使汽车营销服务人才的工作与设计研发、生产制造等工作紧密相连，部分工作内容相互重合、难分彼此。

目前营销服务人才的核心职能是进行汽车产品及其附属配套产品的销售以及售后服务工作。具体包括汽车产品的推广销售、二手汽车的回收处理、汽车售后保养及维修服务、汽车故障诊断和处理、汽车使用数据的收集分析等多个领域。面向未来，新型商业模式带来汽车营销服务的全新可能，以车联网为媒介提供更加主动、更加增值的客户服务和更加精准、更加高效的金融保险等都将成为汽车营销服务人才的工作内容。设计、制造与服务的一体化使汽车营销服务直接连接客户及企业内部，因此营销服务人才需要具备对销售服务平台进行管理、监控和维护的能力，同时还要具备对汽车大数据（主要包括车主数据、车辆使用数据、汽车后市场数据等）进行收集、处理和分析的能力。此外，未来的智能制造体系同样会涵盖销售和服务端，唯有如此才能真正实现C2B的"大规模+定制化"生产，因此营销服务人才还要负责与智能工厂有效衔接及输入需求的工作。

5. 其他人才的工作要顺应发展潮流

其他人才的工作及其变化各不相同，但都必须与网络化、平台化的发展潮流和未来汽车产业的特点相符合。由于不同专业人才的情况都不一样，难以逐个描述，下文将对采购物流和人力资源管理两类人才进行分析。

目前汽车采购物流人才的核心职能为物资（原材料、零部件、相关装备等）的采购和物流的管理，具体工作包括材料采购方案以及物流方案的确定及监控等。面向未来，信息化与平台化是大势所趋，汽车采购物流人才必须掌握基于采购和物流信息平台开展工作的基本能力，其工作内容将增加对信息平台的操作、监管和维护，对信息、数据的处理、分析，并基于此优化采购和物流体系等。

而汽车人力资源管理人才目前的主要工作是人才的招揽与选拔、人才的使用和人才的激励等。面向未来，人力资源本身也将成为企业资源数据库中的重要组成部分，大数据技术的应用将使人力资源工作更加精准。为此，企业需要建立信息化的企业人才数据库（包括人才的技能、性格、工作评定等），为人才雇用和晋升等提供支持；同时，企业应在力所能及的情况下，尽可能地扩展外部资源，协调构建全球的行业精英人才数据库，从而建立"既求所有，更求所用"的外部资源利用机制。显然，这些工作都需要未来的人力资源管理人才负责完成。

（三）未来汽车人才特征图谱的构建

描绘未来汽车人才特征图谱是本研究的主要目标之一，构建合理的特征描述体系并识别这些特征的变化是研究的重点和难点。为此，本研究针对大量既有研究成果展开了深入分析，包括为本次研究工作开展的专项调研成果、工业和信息化部等部委联合发布的《汽车产业中长期发展规划》、多家整车生产企业的人力资源发展规划、世界汽车工程师学会联合会（FISITA）"工程师2030"项目调研报告及专家观点等公开资料，采用关键热词频次分析的方法，提取出可描述汽车人才主要特征的关键词，并将其分为基础能力和知识技能两类进行分析。其中，基础能力侧重描述人才的"软实力"，而知识技能则是对人才"硬实力"的描述，包括具体开展工作所需的知识结构、组成和技能等。

由于基础能力具有共通性的特点，不同类别的人才都可以用相同的基础能力特征词来概括，因此我们选择频次排在前十位的关键特征词作为评价指标，并设其中出现频次最少者的分值为1，其余关键词依据与最少者的频次比例确定分值，由此梳理出了基础能力十大关键特征词的排序（表3.6）。

表3.6 基础能力和知识技能的关键特征词频次

项目	关键词	频次计算结果	项目	关键词	频次计算结果
基础能力	工作创新能力	18.92	知识技能（以设计研发人才为例）	控制及系统工程知识	16.40
	主动学习能力	15.62		人工智能知识	14.60
	人际沟通能力	10.62		物联网知识	11.40
	组织管理能力	8.23		电力电子知识	8.40
	分析判断能力	6.46		数据挖掘、处理与分析	7.00
	统筹协调能力	3.08		传统车辆发动机知识	4.20
	灵活应变能力	3.08		新材料知识	3.40
	独立工作能力	2.54		传统车辆底盘知识	2.60
	环境适应能力	1.15		网络安全知识	2.20
	系统思维能力	1.00		传统车身造型知识	1.00

同时，与基础能力不同，知识技能不具有共通性，不同类别的人才所需要的知识技能一定是不同的，因此需要针对不同人才类型选择不同的关键特征词，这里以设计研发人才为例作为说明（表3.6），关键词的分值确定方法同前。这些关键词的提取遵循了以下原则：一是按照针对性、确定性、层次性、系统性和科学性的原则；二是结合新一轮科技革命对汽车产业深刻影响的系统研究；三是适当参考其他研究成果对未来汽车产业发展的预测。

除了基础能力、知识技能之外，为了给不同类别的汽车人才以简明、直观和总体性的表征，我们加入了人才类型这一维度，具体以四组相互对立的8个特征词来描述。人才类型是对人才描述的基本量，用于描述各类汽车人才的地位和属性，其指标如表3.7所示。

表3.7 人才类型指标及其内涵

指标的划分依据	人才类型指标	指标内涵
对人才所具备的整体知识结构进行描述，分析工作对专业知识深度/相关知识广度的需要程度	复合型	在与工作相关的各方面均具备一定能力的全面人才
	专业型	只专注于个人工作业务领域的专业人才
按人才工作过程中对脑力/体力的主要需求进行划分	脑力型	工作对个人智力因素依赖度较高的人才
	体力型	工作对个人身体素质依赖度较高的人才
按人才在企业内的职能定位进行划分	战略型	具备宏观思维，具有极强的分析应变和实际应用能力的人才，他们对宏观概念的逻辑关系有着深刻的理解
	战术型	了解各项工作细节，能够具体完成工作目标的人才
按人才工作思维和处理问题的方式进行划分	创新型	具备创新思维，并能够将其应用于自身工作的人才
	稳固型	具备稳健思维，擅长稳定企业已有成绩的人才

备注：人才类型选用"四组指标"的8个不同关键词来进行描述。

基础能力是人才"软实力"的表征量，用于描述未来各类汽车人才不同基础能力重要性的变化，其指标按前述频次分析法选取，其内涵如表3.8所示。在具体不同类别人才的需求分析中，将这10种基础能力划分为"A、B、C"三个层级，以区分所需能力的相对重要性，三个层级在指标数量上按"4、3、3"分配。

表3.8 基础能力指标及其内涵

基础能力指标	指标内涵
统筹协调能力	对所掌握的资源进行统筹利用；对各类资源进行有效协调
分析判断能力	能够平衡各种发展目标，根据实际情况做出准确的分析和正确的判断
工作创新能力	能够对现有工作进行改变提升
人际沟通能力	有亲和力，能够有效沟通以适应各种关系，并影响和促进组织目标的实现
组织管理能力	能够平衡组织内外部利益群体间产生的冲突；能够制定并实现自己的工作目标；能够指导下属制定并实现自己的工作目标，从而打造执行力强的高效团队
独立工作能力	在独立的条件下完成指定工作
环境适应能力	通过对自身快速及时的调整来应对外部环境的改变
系统思维能力	整体性的综合认知能力，能够简化事物间的联系，把握总体方向和关键因素
灵活应变能力	依据实际情况，能够灵活解决问题
主动学习能力	能够积极面对新生事物，对新知识有学习的强烈渴望并能有效学习

知识技能是人才"硬实力"的表征量，用于描述未来各类汽车人才具体工作所需知识结构、组成和技能的变化。如前所述，不同类别的人才具体工作内容不同，所需的知识技能指标也就相应有所不同，当然某些知识领域仍然是共有的，具体如表3.9所示。

表 3.9　各类型汽车人才的知识技能指标

知识技能指标	企业领军人才	设计研发人才	生产制造人才	营销服务人才
汽车产业知识	√			
汽车产品知识	√		√	√
国家政策知识	√			
企业经营管理知识	√			
企业发展规划知识	√			
数据挖掘、处理与分析	√	√	√	√
新型商业模式运营	√			√
传统动力总成知识		√		
传统车辆底盘知识		√		
传统车身造型设计知识		√		
汽车电子电器知识		√		
控制及系统工程知识		√		
新材料知识		√		
人工智能知识		√		
物联网知识		√		
网络安全知识		√		
生产流程及工艺知识			√	
机械化设备操作与维护			√	√
信息化设备操作与应用			√	
工业工程知识			√	
平台控制、管理与维护			√	√
传统营销知识				√
汽车金融知识				√
现代电子商务知识				√

基于以上分析，可以按下面三个维度描述各类人才的特征及变化趋势，具体内容如下所述。

1. 企业领军人才

表 3.10 描述了企业领军人才在人才类型、基础能力和知识技能三个维度的特征变化趋势。

表 3.10 企业领军人才的特征变化趋势

年份	人才类型			
2015	复合型	脑力型	战略型	创新型
2035	复合型 ↗	脑力型 ≈	战略型 ↗	创新型 ↗

年份	基础能力								
	A 级（最重要）			B 级（重要）			C 级（一般）		
2015	主动学习能力	工作创新能力	统筹协调能力	组织管理能力	灵活应变能力	分析判断能力	人际沟通能力	系统思维能力	环境适应能力	独立工作能力
2035	主动学习能力 ≈	工作创新能力 ≈	统筹协调能力 ≈	灵活应变能力 ↗	环境适应能力 ↗	系统思维能力 ↗	独立工作能力 ↗	组织管理能力 ↘	分析判断能力 ↘	人际沟通能力 ↘

注：2015年基础能力表头为 A 级（最重要）占3列、B 级（重要）占3列、C 级（一般）占3列。

年份	知识技能						
2015	汽车产品知识	汽车产业知识	国家政策知识	企业经营管理知识	企业发展规划知识	—	—
2035	汽车产品知识 ≈	汽车产业知识 ↗	国家政策知识 ≈	企业经营管理知识 ≈	企业发展规划知识 ≈	数据挖掘、处理与分析 ↗	新型商业模式运营 ↗

备注（以下表 3.11 ~ 表 3.13 同）：

↗：表示比较当前（2015 年），未来（2035 年）人才新增的特征或重要性增强的特征；

≈：表示比较当前（2015 年），未来（2035 年）人才的特征沿袭目前人才的特征，无明显变化；

↘：表示比较当前（2015 年），未来（2035 年）人才减少的特征或重要性减弱的特征。

未来企业领军人才的定位和重要性没有发生改变。相对而言，企业领军人才的复合型、战略型和创新型属性将变得更突出。

未来企业领军人才需要能够统领各方资源（人和机器）、整合复杂产业，同时要求具备更强的应对外界变化的能力。因此，其主动学习、工作创新和统筹协调三种能力仍处于最重要的 A 层级，而灵活应变能力的重要性明显提升，进入 A 层级；组织管理、分析判断和人际沟通三种能力的重要性有一定下降，进入 C 层级；环境适应、系统思维和独立工作三种能力的重要性都有提升，均从 C 层级进入 B 层级。

未来多变的外部环境要求企业领军人才具备更加丰富的产业知识；同时，数据挖掘、处理与分析，新型商业模式运营也成为领军人所需要的知识技能。

2. 设计研发人才

表 3.11 描述了设计研发人才在人才类型、基础能力和知识技能三个维度的特征变化趋势。

表 3.11 设计研发人才的特征变化趋势

年份	人才类型			
2015	复合型	脑力型	战术型	创新型
2035	复合型 ↗	脑力型 ≈	战术型 ≈	创新型 ↗

年份	基础能力									
	A 级（最重要）				B 级（重要）			C 级（一般）		
2015	工作创新能力	主动学习能力	分析判断能力	人际沟通能力	环境适应能力	组织管理能力	系统思维能力	独立工作能力	统筹协调能力	灵活应变能力
2035	工作创新能力 ≈	主动学习能力 ≈	独立工作能力 ↗	统筹协调能力 ↗	分析判断能力 ↘	人际沟通能力 ↘	系统思维能力 ↗	环境适应能力 ↘	组织管理能力 ↘	灵活应变能力 ≈

续表

年份	知识技能									
2015	汽车发动机知识	车辆底盘知识	车身造型设计	汽车电子电器知识	控制及系统工程知识	—	—	—	—	—
2035	汽车发动机知识	传统车辆底盘知识	车身造型设计	汽车电子电器知识	控制及系统工程知识	新材料知识	人工智能知识	物联网知识	数据挖掘、处理与分析	网络安全知识
	≈	≈	≈	↗	↗	↗	↗	↗	↗	↗

设计研发人才的定位和重要性在未来没有发生明显改变。相对而言，设计研发人才的复合型和创新型属性将变得更突出。

设计研发人才的独立工作和统筹协调能力重要性大增，进入与工作创新与主动学习能力同等重要的 A 层级；原属 A 层级的分析判断和人际沟通能力的重要性则相对下降，退入 B 层级，而系统思维能力的重要性虽然有所提升，也仍处于 B 层级；相应地，组织管理和环境适应能力重要性下降，退入 C 层级，与重要性基本不变的灵活应变能力同列。这是由于未来具备专业技能的设计研发人才更适于利用其特有技术进行独立创业，如创办小型科技公司，并通过物联网平台整合，为大型企业提供技术支持。这就使设计研发人才独立工作的能力必须得到加强，同时对其在人际沟通等能力方面的需求则会减弱。

在汽车产业能源、网联、智能三大革命的推动下，未来设计研发人才必须掌握更广泛的新技术和新知识。在原有知识技能图谱中，汽车电子电器、自动化控制及系统工程方面的知识重要度增强，同时还新增了新材料、人工智能、物联网、数据处理以及网络安全等方面的新知识需求。

3. 生产制造人才

表 3.12 描述了生产制造人才在人才类型、基础能力和知识技能三个维度的特征变化趋势。

表 3.12 生产制造人才的特征变化趋势

年份	人才类型			
2015	复合型	体力型	战术型	稳固型
2035	复合型	脑力型	战术型	创新型
	≈	↗	≈	↗

年份	基础能力								
	A 级（最重要）			B 级（重要）			C 级（一般）		
2015	主动学习能力	工作创新能力	组织管理能力	人际沟通能力	独立工作能力	分析判断能力	统筹协调能力	系统思维能力	灵活应变能力	环境适应能力
2035	主动学习能力	灵活应变能力	组织管理能力	统筹协调能力	独立工作能力	系统思维能力	环境适应能力	分析判断能力	人际沟通能力	工作创新能力
	≈	↗	≈	↗	≈	↗	↗	↘	↘	↘

（注：2015 行 A 级含 3 项，2035 行排序如上）

年份	知识技能						
2015	汽车产品知识	生产流程及工艺知识	机械设备操作与维护	信息化设备操作及应用	—	—	—
2035	汽车产品知识	生产流程及工艺知识	—	信息化设备操作及应用	平台控制、管理及维护	工业工程知识	数据挖掘、处理与分析
	≈	≈	↘	↗	↗	↗	↗

未来生产制造人才需要实现对智能制造系统的整体管控，而非对单一机械设备的操作维护，因此，其人才类型将从"体力型"转变为"脑力型"。同时，多变的社会环境同样会对该类人才产生影响，使其属性从"稳固型"转变为"创新型"。

智能制造体系，特别是人与机器的大规模协同，要求生产制造人才必须具备更强的灵活应变能力和统筹协调能力，因此这两种能力进入 A 层级，与主动学习和组织管理能力同等重要；同时，系统思维能力和环境适应能力重要度提升，进入 B 层级；而分析判断、人际沟通和工作创新三种能力对于生产制造人才的重要性相对下降，退入 C 层级。

智能制造体系对生产制造人才提出了更高的要求，原有对单一机械设备的操作与维护逐渐不再被需要，对信息化设备的操作及应用知识重要度增强。此外，生产制造人才还需要具备平台控制、管理及维护，工业工程，数据挖掘、处理与分析等领域的知识和技能，以更好地适应生产制造过程的进步。

4. 营销服务人才

表 3.13 描述了营销服务人才在人才类型、基础能力和知识技能三个维度的特征变化趋势。

表 3.13 营销服务人才的特征变化趋势

年份	人才类型			
2015	复合型	脑力型	战术型	稳固型
2035	复合型 ≈	脑力型 ≈	战术型 ≈	创新型 ↗

年份	基础能力									
	A 级（最重要）			B 级（重要）				C 级（一般）		
2015	灵活应变能力	分析判断能力	独立工作能力	人际沟通能力	组织管理能力	环境适应能力	统筹协调能力	工作创新能力	系统思维能力	主动学习能力
2035	灵活应变能力 ≈	分析判断能力 ≈	工作创新能力 ↗	统筹协调能力 ↗	主动学习能力 ↗	系统思维能力 ↗	独立工作能力 ↘	人际沟通能力 ↘	组织管理能力 ↘	环境适应能力 ↘

年份	知识技能							
2015	汽车产品知识	机械设备操作与维护	传统营销知识	汽车金融知识	—	—	—	—
2035	汽车产品知识 ≈	— ↘	— ↘	汽车金融知识 ↗	现代电子商务知识 ↗	新型商业模式运营知识 ↗	数据挖掘、处理与分析 ↗	平台控制、管理及维护 ↗

未来营销服务人才不能墨守成规于既有的销售和服务体系，而是必须以更加创新的思维和角度去面对工作，因此，人才类型属性中的"稳固型"将向"创新型"转变。

设计、制造和服务一体化将使营销服务人才的工作内容发生巨大变化，要求人才具备更强的工作创新、统筹协调、主动学习和系统思维的能力。受此影响，工作创新和统筹协调能力进入 A 层级；主动学习和系统思维能力进入 B 层级；同时，独立工作能力的重要性有所下降，由 A 层级退入 B 层级；人际沟通、组织管理和环境适应三种能力则退入 C 层级。

未来营销服务人才需要具备更多更新的金融与商业知识，因此，汽车金融知识的重要性增强，现代电子商务，新型商业模式运营，数据挖掘、处理与分析以及平台控制、管理及维护的知识与技能进入未来营销服务人才的知识技能图谱。此外，机械设备操作与维护、传统营销知识则变得不再重要，逐步淡出知识技能图谱。

5. 各类汽车人才特征变化趋势的对比分析

对比分析各类汽车人才的特征图谱可以发现，无论何种类型的未来汽车人才都将具备"脑力型"和"创新型"属性，这是人在人工智能赋能的机器辅助下开展工作的必然需求。同时，未来汽车人才在面对多变的外部环境时需要更强的环境适应、主动学习和工作创新能力，也需要更强的统筹协调能力来合理调配使用各类资源。总体而言，未来汽车人才需要更广泛的知识与技能来应对产业变革和技术进步。

对于企业领军人才，与当前比较，未来的人才定位和重要性没有变化，但复合型、战略型和创新型属性将变得更为突出。未来的领军人才需要能够统领各方资源（人和机器）、整合复杂产业，同时要有更强的应对外界变化的能力，具备更加丰富的产业知识和新技术知识。

对于设计研发人才，与当前比较，未来的人才定位和重要性没有明显变化，但复合型和创新型属性变得更为突出。其中的一些人将利用其掌握的特有技术创办小型科技公司，并通过物联网平台的整合，为大型企业提供专项技术支持。因此，此类人员的独立工作能力需进一步强化，并被要求掌握更广泛的新技术和新知识，但对其人际沟通等能力的需求则将减弱。

对于生产制造人才，未来他们将在智能制造系统的整体管控和多变的外部环境中工作，这要求他们从当前的"体力型、稳固型"向"脑力型、创新型"方向转变。智能制造体系强调的是人与机器的大规模协同，这要求生产制造人才具有更强的灵活应变能力和统筹协调能力。同时，由于需要更多地对智能制造系统进行管控，此类人员掌握信息化设备操作与应用知识的重要程度将增强，对其在平台控制、管理及维护，工业工程等知识和技能领域也提出了较高要求。

对于营销服务人才，不能再墨守成规于既有的销售和服务体系，必须从当前"稳固型"向"创新型"转变。在设计、制造和服务一体化的发展趋势下，此类人员必须具备更强的工作创新、统筹协调、主动学习和系统思维的能力，需要具备更多新的金融和商业知识；同时，在机械设备操作与维护、传统营销知识等领域的技能和知识需求将逐步减少。

五、未来汽车人才的重要结论和发展建议

（一）未来汽车人才的重要结论

1. 未来汽车人才特征转变以及更迭速度将不断加快

首先，本轮科技革命进步的速度前所未有。互联网、大数据、云计算、人工智能、3D打印等技术不断创新并应用于汽车产业，要求人才必须紧跟时代潮流，不断学习和应用新技术。

其次，本轮汽车产业跨界融合的速度前所未有。在汽车产业由垂直线型的产业价值链向交叉网状的出行生态圈转变的过程中，汽车产业的边界日益模糊，与其他产业跨界交融的速度越来越快，导致大量其他行业所特有的人才特征在汽车人才身上出现。

最后，人才工作内容及能力需求变化的速度前所未有。新兴力量大量进入汽车产业，产业内涵极大扩展，受此影响，汽车人才的工作内容也随之发生重大改变。

以上三点相互交织、相互作用，共同促使未来汽车人才特征转变以及更

迭的速度将不断加快。

2. 未来社会中人的核心能力发生重要改变

随着本轮科技革命的不断深入，机器将越来越多地承担人的工作。但是人的作用并未下降，反而会进一步提升。比较来看，机器的特点是"更专"，而人的特点是"更博"，人显然比机器更适宜承担协调管理工作，特别是总体性的协调管理工作。未来"一门工作干一辈子，逐渐积累经验成为专家"的模式越来越不可能成立，因为一成不变的工作必然交给机器来做；而且工作本身也很难一成不变，因为技术进步在加速，社会和产业变化也将不断加速。

此外，知识本身是无止境的，未来更迭速度又会更快，而人的精力是有限的，这就要求我们必须有所取舍，努力培育并聚焦自身优势，同时更要"眼观六路、耳听八方"，提高自己获取知识的效率。未来社会，人的核心能力一定是统筹协调能力、判断分析能力、综合决策能力和逻辑思考能力。为此，每个人都需要经历得更多，知道得更广，看得更远，想得更深。这里谈的不只是单纯的知识和技能，更是眼界和高度。

可以断言，未来整个社会都将特别需要能够统领多方资源、整合复杂产业的领军型人才。在产业变革的进程中，人类的角色也将被重新定义，人类成为真正意义上的指挥者和创造者。

3. 未来汽车人才将具备跨领域、多样化的知识技能

如图 3.16 和图 3.17 所示，汽车产业边界将日益模糊，相应地，汽车人才类型的界限也将日渐模糊，汽车人才将具备跨领域、多样化的知识技能。本研究预计，未来汽车人才将呈现两极分化的现象：一类是领域专家；另一类则是领军人，包括总战略师、总架构师等。

4. 未来人和智能机器人呈现博弈竞合关系

随着人工智能的不断进步，未来智能机器人与人类之间相互理解对方意图的能力将显著增强，机器与人之间自然交互并协同作业是必然趋势。

传统工业机器人通常具备较大的体积和质量，主要用来在车间里完成简单、繁重的重复性工作，在工作中通常被固定在工位上，并且在外部设置一定范围的防护栏进行隔离；而未来的协作机器人体积小、功耗低，能够形成

图 3.16 汽车产业的边界日益模糊

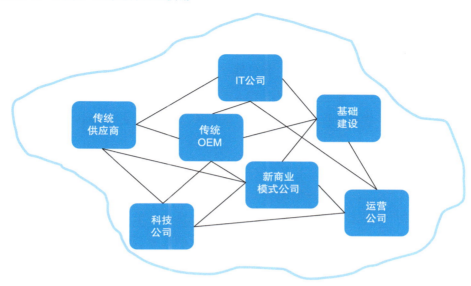

图 3.17 人才类型的界限日益模糊

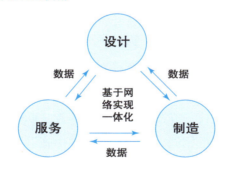

人机协作，共同完成较复杂的任务，在工作中可灵活主动、自由活动，不需要护栏阻隔。由此可见，未来的协作机器人需要具备更多的感知、认知和执行能力，需要具备与人类进行有效沟通的能力。这就要求在人机交互、柔性机电一体化、云机器人和人工智能等关键技术领域必须取得进一步的突破。

展望未来，人类将进入与智能机器（人）持续博弈的时代。两者之间必然存在竞争，一些人将不可避免地被人工智能赋能的机器取代，但是更主要的关系还是合作，因为人可以借助机器来领导和管理其他人和机器，其中也一定会有"人管机器"与"机器管人"相互混杂的局面。实际上，人领导人和人管理机器在本质上是截然不同的工作，这意味着企业的管理模式、文化、价值观（道德）等都要随之发生变化。如果以机器为参照物，我们甚至可以把人类工业文明的进化史归纳为四个阶段：第一阶段，人像机器一样工作；第二阶段，人监管机器工作；第三阶段，人领导机器工作；第四阶段，人和机器共同协作来领导人和机器工作。最终，人与智能机器将共生交融，这种长期的竞合关系并不意味着人类的末日，反而极有可能是人类的新生。当然，为了应对这样深刻的变局，我们需要全新的人才战略。

（二）未来汽车人才的发展建议

如前所述，面向未来我们需要全新的汽车人才发展观，这意味着整个人才系统工程，从育才、引才到用才、留才等一系列环节都将发生变化。为了培养可持续满足未来汽车社会和产业需求变化的人才，学校、企业和人才自身都要明确新定位、确立新战略。

对学校而言，需要重新审视教育的范畴与侧重。我们必须从汽车产业的边界倒推汽车知识的边界、汽车人才的边界，最终确定汽车教育的边界。一方面，要充分认识到汽车人才的范畴必将扩大，未来凡是从事与汽车相关工作的工程师，都应该认定为汽车工程师，例如从事电化学、新材料、IT等领域工作的人才。另一方面，要坚持教育有所侧重，因为学科教育不可能包罗万象，产业越是复杂就越需要学校有清晰的定位。为此，首先，教育体系要有清晰的分层：重点高校、普通高校、大专院校、职业学校等要根据未来人才需求的结构确定合理的比例，并对不同的学生施以不同的培养侧重和全新的培养内容。其次，就汽车专业教育来说，仍应强化传统汽车知识，同时适当扩大知识范围，尤其是汽车电子、控制逻辑和系统工程类课程；而对于非汽车专业教育，则要在侧重本专业培养方案的基础上，适当倾向于包括汽车在内的战略新兴产业。最后，寄希望于人才培养在学校"毕其功于一役"的想法，过去不现实，未来更不可能，未来社会需要我们时时刻刻不停地学习，因此学校更应培养学生形成自我学习的动力与能力，这远比知识本身的传授更为重要。

对企业而言，产业无边界，但企业经营必须有边界，而解决这一矛盾的对策之一就是打造一个"无边界的公司（平台）"。未来企业最重要的核心竞争力就是资源组合能力，特别是在多地域、广范围内调动使用资源有效经营的能力。未来企业的结构错综复杂，员工多种多样，需要全新的组织架构（超扁平、区块链）、工作模式（更灵活的工作时间、方式与支付手段）、管理机制（考核奖惩、知识产权）、运营流程（分工协作、资源组织）以及创新理论与企业文化。其核心是将人力资源与其他一切资源无缝连接，形成一个高效协同的整体。为此，企业必须建立"召之即来、来之能战"的人才资源库，将人力资源管理向外延展，覆盖内部和外部员工，最大限度地实现"随叫随到、随到随用"。企业还应考虑建立灵活的"众包"平台，如联合或单独注资构建"问题池"，悬赏解决问题。毫无疑问，未来企业成功运营的关键不是拥有多少资源，而是能够有效协调、调动、使用多少资源。企业一定要积极利用新模式和新手段，把资源用足、用好、用精、用到极致！

对人才自身而言，未来每个人都相当于是一个独立的公司，必须努力经营好自己，通过自我管理、自我成长、自我产出和自我营销来实现自身的成长与发展。同时，要强化危机意识，我们常说"人无远虑，必有近忧"，而未来的"远"可能只有几年！一份工作、一个岗位干一辈子的时代已经结束，无论哪个行业的人才都必须不断发掘兴趣、自我学习和自我提升。对待知识、技术和能力，每个人都需要努力做到"生产一代、研发一代、储备一代"。在新的发展时期，人才要用全新的理念来审视自己，未来越是具备专业技能的人才可能越适合独立工作，即利用独特技能进行自主创业，并通过网络连入虚拟公司获得回报。因此，未来人才的独立工作能力将变得更重要，需要具备多领域的基础知识，跨界创新的意识和能力，并且能够自我调整、持续进步，以积极心态拥抱未来。

第四章

换个视角看汽车、看人才的启示

一、来自汽车业内的启示

（一）百年前的"人才复制机器"：美国福特

如果一百年前有互联网的话，那么亨利·福特（Henry Ford）和托马斯·爱迪生（Thomas Edison）一定会是当之无愧的网红，而且排名肯定在史蒂夫·乔布斯之前。特斯拉汽车（Tesla Motors）的创始人马斯克，接受媒体采访时曾表示，他不愿意被人称作乔布斯第二，而要做福特的接班人。美国第 28 任总统威尔逊和第 29 任总统哈定都对福特公司赞誉有加。哈定总统夸奖福特说："你为美国创造了一家最了不起的公司。"福特更是被谷歌公司称为第一个"人才复制机器"企业。福特在美国政界、美国汽车产业，或是想要成为汽车产业一员的企业家心中的地位可见一斑。

福特是美国汽车工程师、企业家，福特汽车公司的创始人，也是在世界上首创使用流水线大批量生产汽车的人。"福特生产方式"是第二次工业革命的标志，它使汽车成为一种大众产品。它不但带来了革命性的工业生产方式，而且对现代社会和文化产生了巨大的影响。在《影响人类历史进程的 100 名人排行榜》一书中，福特是唯一上榜的企业家。福特成功的重要因素之一就是拥有一支优秀的人才队伍。

第一，良禽择木而栖，贤臣择主而事。首先，福特本人就是一个优秀的科技发明家。福特早年自学成才，成为一名蒸汽机工程师。1887 年进入底特律爱迪生公司工作，后升为总工程师。在爱迪生公司，他潜心设计汽车，并试制成功风冷却器两气缸汽车。其次，福特还是一名天才的企业家、商业奇才。1899 年，福特成立了底特律汽车公司，但只生产了 25 辆汽车后便于 1901 年 1 月破产。1903 年，福特二次创业成立福特汽车，并担任总经理，当年公司就生产出第一辆福特牌汽车，并于 1908 年生产出世界上第一辆畅销欧美的 T 型车，彻底改变了美国人的生活方式。1913 年，福特创立了全世界第一条汽车流水装配线，这种提高生产率的发明被视为第二次工业革命的标志，并在全世界广泛推广。福特勇于创新的精神，吸引和集聚了大量优秀人才为其效力。

第二，网罗最优秀的人才，打造最优秀的产品。福特是一百年前最优秀的产品经理。福特在第二次创业时，就把目标定位于制造能够让人们买得起、操作简单、结实耐用的"全球车"。1903—1908 年，福特带领他的工程师们狂热地研制了 19 款不同的汽车，按字母顺序将它们命名为 A 型车到 S 型车，其中有一些只是试验性车型，从未向市场推出销售，这些车型最终成就了 T 型车的技术基础。T 型车于 1908 年 10 月 1 日推出，很快就成为那个时代的热卖车型。至 1927 年，T 型车总共销售了 1 500 多万辆，是有史以来最大销量的车型。T 型车不仅为人们提供了独立的可能和更多的机遇，且价格也很合理，随着设计和生产不断地改进，每辆车的售价从最初的 850 美元降到了最终的 260 美元，并由此创造了年产量 10 660 辆的生产纪录。为了不断优化产品，福特不惜在全球搜罗人才。以 T 型车的用钢为例，福特为了获得最好的材料，不惜代价从英国找到懂得钒钢生产的英国工程师，负责钒钢的生产，最终实现了 T 型车的高强度、轻量化和低成本。

第三，高工资 + 福利，尊重善待人才。提高员工福利待遇是福特重要的管理理念之一，他认为，最好的人才必须用最好的待遇去激励。福特在他的自传里说："公司所能得到的最好的工人，便是把自己的全部精力投入公司工作的人，在他的付出得不到正确对待的情况下，他就无法再继续这样做。"1914 年年初，福特公司提出个人工资翻倍，向工人支付每天 8 小时 5 美元的工资，工作时间也率先由 9 小时缩短为 8 小时。

福特尊重善待人才还体现在一个脍炙人口的故事上。思坦因曼思原是德国的一名工程师，后移民至美国，受雇于一家生产发动机的小工厂。1923 年，福特汽车公司有一台发动机坏了，公司没有人能修好。有人推荐了思坦因曼思，福特汽车公司就派人去请。思坦因曼思到了现场，只是要了一张席子铺在发动机旁，聚精会神地听了三天。最后，他在电机的一个部位用粉笔画了一道线，并写上"这儿的线圈多绕了16圈"几个字。福特汽车公司的技术人员按照他的建议，拆开电机，把多余的16圈线取走，再开机，发动机就正常运转了。福特在得知此事后，对思坦因曼思欣赏有加，给了他1万美元的酬金，并力邀思坦因曼思加盟福特汽车公司。但思坦因曼思拒绝了福特的邀请，因为那家小工厂的老板有恩于他。最后，福特为了让这个忠诚的天才工程师加盟福特汽车公司，做出了收购思坦因曼思所在的那家小工厂的决定，也因此成就了一段佳话。

福特的用人之道使其获得"人才复制机器"的美誉，这是因为福特几乎在用一生不断发现和任用人才，很多有才华的人都是他从普通员工中发现并提拔起来的。把人才放在合适的岗位上发挥出了更大的作用，也促进了福特公司的飞速发展。例如，福特公司有一位名叫库兹恩斯的销售员，经验丰富、业绩良好但脾气暴躁，常遭到客户投诉。福特没有简单解雇库兹恩斯以回应投诉，而是成立了一个销售培训部门，让库兹恩斯做主管和培训师，负责为公司培养销售员。福特公司不仅没有损失优秀的销售人才，反而让成功的销售方式在全国推广，快速复制了销售人才，大大促进了福特汽车的销量。再如，一位名叫艾姆的德国销售员工非常喜欢进入车间去捣鼓机床，福特并没有认为他是狗拿耗子不务正业，反而认为"他会因为喜欢捣鼓机床而得出某些创新想法"。福特将他调入了生产车间，两年后艾姆就发明了全新的自动专用机床，这种机床可以从4个方向同时在缸体上钻出45个孔，大大加快了汽车生产的速度，是当时全世界绝无仅有的重大发明创新。

人才投资的高投入和高回报造就了百年前美国福特的成功。以强大的人才资源为不断创新的基础，福特实现了两个方面的成功：一是成品和技术的创新，集中体现在T型车的产品创新上；二是商业模式管理上的创新，体现在汽车生产流水线上，即"福特主义"——以市场为导向、大规模生产、大规模消费的模式。福特坚持用最好的人才，开发制造最好的产品，给优秀人才最好的待遇，这就是福特拥有当时最优秀的人才队伍的秘诀。

（二）跨国汽车企业的人才培养

跨国汽车企业人才的培养包括两个方面：一是专业能力的培养，二是国际化人才的培养。

在专业能力培养方面，对于汽车产品领域，培养的重点放在了体验终端用户需求能力、跨产业创新能力、敏捷项目管理能力和面向未来新技术领域能力的提升方面，这些能力被认为是一名优秀专业技术人员的核心能力。对于生产制造领域，培养的重点放在了围绕实现智能制造的各种能力的提升和适应灵活多变柔性生产模式能力的提升等方面，这些培养重点的确定，源于近年来的新技术变革，使跨国界、跨地域、跨职能的协作变得更加紧密和频繁，在全供应链上下游的协同要求也更高了，出现了专业技术人员沟通协调能力的短板。有时候语言能力弱、表达技巧差或缺乏对多元化文化的理解，都可能成为高效率工作的障碍。基于跨国界、跨地域和跨职能协作的现实需求，跨国汽车企业开始重视面向专业技术人员的综合素质的培训与培养，比如多元化文化的意识、工程思维的训练、沟通能力等。

在国际化人才培养方面，跨国汽车企业大多有明确的人力资源政策，鼓励员工更多地通过海外转岗实现职业发展。如某汽车零部件龙头企业在职位升迁通道上明确规定，如果要从高级经理往总监升迁，超过两年的国际经验是三个升职的必要条件之一，而从副总裁到高级副总裁则必须有跨国工作经验并在多个事业部担任高管职位。为了保障派遣人员的工作、生活，按照级别不同，派遣人员可以携带配偶和子女同行，企业会承担其配偶和子女的生活和学习费用，并为其配车，乃至司机。针对短期派遣（少于一年）的，则会分配探亲假或报销其配偶的飞机票。尽管这种海外轮岗会带来非常高的组织成本，企业还是乐此不疲。最大的原因是这样的轮岗可以最快地提升派遣人员的适应能力、应变能力、跨文化沟通能力、创造能力，拓宽派遣人员的视野和格局。同时对于不同地区的合作也有非常大的推进作用，随着派遣人员的能力提升，其绩效也随着提升，从而推动业务增长。针对技术人才和高潜力管理人才，每年企业都会将其派往国外总部或总部领导工厂进行学习、工作。在派遣之前人力资源部门会落实好国外导师，由国内直线经理或下一级经理和其联系，确认派遣人员的工作内容和评审时间。如果是以培训为主,人力资源部门会和派遣人员签署服务期合同,确保派遣人员回到原公司后可以尽可能为其服务。当被派遣人员结束海外工作后,人力资源部门需要支持其在国内找到相应职位,并顺利返回工作。

有明确的培养计划,也是跨国汽车企业的常规做法,包括对有潜质的关键人才的盘点、与继任计划的协同等,在人力资源政策的执行层面也尽可能做到标准化,并为员工提供了多样化的学习手段。

(1)"学习+项目实践"。企业为员工提供学习的最终目的是企业因此受益,而受益的方式就是学习者能力得到提升而提高了产出率。越来越多的企业认识到,仅仅靠培训这种方式难以实现从知识学习到工作能力的转化,因此完整的培训学习和项目实践培养体系逐步建立起来。例如,某国际顶级汽车企业为了培养可靠性设计工程师,开展了为期两年的专项培养,培养对象一方面系统地学习可靠性知识,另外一方面参与实际产品研发项目。企业提供了更多的实践机会,在实践中投入的培养成本远远大于集中培训所花费的培训成本。最终工程师能力的认证也是以学习者参与项目的实际表现为主要依据。

(2)在线学习方式十分普及。互联网技术的发展与智能终端的普及,使利用碎片时间学习变得可行。企业专门识别适合于在线学习的课程,围绕学习者开发学习资料。在通用汽车、博世集团、耐世特、尼玛克等外资企业,这种学习方式已经成功上线,并发挥着重要的作用。例如,2016 年博世集团启动了 We-learn 在线学习平台,至 2017 年中国区注册了 12 000 人,拥有课程 650 门,阅读量达到 30 万次,每天登录率为 15%,登录在线人员每天平均学习时间为 15 分钟。再如,舍弗勒全球在线学习管理平台于 2017 年 11 月上线,综合学习、人员成长、岗位能力模型和高潜力人才的管理全部实现在线实时化运作。初步统计,世界知名的 30 家世界级整车与核心零部件生产企业,在线学习的使用率(包括自有平台和集团沟通在线学习内容)达到 90% 以上。基于互联网技术的数字化学习方式,既解决了将学习者与优质教学资源的对接,同时也通过跟踪员工的学习行为提供其能力提升的趋势,在人力资源部门与管理者引入绩效与能力模型以后,企业管理层将通过对学习数据和能力数据分析识别高潜力人才,在有必要时还可以推送建议的学习内容。

二、来自汽车业外的启示

（一）来自自动驾驶人才阵营的挑战

普华永道的思略特（Strategy&）管理咨询公司的汽车行业管理咨询团队认为，智能网联汽车的竞争已经白热化，竞争的最终目标是建立全自动驾驶汽车。在智能网联到自动驾驶领域，新的行业竞争者将与传统车企一争高下，创新加速，竞争加剧。汽车行业不仅要创新技术，还要创新企业文化、并购方案、管理风格和人才招聘。不论是技术创新还是商业管理模式创新，都取决于人才的竞争。

当今世界科技巨头在智能网联和自动驾驶领域的竞争已经进入白热化，为占据鳌头，行业巨头们纷纷加速兼并，集聚人才，试图在群雄并起的"战国时代"占据鳌头。其中英特尔的子公司Mobileye、高通（Qualcomm）和英伟达（Nvidia）三巨头最值得关注。

Mobileye是一家基于计算机视觉研发高级驾驶辅助系统（ADAS）的以色列公司，于2014年在纽交所上市，市值为106亿美元。Mobileye专注于单目视觉高级驾驶辅助系统技术已经12年，目前占领超过70%的市场，通用、大众、特斯拉、宝马等汽车公司均已成为Mobileye的客户。2017年3月13日，英特尔宣布以150亿美元收购Mobileye，英特尔CEO Brian Krzanich在收购案宣布后公开对媒体表示："英特尔希望成为自动驾驶趋势的引领者。"

2017年5月，宝马集团和Mobileye宣布引入汽车零部件巨头德尔福，将德尔福作为合作三方最新无人驾驶平台的开发合作伙伴和系统集成商。此时的德尔福已经为宝马集团提供了一个原型计算平台，并与Mobileye在感知、传感器融合以及高性能无人驾驶计算领域进行了合作。宝马和德尔福的加入，为Mobileye抗衡高通和英伟达阵营集聚了力量。

高通是一家美国的无线电通信技术研发公司，拥有全球领先的3G、4G以及5G无线通信技术，在无线通信领域拥有绝对的垄断地位，其客户几乎囊括了全世界所有电信设备和消费电子设备的品牌。因为未来的智能网联和无人驾驶，必须有 5G 无线通信的支持，高通做出了向汽车芯片市场扩张的决策。2016 年 10 月，高通以 470 亿美元的价格收购了芯片制造商恩智浦（NXP），恩智浦目前是全球最大的汽车用芯片供应商。高通计划在 ADAS、信息娱乐系统、安全系统、网络设备、动力系统、底盘和安全接入、远程信息处理链接，以及自动驾驶汽车的半导体领域拥有领先的全球优势。高通收购 NXP 之后，凭自己的移动互联技术优势，借力 NXP 和飞思卡尔（FreeScale），发力潜力巨大的汽车电子和物联网（IoT）市场，继续制霸移动、汽车电子和 IoT。

就在英特尔收购 Mobileye 的同时，另一个芯片巨头英伟达牵手汽车零部件巨头博世，打响了另一场自动驾驶攻坚战。目前，英伟达的自动驾驶阵营中合作者是最众多的，既有当今世界的造车巨头丰田、沃尔沃、奔驰、大众，也有新势力造车巨头特斯拉（Tesla），以及零部件巨头博世和采埃孚（ZF）集团。英伟达的计划是自己提供计算机硬件和软件，而博世和采埃孚则专注于开发汽车传感器及感知系统，共同开发出完整的自动驾驶平台 Drive PX 2，并提供给汽车制造商使用。值得注意的是，特斯拉在其推出的最新版 Autopilot（自动辅助驾驶）系统中就使用了由英伟达提供的英伟达 Drive PX 2 计算平台。在三巨头中，英伟达 Drive PX 2 拥有最多的自动驾驶车辆数和驾驶里程数。

无疑，三巨头之所以能够用如此短的时间在世界智能网联和自动驾驶领域占据一席之地，应归功于搜罗各方人才快速打造的人才帝国。在硬件人才方面，包括芯片（计算）人才、感知（传感器）人才；在软件人才方面，包括网络通信人才、计算机图形人才、人工智能人才。而收购掌握专门技术的公司是其人才争夺的重要手段之一，采用这一手段，拥有传感器技术的博世、拥有 ADAS 技术的 Mobileye 都被兼并进各自的阵营。在这一局面下，留给中国汽车电子和自动驾驶界领域的人才空间将越来越小。人才决定实力，中国企业如何抓住最后的"窗口期"，在群雄逐鹿的自动驾驶领域取得一席之地，值得深入思考。

（二）谷歌自动驾驶人才队伍的启示

谷歌公司（Google Inc.）成立于 1998 年 9 月 4 日，是一家由拉里·佩奇和谢尔盖·布林共同创建的美国跨国高科技企业。

谷歌的创始人和福特一样都不断追求创新。佩奇认为，创新才是谷歌的未来，而不能仅是追求当前的实用性。他认为，与其将注意力放在竞争对手上，去做相同的产品，同质化竞争，还不如去研究新的和有趣的东西使自己更有生命力。布林更加注重创新，他代表着谷歌的未来，他提出公司要有领先于时代的点子。布林为谷歌的员工制定了一条不成文的规定：工程师必须用1/4的时间来思考了不起的点子，即使这些点子可能对公司的财务前景不利。布林允许员工有1/25的时间从事自己感兴趣的任意工作，不过研究成果必须卖给公司。他每年举办一次员工创新能力技术大赛，奖金是1万美元。布林领导着神秘研发部门Google X，进行着众多前沿技术开发，其中就包括无人驾驶汽车。

谷歌自动驾驶汽车团队的原点来自塞巴斯蒂安·特伦（Sebastian Thrun），他是全球顶尖的计算机科学家、人工智能专家，被誉为"谷歌无人车之父"。特伦出生在德国，2003年开始在斯坦福大学担任研究教授，是斯坦福大学人工智能实验室的主任。2004年，他注意到美国国防部高级研究计划局（DARPA）第一届无人驾驶机器人大赛Grand Challenge，此项比赛由DARPA在2003年设立，冠军奖金为100万美元，旨在悬赏能穿越300英里①沙漠的自动驾驶汽车的发明人。特伦2005年带领斯坦福大学团队参加了第二届沙漠挑战赛，他们把自己的自动驾驶汽车命名为Stanley，首战就战胜上届冠军卡耐基·梅隆大学的无人驾驶团队夺得冠军。

Stanley团队夺冠引起了谷歌的注意。在Stanley团队参加了两届大赛后，佩奇找到特伦，提出让他造一辆能在加州街道上行驶的无人车。特伦十分感动，但拒绝了佩奇，因为自己也不相信无人车能跑在街道上。但是，佩奇没有放弃特伦这个顶尖科学家，终于在来年说服特伦加入谷歌。2007年4月，特伦加盟谷歌，担任谷歌X实验室的联合创始人和谷歌副总裁。在特伦的带领下，谷歌就有了无人驾驶汽车项目。在此之后，又有大量技术高手被吸引加入了这个项目，包括为谷歌高清电子地图做出了突出贡献的迈克·蒙特梅罗（Mike Montemerlo），为无人驾驶汽车的硬件开发做出了贡献的安东尼·

---

① 1英里=1 609.344米。

莱万多斯基（Anthony Levandowski），将谷歌自动驾驶从 L2 级推至 L4 级的克里斯·厄姆森（Chris Urmson）。2016 年 12 月 13 日，谷歌母公司 Alphabet 宣布将旗下的无人驾驶汽车项目从公司独立出来，成立一个名叫"Waymo"的公司，Waymo 公司下一步的任务是让自动驾驶技术投入商用市场。

在谷歌推进无人驾驶汽车发展的过程中，陆续有团队的核心成员离开了谷歌，他们有的投入了与自动驾驶相关的人工智能人才培养领域，有的创立了自己的专注于卡车无人驾驶的初创公司，如 Otto 和 Aurora。

与百年前的福特比较，谷歌同样也是全世界最好的"人才复制机器"，慧眼识才、求贤若渴、不惜重金和善待人才，让谷歌在自动驾驶领域快速发展，它给我们带来了以下的启示：

第一，选对领军人才。谷歌能快速开发领先的自动驾驶技术就在于找准了团队的领军人物特伦，特伦不仅是技术领导人，还是一个优秀的首席人才官（CPO），他知道组建自动驾驶团队应该找谁，如何找到他们。领军人才还能兼 CPO，是谷歌人才复制机器成功的关键。

第二，不惜重金投资人才。佩奇和布林与特伦谈成立自动驾驶团队时，只是问特伦需要多少人，甚至没有提到预算。不惜重金招揽合适优秀的人才，是谷歌自动驾驶团队和技术快速提升的基础。谷歌高管艾伦·尤塔斯曾经说过，"拔尖工程师的价值相当于普通工程师的 300 倍"，这和福特的人才理念是一样的：高人才投入带来高利润回报。

但是，成也萧何败也萧何，从特伦到厄姆森等核心人才离开谷歌自动驾驶团队，也给我们留下了思考：

第一，高薪能激励、留住顶尖人才吗？相比福特工资翻番的做法，谷歌给自动驾驶团队成员开出了令人难以置信的超高薪酬。据称，自动驾驶团队的薪酬之高，简直就是"F－you money"（立即让人财务自由）。财务自由的人才很难被薪酬激励，反倒更愿意接触和尝试新的挑战性工作机会。特伦、莱万多斯基、厄姆森不仅没有因为有钱退休，反而继续去挑战更高的技术追求，成为未来自动驾驶技术的挑战者。

第二，股权激励能留住顶尖人才吗？有人认为谷歌没有能留住自动驾驶团队人才，主要是因为成立 Waymo 太晚了，没有早些给初始团队股权激励，所以人才纷纷自己创业做大股东。但是这个世界上有些最聪明最优秀的人，他们把实现自我价值的成就感排在第一位，金钱可能排在第二位，像发明交流电的特斯拉、Linux 操作系统发明人 Linus，就是这样的人。

谷歌自动驾驶团队的聚散告诉我们，即使像有钱有人的科技巨头谷歌，也不能垄断世界上最聪明的头脑，其他挑战者包括我们中国的汽车产业还有竞争挑战的机会。

（三）特斯拉汽车人才队伍的启示

特斯拉是一家成立于 2003 年的硅谷创业公司，因用 IT 理念来制造汽车，它成为汽车业的一条"鲇鱼"，并为许多想要成为汽车业中的一分子者效仿。如今特斯拉已经成为世界电动汽车领域的一个知名品牌，2016 年总收入超过 70 亿美元，2017 年 4 月初市值首次突破 500 亿美元，超过了福特的 450 亿美元。

马斯克不仅用特斯拉重新定义了汽车，也用太阳能公司（SolarCity）创造了全新的太阳能产业商业模式，他还用太空探索技术公司（SpaceX）颠覆了航天火箭发射的传统。这位毕业于物理专业，集工程师和商业天才于一身的创业者，正在不断试图改变产业的游戏规则，这源于他独特的思维方式——"比较思维"只能带来细小的迭代式发展，而"第一原理"（First Principles）将带来颠覆性创新。

马斯克认为，运用第一原理思维而不用比较思维去思考问题是非常重要的。我们在生活中总是倾向于比较，即别人已经做过的或者正在做的事情我们也去做，这样的结果是只能产生细小的迭代发展。第一原理的思考方式是从物理学的角度看待世界的方法，也就是说要层层剥开事物的表象，看到里面的本质，然后再从本质一层层地往上走，但这要消耗大量的脑力。马斯克认为，比较思维总是以别人为参照，考虑的基准点是别人做到什么程度，然后考虑我比他强多少或差多少。第一原理是用物理学的角度看待世界的方法，只思考最底层的问题，只做与目标直接相关的事情。用马斯克的第一原理思维方式，我们就不难理解莱特兄弟发明固定翼飞机的成功，在此之前的很多飞机发明者想到的是模仿鸟类的翅膀制造扑翼机，只有莱特兄弟从空气动力学、流体力学出发，发明了固定翼飞机，实现了第一次成功的飞行。

特斯拉电动汽车有很多设计都出自第一原理。例如如何解决采用了

7 000多节动力电池的成本问题，马斯克和他的工程师从第一原理角度进行思考，将动力电池组的价格由早期的588美元/千瓦时降至80美元/千瓦时。

马斯克之所以能够吸引和集聚大批优秀人才追随其实现颠覆性的创新和突破，与特斯拉公司追求卓越的工程师文化密不可分，他执着地坚持工程师文化就是"做最好的产品"，公开鄙视商业中的惯常做法。传记作家阿什利·万斯在《硅谷钢铁侠：伊隆·马斯克的冒险人生》中是这样定义马斯克的："与时俱进的视野和执行力，结合了亨利·福特和约翰·洛克菲勒最好的特质。"特斯拉前首席财务官（CFO）赖安·波普认为，特斯拉之所以取得如此成就，完全是因为马斯克对产品不折不扣地坚持完美追求，带领团队不断解决所有的技术挑战。

马斯克建设人才团队还体现在他对团队执行力的要求上——使用"特种部队"完成工作。特斯拉的特种部队是以超人的速度完成任务，也就是特斯拉内部称为"特斯拉时间"的速度。例如，为应对2008年的金融危机，特斯拉工程师以超常速度研究和改造了Smart汽车，并获得了德国奔驰的认可和5 000万美元的合作协议合同，化解了危机。

特斯拉汽车人才队伍建设为我们带来的思考是：优秀的企业文化、有远见的领导者、杰出的工程师和永远挑战自我的精神，是特斯拉人才队伍建设的精髓。

首先，用第一原理确立"极客"的理想和目标，建立"特种部队"人才团队。马斯克每次创业都是从0到1颠覆式的创新，很自然地，极客工程师自愿加入他的团队去改变世界。特斯拉的极客文化的内涵是：一旦加盟特斯拉，就已经做好准备将自己的时间和能量都奉献于共同创造美好未来——"加速人类向可持续交通的转变"。

其次，低薪水、高压力也能招揽人才。在特斯拉，很多极客工程师，情愿接受低于谷歌和苹果等硅谷IT公司的薪水，以及特斯拉时间的挑战和压力。特斯拉的做法与谷歌和福特有很大的不同：谷歌和福特都提倡给最好的人才最优厚的薪酬待遇，但是特斯拉的工资水平在硅谷是明显低于苹果和谷歌这些IT公司的。特斯拉产品需求和受欢迎指数都在增长，能够给员工带来满足感和成就感，这就是特斯拉集聚人才的秘诀。

（四）中车和华为国际化人才培养的启示

中车集团于 2016 年启动了全球鹰国际人才项目，在集团倡导各个职能部门积极开展国际化人才建设。他们认为，要赢得市场，专业技术能力是必备武器，然而并非充分条件。中车在国际化人才建设上高屋建瓴，认为国际化人才不仅仅是专业技术的人才、商业上的人才，也是在国际化环境下会生活的人才。

在中车株洲所的国际化人才项目中，除专业技术以外，他们认为下列能力是一个就职于追求国际化发展企业的员工必须具备的：国际语言交流能力；跨国文化认知、沟通和融入能力（他国文化、宗教信仰、风俗习惯等的融会贯通）；宏观政治经济感知能力；国际法律法规及落地国法律法规掌握能力；海外安全与生存应急处理能力；问题解决能力。

华为作为中国的创新代表和最早在全球范围运营的跨国企业，于 1996 年就启动了全球化战略。他们认为，企业的核心竞争力与国际化战略有很大的相通性。在华为的国际化战略中，对人才培养给予以下方面的关注：与所在国有影响力的高校合作，录用本土优秀人才；利用各种国际化技术和人才交流项目，培养优秀的专业人才；与跨领域人才（如金融界）展开有利的合作，培养优秀的跨领域人才。

三、被重新定义的汽车和汽车人才

（一）被重新定义的汽车

2017 年，是苹果公司的 iPhone 诞生十周年。这十年也是智能手机颠覆传统功能手机的十年。回想十年前，诺基亚无疑是这个领域的巨无霸，是手机创新的代言人，一度占据了全球手机市场份额的 42%、智能手机市场的 80% 以上。其王者地位之所以能够被苹果公司终结，就是因为乔布斯重新定义了手机：计算机 + 移动电话。作为曾经的 PC、MacOS 操作系统的发明者和 RISCCPU 巨头 ARM 公司的大股东，苹果公司凭借自己的实力，成功挑战了曾经的功能手机巨头诺基亚和摩托罗拉，从此改变了世界。

与乔布斯多年前重新定义手机一样，现在也有一群人正在试图重新定义汽车：也许是"计算机+汽车"，或是"机器人+汽车"。从 2009 年开始开发自动驾驶汽车的谷歌公司将汽车定义为"计算机+汽车的智能汽车"，即一种通过电脑系统实现无人驾驶的智能汽车。从 2003 年开始涉足汽车领域的特斯拉将汽车定义为"互联网+电动汽车"。此外，Uber、百度等在汽车之外的领域有着辉煌成就的商业巨头也都在试图对汽车做出他们的新解读，留给汽车业的问题是：传统汽车会不会像功能手机那样被取代，成为"公路计算机"，或者"公路机器人"。

汽车被重新定义无疑不是空穴来风，越来越多的工业领域发展因各种原因而滞缓是其中之一，而其中之二是社会对汽车消费的需求日新月异，车联网和无人驾驶成为芯片产业新的蓝海，为英特尔、高通、英伟达等企业的发展吹响了集结号。

加入对汽车重新定义行列的，还有老牌汽车企业丰田，它对未来汽车的判断从氢动力汽车 Mirai 上市就已经可以看出。或许丰田将在继混合动力后又定义和制定新能源汽车的规则，对此我们无须惊讶，丰田正是在对传统产品不断给予新的定义中发展起来的。作为曾经一家强大的自动化和机器人公司，2016 年丰田收购了原硅谷旗下的机器人公司波士顿动力，也许真的有一天丰田会把未来汽车定义成"公路机器人"。

我们还可以举出许多跨国企业对未来汽车的新定义，但不管如何定义，未来的汽车产业都需要更多具有战略远见的企业家，更多具有专业特长的软硬件工程师、人工智能技术人才和高技能的产业工人。

（二）被重新定义的企业家：掌握第一原理思维方式

互联网 IT 行业的铁律是：马太效应，赢者通吃；排名第三就意味着死亡。以互联网金融的移动支付为例，阿里巴巴的支付宝和腾讯的微信占到了约 93% 的市场份额，占领手机入口的苹果、三星和华为都不到 1% 的份额。再看智能手机产业，2015 年，苹果手机的市场份额为 17.2%，排名第二，利润高居行业前列；三星手机的市场份额为 20%，排名第一，利润占全行业的 14%；除了苹果和三星外，其他厂商全部亏损。

可以预见的是，随着汽车的智能网联化、IT 化，未来汽车产业也会出现赢者通吃的马太效应！可能未来的新能源电动汽车品牌不会超过三家，肯定不会像传统燃油汽车有那么多品牌存在了。因此，在未来的汽车产业里，只有像乔布斯、马斯克这样能运用第一原理思维方式，推动颠覆性创新的企业家才能生存。

汽车产业未来的企业家应该具备两个重要素质：

（1）能够洞见未来，具有追求突变的远见卓识。伟大的企业家都是能做出超越数据、超越当下的决策，就像乔布斯所说的"顾客不知道自己想要什么（People don't know what they want）"。亨利·福特也曾经说过："如果我问顾客想要什么，他们可能会说自己想要一匹快马。"

（2）能慧眼识才和用才。要实现颠覆性创新必须找到第一流的科学家和工程师，就像谷歌找到特伦。"我知道他们是谁，也知道如何找到他们"是未来的企业家的一个重要素质。

（三）被重新定义的工程技术人才：懂得融合和分享

在智能网联时代，汽车工程技术人员会面临一系列新的科学和工程问题的挑战，需要更高的素质和能力去适应产业和产品的变化。

（1）跨学科交叉融合的能力。智能网联汽车必将运用大量传感器、物联网、通信、软件开发、人工智能等前沿技术。未来的优秀汽车工程师不仅要掌握传统的汽车机械、材料、电子技术，而且要和新技术复合交叉，才能解决新的无人驾驶、人机交互等工程问题。

（2）自由、开放和分享的精神。特斯拉汽车之所以能成功，是因为继承了硅谷自由、开发和分享的精神。在传统汽车产业，大家都是"闭门造车"，汽车工程人才顶多是在行业会议上或者论坛里分享交流，从来没有像IT界一样有Linux的开源软件技术、有gitHub的开源软件平台、有人工智能最前沿的技术在arXiv.org数据库里分享。未来的汽车工程人才越来越多的软件化和人工智能化，必然会更具自由、开放和分享的精神。

（3）自我驱动、自我学习的能力。可以预见，未来汽车工程技术的更新速度会越来越快。看看移动手机通信技术，从模拟1G，到数字2G、3G和4G，乃至未来5G，更新的速度越来越快，技术的生命周期越来越短，不具备终身学习能力的工程师，将很快被产业技术进步所淘汰。

（四）被重新定义的高技能人才：专注于细节

某互联网大咖在大数据论坛上发表了自己对优秀人才的定义："我所认识的优秀人才，都善于抓工作重点、总结工作方法，同时坚持在某个细分领域日复一日地死磕。"其实，这个优秀人才标准，适合企业家人才、工程技术人才，但更适合汽车产业的高技能人才，这种专注的死磕精神就是我们常说的"工匠精神"。

在汽车产业的材料、加工工艺等领域，很少是从0到1的颠覆式创新，而是从n到$n+1$的迭代式创新，这就需要更专注、更专业的高技能人才。

（1）专注地单纯地做好一件事，也就是"10 000小时定律"。高技能人才要树立成为顶尖级专家的目标，还要有为此目标而努力的精神动力，能持续不断刻意进行有目标的训练。

（2）不求眼前功利，排除环境干扰。当今社会心浮气躁，很多人追求"短、平、快"，争当风口的"猪"，想一夜暴富。而高技能人才，需要不图眼前的名利，排除外界浮躁的干扰，一心想把技术做好。

四、加快汽车人才队伍建设的途径

放眼未来，汽车电动化、智能化的趋势已不可阻挡。汽车产业和电子信息产业不断地跨界融合，促使一批批外来新势力进入汽车领域，新的技术研发、产品开发方式和生产组织模式也由此而产生。技术研究方式的改变，让高校、研究机构和企业研发中心的分工既清晰又交织，合作也更加紧密；汽车产品开发方式的改变，让更多具有专业特长的中小型设计公司进入企业产品开发的重要环节，成为其重要的支撑力量；生产方式的改变，让整车企业和零部件总成企业对供应链的依赖程度进一步提高，上下游企业之间不再是附属关系，而成为战略伙伴关系。这些改变，最终将影响到企业人才队伍的结构，企业不再需要对每个专业领域进行系统且规模化的人才布局，更多的是依靠集成和协同实现自己的目标。

1. 以"问题导向"方式打造专业技术人才队伍

实践出真知，实践出人才！用工程问题、项目难点、技术攻关等实践问题，创造专业技术人才成长和成功的舞台，形成优秀工程人才脱颖而出的工程实践选拔机制。

发现能量守恒定律和热力学第一定律的英国人焦耳（James Prescott Joule），其真实的职业是酿酒工程师和啤酒厂老板，科学研究只是他的业余爱好。焦耳之所以发现能量守恒定律，只是因为他一直在解决如何在酿酒生产中降低煤炭使用量（即提高煤炭酿酒效率）。由于他精于酿酒，掌握了精确的温度测量技术（超过同时代的物理学家），从而发现了能量转化的规律。

量子力学的创始人马克斯·普朗克和爱因斯坦被称为20世纪最伟大的两名物理学家。在1879年爱迪生发明了白炽灯并使其投入大规模商用之后，普朗克从1894年起开始了为提高白炽灯发光效率的黑体辐射问题研究，并于1900年发现普朗克辐射定律。

第一位获得诺贝尔自然科学奖项的中国本土科学家屠呦呦，其投入抗疟新药——青蒿素和双氢青蒿素开发的目的是解决当时的抗疟问题，对"疟疾杀手"的攻关锻炼造就了屠呦呦这样的卓越人才。

"问题导向"中的问题应该首先来自汽车工程实践，焦耳、普朗克和屠呦呦的成功都是来自对实践问题的解决，而不是著名科学家、专家和领导的规划。与之相同的，还有像美国"阿波罗"登月工程这种军备竞赛催生的卡尔曼滤波、无线通信等方面的大量技术和优秀人才。

在以"问题导向"打造人才队伍的过程中，还必须理性看待科学与技术的差异性问题。随着中国的国力日益强盛，中国在基础科学研究方面进步明显，中国学者在《自然》（Nature）、《科学》（Science）等国际顶尖学术期刊发表的高水平论文也越来越多，但这些理论成就并没有很好地被用于实践问题的解决。美国国家工程院院士、中国计算机学会海外理事、普林斯顿大学教授李凯认为[①]，中国政府在科技领域采取的科学研究和技术创新合二为一的体制，混淆和忽视了科研和技术的基本概念和发展规律，使政府对高科技的科研经费投入效果很差，对高端人才以及对技术研发与创新管理和支持不合理，这是中国在高科技领域的高价值产业发展缓慢的主要原因。对汽车

---

① 李凯. 促进中国高科技科研创新的想法［J］. 中国计算机学会通讯，2014（6）.

产业的启示是：未来不仅要加大基础科学研究的投入，让钱变成理论知识，更要加大在技术创新领域的投入，通过理论成果的产业化，让理论知识变成钱，进而反哺产业发展。

2. 赋予技术专家更多的"前线指挥权"

"学而优则仕"是我们长期以来的传统。在传统观念下管理的企业，员工往往也只能通过做"官"才能获得更好的待遇，尽管目前一些企业注意到这个问题，但远没有彻底解决。技术专家在做"官"后必定会将一部分精力用于业务管理，好处是对团队有了更大的指挥权，可以做更多自己想做的事情，但也在一定程度上阻滞了个人技术能力的进一步发挥，埋没了技术人才。

因此，在工程技术人才队伍建设上首先要做到的是提倡"学而优则技"。让技术专家继续安心在专业领域发展，确保他们的待遇，企业只有真心实意地尊重专家和尊重技术才会有更好的发展。

另外，应当让技术专家站在一线。华为在商业上的成功就是因为应用了这一原则。华为总裁任正非曾说过"让前线呼唤炮火"，提出业务指挥权要不断前移，让优秀将领不断走向业务前线，因地制宜地做出决策。类似华为的做法已经在一些民营车企的研究院里得到了实施，它们把研究院的专家放到研发和生产的前线，不仅参与或负责指挥产品研发、设计、制造，同时也在供应商的选择匹配上拥有很大的决定权。

3. 中国工程院应当拥有更多能够解决重大问题的企业工程师

2017年2月8日，美国国家工程院公布了新当选的院士名单。在84名美国籍院士中，来自大学的42名（占50%）、商业企业的37名（占44%）、研究机构的5名（占6%）。对比我国2015年中国工程院院士名单，在70名中国籍院士中，来自大学的34名（占49%）、企业和医院的21名（占30%）、研究机构的15名（占21%）。由于美国另设国家医学院院士，所以如果中国工程院在剔除医药卫生学部后，来自企业的工程院院士就仅占21%了。

美国国家工程院院士的评选采取的是多看成就、少看资历的原则，只要在工程研发、工程技术创新、工程教育上解决过重大问题，做出过杰出贡献的工程师、学者、教育家都可以当选国家工程院院士。比较之下的中国工程院,在一定程度上是以科学家的标准评选工程院院士,大量在工业界取得巨大成就的工程师难以当选中国工程院院士。

由此可以得出以下结论:美国国家工程院院士的组成结构从大到小依次是企业、大学、研究机构,而中国工程院则是大学、研究机构、企业。因此也可以让我们更深入理解,美国为什么能够做到理论研究与科技转化、工程实践并举,而中国却一直无法摆脱"重理论轻实践"的思维模式,工程实践和科技转化能力薄弱。为此,中国需要进一步明确中国工程院院士的职业定位,即工程师职业的最高荣誉,以区别于中国科学院科学家的职业定位。

4. 建设高水平的经营管理人才队伍

一流企业家集聚一流人才,三流企业家很难招募到顶尖人才,更难留住一流人才。中国汽车产业要由大国向强国转型,必须依靠能实现从 0 到 1 的颠覆性创新的企业家,从 n 到 $n+1$ 的企业家可以实现汽车大国的使命,实现汽车强国必须做出颠覆性的"硬科技"。

全社会和政府支持企业家发展"硬科技"。近年来我们鼓励大众创业、万众创新,但是我们的大多数创新还停留在商业模式上,或者是技术模仿上,技术含量不高,比如很多"伪共享经济"创新,几乎看不到我们有从 0 到 1 的颠覆性创新。在未来汽车产业里商业模式和技术模仿性创新应该更多地被推向市场,"不抄作业"、颠覆性"硬科技"得到更多的资源支持,给这些企业家更多的扶持。

让企业家愿意招募科学家,打造技术生态链。在 PC 时代,英特尔和微软在处理器和操作系统上,构建了 Wintel 技术生态。如果硬件厂商没有英特尔的 X86 技术授权,其他处理器、主板厂商由于兼容性问题都不可能有市场。同样,软件厂商也必须得到 Windows 的开发接口,否则同样会被逐出 PC 软件市场。手机技术生态链也是一样,硬件生态链是 ARM、高通打造的,操作系统软件平台是谷歌的 Android 和苹果的 iOS 打造的。在智能网联时代,一定会像 PC 和智能手机一样形成新的生态链,产生新的硬件和软件技术生态。我们要鼓励企业招募科学家,去探索未知的领域,树立新的技术标准,打造新的智能网联技术生态链,实现产业升级和转型。

争取汽车"核芯"的入场券——我们需要有汽车产业的"台积电、联发科"。在汽车技术生态中,汽车半导体中的处理器芯片和传感器处于技术生态的绝对上游,是我国的行业空白。如果没有台积电和联发科,很难想象华为、OPPO、小米的手机能这么快发展起来。汽车行业,尤其是大型车企集团和零部件企业,应该学习华为扶持海思半导体研发麒麟处理器的做法,自力更生研制自己的汽车半导体核心产品。

在管理者的能力提升方面,最需要关注的是掌握"摩尔定律"。比尔·盖茨曾经对通用汽车公司的老板说:"如果汽车工业能够像计算机领域一样发展,那么今天,买一辆汽车只需要25美元。"在汽车将被重新定义的时代,跟不上摩尔定律的汽车企业可能会面临淘汰。

可以肯定的是,未来十年是汽车产业技术突变、飞升的转折期,智能化、互联网、无人驾驶等新技术必定层出不穷,技术的突破带来的产品迭代,是其他任何营销管理、品牌建设、资本运作能力所不能弥补或取代的,就像任何的商业模式和管理创新都不能阻挡汽车取代马车那样。因此,管理层、首席技术官(CTO)或是技术总监的技术管理能力将在未来决定汽车零部件企业、整车企业的最终命运。

随着汽车产业智能网联的发展趋势,行业的技术更新和产品迭代必然从以往制造业的慢速周期,加快提升至IT产业的高速频率(摩尔定律)。汽车企业必须把最新的科技成果尽快地转化为现实的产品,以推动自身技术进步,维持经济效益,保证企业健康生存。

全行业要重视首席技术官和技术总监的技术管理能力,从而建立科学的技术管理体系,有计划地、合理地利用企业技术力量和资源,高效地进行技术开发、产品开发、技术改造、技术合作和技术转让,以满足汽车行业的"摩尔定律"。

5. 让工程教育跟上时代的发展

如前所述,汽车重新被定义,让汽车产业进入物联网、大数据、云计算、人工智能的时代,"汽车+互联网+交通"和"汽车+互联网+分布式能源"等业态的出现,对汽车人才提出了新要求。与之相伴的,还有工业4.0和工业互联网升级影响之下的人才短缺问题。

我国拥有世界上最大规模的工程教育,但是绝大多数工程专业培养的人才是在传统汽车和传统生产方式理念之下培养的。从目前的大学生就业情况看，大数据、云计算、网络空间安全、机器人、人工智能等专业的毕业生供需比达到1:10，工程教育培养人才的数量和质量远不能跟上汽车行业的人才需求，主要体现下以下三个方面。

（1）工科学科和专业设置不合理。我国工程教育长期沉溺于单一专业，譬如机械工程、计算机等专业，特点是学生有较强的专业深度，但知识面不够宽，难以应对汽车产业跨行业、跨学科融合交叉的发展需要。以汽车软件人才为例，对于自动驾驶汽车，汽车软件的代码将是千万行和上亿行数量级的，更不要说汽车网联的软件人才了。汽车软件人才将是今后中长期紧缺的专业人才已经成为不争的事实，预计缺口还以每年20%左右的速度在增长，这一状况不改变，必将严重阻碍中国汽车产业智能化、网联化的进程。

（2）专业知识技能落后于产业水平。工程教育的专业水平落后体现在软件和硬件两个方面。软件方面最主要的问题是师资力量。我们的专业老师很多没有企业工作经历，鲜有来自工业界的老师，老师的专业技能和知识结构本身就和工业界的先进水平脱节，因此培养出来的毕业生不能满足汽车产业实际工作的要求。硬件方面就是工程教育的硬件落后。以数控机床操作工为例，许多高校用于学生生产实习的设备远远落后于企业实际应用的设备，用人单位不得不在毕业生上岗后进行重新培训。

（3）对学生探究能力的培养不够。在毕业生走上工作岗位之后，遇到的实际工程问题大都是未知的，没有人能立刻说出正确答案，只能去试错寻找答案，即"工程迷宫"问题。如果技术人员知道哪些是错误的，那么他就能够快速排错，就有更大的可能性和以更快的速度找到正确的解决方案。工程技术就是从不断的错误（失败）中找到正确（成功）的方案。因此，对于培养满足未来发展需要的工程技术人员来说，我们的工程教育不仅应该教会学生哪些是对的，更要花精力告诉学生哪些是错的，为什么是错的，真正做到"知其然，知其所以然"，提高后备人才解决实际工程问题的能力。

技艺精湛的人才队伍还包括高技能人才，他们是未来汽车产业工人大军的骨干。为了他们的成长，我们首先要做的是提升学校、企业的技术技能的培训水平，加快教学培训的软件、硬件条件的改善，以适应汽车产业未来工业4.0、工业互联网化的升级。其次是在企业层面应设计更人性化的技能人才职业通道，消除技能人才上升的"天花板"，从而鼓励技能人才潜心静气地向"大国工匠"发展，涌现更多汽车产业的工匠。最后，要切实提高技能人才的收入，解决后顾之忧。

6. 在科技成果的转化中培养人

随着中国国力的日益强盛，以及科研经费的持续增加，中国基础科学研究进步明显，在国际顶尖学术期刊（以《自然》《科学》为代表）上，中国学者发表的高水平学术论文也越来越多。但是与之相反，我们国家的科技转换即产业化能力还相当薄弱，形成了科学研究的巨人与技术产业化的矮子的不平衡发展的局面。

美国国家工程院院士、普林斯顿大学教授李凯在《促进中国高科技科研创新的想法》一文中指出：缺少高端人才以及对技术研发与创新的不合理管理和支持，是中国在高科技领域的高价值产业发展缓慢的主要原因。

从汽车产业来看，我们一直在加大基础科学研究（钱变理论知识）的投入，但是在技术创新领域（理论知识变钱，技术产业化）则投入不足。以博世和爱信精机为例，它们之所以能够成为世界顶级的高压共轨系统和自动变速箱的供应商，是因为技术领先带来的高额利润，确保了高额且持续的技术人才投入和研发经费投入，形成高投入高回报的良性循环圈。相比中国，汽车的营利水平影响到再投入的能力。

目前我国汽车产业研发人才的发展瓶颈还体现在行业对人才的吸引力上，未来汽车产业可能面临"后继无人"的工程师危机。从最近三年我国高考的热门专业来看，中国大学生的热门专业前三甲是电子工程、计算机科学和工商管理专业。IT 行业中的 BAT（B 为百度、A 为阿里巴巴、T 为腾讯）和行业管理者是未来大学生的首选，而不是汽车行业。从工程师待遇来看，以杭州 IT 互联网行业工程师的薪酬为例：2 年以下工作经验，8 000 ~ 20 000 元/月；2 ~ 5 年工作经验，15 000 ~ 45 000 元/月；5 年以上工作经验，高于 40 000 元/月。即便是汽车业内待遇高的上汽集团，也不能提供如此高的薪酬待遇，所以抢不到行业中最优秀的软硬件工程师。

我国汽车产业研发人才的最短板是汽车半导体人才。当前汽车 80% 的创新依赖于汽车电子半导体，尤其在汽车网络化智能化的时代，未来对汽车半导体人才的依赖性可能还会继续上升。当前,半导体芯片已经超过石油成为我国第一大进口商品。2014年全球半导体市场规模达3 200亿美元,全球54%的芯片出口到中国,但国产芯片占国内市场的份额仅为10%。以手机行业为例,全球77%的手机是中国制造的,但其中不到3%的手机芯片是国产的。尽管如此,在消费电子半导体行业,我们国家还有海思、紫光展锐、中兴微等一批半导体企业,而在汽车电子行业,99%的市场份额被国外汽车半导体企业所占据,我们只能进口恩智浦、英飞凌(Infineon)、瑞萨(Renesas)、意法(ST)的半导体芯片。汽车半导体的人才短板,将制约我国的汽车产业停留在"傻大黑粗"的低端制造水平,影响未来产业的提升。

7. 让管理跟上时代发展的步伐

每个人生活环境的差异,决定了其行为方式的不同。目前,"70后"已经成为汽车行业的中坚力量,优秀的"80后"开始进入领导岗位,"90后"开始走上工作岗位,他们的特点是从小成长在无拘无束的环境中,家庭和社会给予了他们无微不至的关照,社会的快速发展使其具有更开放的思想,知识丰富且敢想敢干,强调自我个性的张扬,对企业的管理制度不再是被动执行,有强烈的反叛意识。面对他们,需要变革管理方式和手段,在未来汽车产业后备人才的竞争不仅是和同行竞争,更是与IT、金融等其他热门行业的竞争。

(1)企业和人才要成为联盟关系,而非雇佣关系。"90后"不服从上级,拒绝沟通,一言不合就走人,传统的上下级雇佣管理关系将很难适用。应该将雇主与员工之间的劳动工资商业交易转变为互惠互利关系——相互为对方增加价值的关系。从合作时间上看,不求"白头到老",只求"曾经拥有",即在合同期内的合作盟友。

(2)强化"90后""00后"人才的自我驱动和自我学习能力。某互联网机构调查"90后"离职原因时发现,第一大原因是"学不到东西,没有上升空间"。高生活追求、高个人奋斗是"90后"的主要特点,解决问题的最好方式就是激励他们个人奋斗。

第五章

中国汽车制造业中长期发展人才需求预测

一、国外汽车制造业人力资源发展现状

（一）欧盟

在欧盟，汽车产业通常是指机动车、挂车和半挂车制造业，其中包括机动车制造、机动车的车身（车身设计）和机动车零部件和配件制造。汽车行业还与橡胶制品制造业相关，更具体地说是橡胶轮胎和管材制造——翻新和改造橡胶轮胎。

作为欧洲经济发展的主要动力之一，汽车产业的经济规模约占欧盟GDP的7%，占总增值的8%，为1 200万名工人提供了就业岗位。

根据欧洲技能委员会（European Sector Skills Council）所提供的2012年数据，在与汽车产业相关的20 809家企业中，从业人员超过228万人，总增值1 590亿欧元（表5.1）。其中，德国作为汽车发源地之一，汽车人才总量丰富，占欧盟的36%，汽车制造业从业人员达到81万人。法国紧随其后，有超过20万名的汽车制造业从业人员，占欧盟的11%。除德国和法国外，对于历史上汽车产业曾经在经济发展中占有重要地位的捷克、西班牙、意大利、波兰、罗马尼亚和英国，也有超过10万名的汽车制造业从业人员。但非主要汽车生产国的丹麦、爱沙尼亚、爱尔兰、希腊、克罗地亚、塞浦路斯、拉脱维亚和立陶宛等国家，则是欧盟汽车制造业的人才洼地，各国仅有不足5 000名从业人员。

表5.1　欧盟28国2012年汽车产业从业人员数量　　　　　　　　　　　　　　　人

国家	就业人员数量	国家	就业人员数量
欧盟28国合计：2 289 825			
德国	812 514	奥地利	31 555
法国	243 779	荷兰	19 527
意大利	162 865	克罗地亚	1 991
波兰	156 865	斯洛文尼亚	12 970
捷克	143 227	希腊	2 843
英国	135 070	芬兰	7 548
西班牙	134 605	丹麦	4 861
罗马尼亚	131 084	保加利亚	12 790
匈牙利	69 245	塞浦路斯	157
瑞典	66 836	爱沙尼亚	3 514
斯洛伐克	61 571	爱尔兰	2 808
比利时	38 432	立陶宛	1 657
葡萄牙	30 021	拉脱维亚	1 490
卢森堡	—	马耳他	—

资料来源：Skill Council Automotive Report 2016。

同时，欧盟各国在汽车制造业中的侧重点不同也导致了汽车人才分布带有明显的职业特点。如表5.2所示，机动车的车身（车身设计）的从业人员数量远低于机动车制造和机动车零部件和配件制造。在一些成员国，特别是中欧和东欧国家——匈牙利、波兰、罗马尼亚和斯洛伐克更注重机动车零部件和配件的生产，因此从业人员的数量远超机动车制造的从业人员数量。

表5.2　欧盟28国2012年汽车制造业从业人员数量分布　　　　　　　　　　　人

国家	汽车产业[注]	机动车制造	机动车的车身（车身设计）	机动车零部件和配件制造
欧盟28国	2 289 824	967 261	154 639	1 045 039
比利时	38 432	21 453	4 610	12 369
保加利亚	12 790	0	249	12 541
捷克	143 227	34 565	3 600	105 062
丹麦	4 861	—	1 684	—

续表

国家	汽车产业[注]	机动车制造	机动车的车身（车身设计）	机动车零部件和配件制造
德国	812 514	495 359	43 082	274 073
爱沙尼亚	3 514	—	—	2 894
爱尔兰	2 808	—	—	2 370
希腊	2 843	487	1 115	1 241
西班牙	134 604	60 252	9 287	65 066
法国	243 779	137 115	24 103	82 561
克罗地亚	1 991	—	—	1 529
意大利	162 865	60 124	12 000	90 741
塞浦路斯	157	0	76	81
拉脱维亚	1 489	189	477	824
立陶宛	1 657	101	543	1 013
卢森堡	—	0	358	—
匈牙利	69 245	14 725	3 013	51 507
马耳他	—	0	0	—
荷兰	19 528	9 022	6 071	4 434
奥地利	31 555	14 081	3 981	13 493
波兰	156 865	30 375	9 180	117 310
葡萄牙	30 021	5 702	2 355	21 964
罗马尼亚	131 084	18 287	1 684	111 113
斯洛文尼亚	12 970	2 351	1 509	9 110
斯洛伐克	61 571	16 256	1 482	43 833
芬兰	7 548	2 339	3 855	1 354
瑞典	66 836	44 478	3 802	18 556
英国	135 070	—	16 523	—

注：汽车产业含机动车、挂车和半挂车。
资料来源：Skill Council Automotive Report 2016。

与汽车产业相关的橡胶制品制造业在欧盟有 33 万名从业人员（表

5.3）。其中德国、法国、意大利和波兰的从业人员最多，分别是7.6万人、5.1万人、4.0万人和3.5万人；然后是西班牙（2.2万人）、英国（2.2万人）、捷克（2.0万人）、罗马尼亚（1.4万人）和匈牙利（1.1万人）；其他成员国的从业人员数量均不足1万人。总体趋势是喜忧参半。

表5.3　欧盟28国2016年橡胶制品制造业从业人员数量　　　　　　　　　人

国家	从业人员数量	国家	从业人员数量
欧盟28国合计：330 076人			
比利时	2 415	立陶宛	540
保加利亚	3 496	卢森堡	—
捷克	19 564	匈牙利	10 988
丹麦	832	马耳他	—
德国	75 516	荷兰	3 303
爱沙尼亚	796	奥地利	2 099
爱尔兰	593	波兰	34 891
希腊	1 142	葡萄牙	4 999
西班牙	22 036	罗马尼亚	14 056
法国	50 939	斯洛文尼亚	3 251
克罗地亚	978	斯洛伐克	7 588
意大利	39 946	芬兰	2 503
塞浦路斯	17	瑞典	5 408
拉脱维亚	256	英国	21 924

资料来源：Skill Council Automotive Report 2016。

（二）美国

美国作为全球最重要的汽车生产国和消费国之一，汽车产业人才资源丰富。根据美国劳工统计局2016年所公布的数据，汽车及相关产业为美国带来383.7万个就业岗位，其中机动车与零部件制造业的从业人员94万人，机动车批发与零售业的从业人员231.7万人,汽车维修业从业人员91.3万人,具体数据如表5.4所示。

表5.4 美国2016年汽车产业从业人员数量分布　　　　　　　　　　　　万人

汽车行业分类	从业人数	汽车行业细分	从业人数
机动车与零部件制造	94.0	机动车整车制造	21.0
		机动车车身与拖车制造	15.0
		机动车零部件制造	58.0
机动车批发贸易	33.2	机动车整车与零部件批发贸易	33.2
机动车零售	198.5	汽车经销商	128.2
		其他机动车经销商	15.4
		汽车零部件、配件和轮胎商家	54.9
其他服务	91.3	汽车维修	91.3

资料来源:美国劳工统计局2016年公布的数据。

(三)日本

日本汽车工业协会根据总务省的《劳动力调查(2016年平均)》、经济产业省的《2014年工业统计表》和《2014年延长产业联系表》,发布了日本2016年汽车产业相关从业人员数据。2016年,汽车产业相关从业人员达到534万人,占全国就业人口的8.3%。其中汽车生产部门81.4万人,汽车使用部门269.4万人,汽车关联部门34.9万人,物资材料部门45.6万人,销售与维修部门103.1万人,具体数据如表5.5所示。

表5.5 日本2016年汽车产业从业人员数量分布　　　　　　　　　　　　万人

汽车行业分类	从业人数	汽车行业细分	从业人数
汽车生产部门	81.4	汽车制造业(含二轮机动车)	18.8
		机动车车身与挂车制造业	1.7
		汽车车零部件及配件制造业	60.9

续表

汽车行业分类	从业人数	汽车行业细分	从业人数
汽车使用部门	269.4	公路货运业	171.4
		公路客运业	56.0
		运输配套服务业	37.1
		汽车租赁业	4.9
汽车关联部门	34.9	加油站	33.6
		财产保险	1.2
		汽车回收再利用	0.1
物资材料部门	45.6	机电设备制造业	6.6
		有色金属制造业	2.2
		钢铁业	13.0
		金属制品制造业	4.1
		化学工业（含涂料）、纺织工业、炼油业	3.1
		塑料、橡胶、玻璃	13.9
		电子元器件制造业	2.1
		生产用机械设备制造业	0.6
销售与维修部门	103.1	汽车零售业	57.7
		汽车批发业	19.0
		汽车维修业	26.4

资料来源：日本汽车工业协会数据。

二、国外汽车制造业人才发展趋势

在新一轮科技革命和产业变革的趋势下，数字化、网络化、智能化已经成为汽车产业发展的方向，全方位变革下的汽车产业对于人才的需求已经发生重大改变。

（一）美国汽车产业数字化革命对人才需求的影响

从消费端看，智能网联汽车、无人驾驶汽车等新的商业模式是汽车行业数字化革命的一个体现。从生产端来看，伴随着新一代信息技术的应用，物理对象被无缝地集成到信息网络，智能机器、生产系统和流程通过互联网相互链接，形成一个复杂的网络，现实世界正在向庞大的信息系统转变，工业加快进入4.0时代。届时，生产价值的创造不仅仅局限在工厂本身，而是分散在整个链条，从最初的产品开发（通过虚拟原型测试或3D打印），到供应链管理、物流等，这不仅有利于优化生产能力，而且能更好地平衡工厂和人员部署。汽车行业的数字工厂应运而生。

数字工厂将为汽车企业生产更优质的产品，包括更多的产品种类、更低的次品率、更短的交付时间和更低的成本。弗劳恩霍夫协会认为，数字工厂可节约10%~20%的成本。因此，数字工厂发展首先带来的是显著提升生产效率，具体来说：①通过采用先进的机器人，提高设备综合效率和员工灵活性，制造成本将降低10%~20%；②通过采用更加自动化的物流设备，物流成本将降低10%~20%。③通过降低安全库存和牛鞭效应①，库存量将降低30%~50%；④通过实时监测，质量成本将降低10%~20%；⑤通过优化零部件库存和动态调整客户优先级，售后维修服务的收益将提高10%~20%。

数字工厂的发展无疑对汽车产业人才提出了新要求。在数字工厂中，工作计划、生产、监控和维护等环节将发生变化。工作计划将在虚拟环境中通过建模的形式做出，流水线机器人需要物理维护，并通过软件补丁来升级，这就需要拥有机械工程、软件设计等知识的高技能人才，他们需要通过先进算法、分析、机器自适应等来优化生产。监控和维修环节，远程监控和大数据分析的使用将目前的定期预防性维修转变为预测性维修，这就需要工程师和数据分析师来提前预知机器人何时停止工作，并在更大的破坏和故障发生之前进行维修，以减少生产停机时间和成本。也就是说，工人的角色将从简单的操作机器转变为监测和维护机器人，负责多个工作岗位和不同生产线。

---

① 牛鞭效应：是指最终客户的需求信息在沿供应链向上游逐级传递的过程中，由于无法有效实现共享，信息扭曲程度逐级放大，从而波动越来越大的现象。

可见，随着数字工厂的建设，美国汽车产业的人才需求发生了极大的转变，不仅需要大量的科学、技术、工程和数学（STEM）学位的专业技术人才，还需要掌握信息化技能并能够快速应对不同突发情况的高技能人才，如表 5.6 所示。

表 5.6　现在与未来汽车行业工人的对比

项目	现在自动化工厂的工人	未来数字工厂的工人
日常工作	1. 直接创造价值 2. 手把手操作机器 3. 特定时间在一个生产过程工作	1. 间接创造价值 2. 监测机器人和生产过程 3. 同时在不同生产过程工作
所需技能	1. 机械技能 2. 熟练操作特定工作，如焊接等	1. 信息处理技术 2. 监测机器设备 3. 数据分析/过程分析

（二）欧盟汽车产业七大变革对人才需求的影响

欧洲汽车技能委员会[①]提出，"先进制造工艺""先进材料""复杂的全球供应链""生命周期设计、污染预防和产品可回收性""主动安全技术、自动驾驶和网络连通性""脱碳、混合性和电气化技术""消费者需求的演变"七个领域会成为未来汽车行业发生变革的推动因素，对从汽车产品开发到报废所有环节的从业者提出了新的要求，包括技术人员、生产人员、维修人员和供应链管理者等。

1. 先进制造工艺

汽车行业的企业正面临着先进制造领域的不断发展，将技术研究成果整合到制造产品和工艺中并不稀奇，然而新颖之处在于主要由数字化带来的复杂程度，以及引入这些变化的速度。产品在设计和技术复杂性方面更复杂，工艺则越来越依赖于复杂的计算机技术，例如，计算机辅助设计（CAD）、

---

① 欧洲汽车技能委员会：由汽车行业雇主和工会、欧洲汽车零部件供应商协会（CLEPA）、欧洲轮胎和橡胶制造商协会（ETRMA）及 IndustriALL 的代表组成。委员会的成员来自 13 个不同的成员国，代表了国家部门技能委员会、雇主组织、工会、培训机构和研究机构。

计算机辅助工程（CAE）和计算机辅助制造（CAM）。

自动化，作为制造工艺的一部分，使用各种控制系统操作设备，这在汽车行业当然不是新鲜事物，但引入机器人技术则具有新的意义，汽车制造工艺的某些岗位的人员被机器人取代。《麦肯锡季刊》在最近的一项研究中提出，就近期或者中期而言，很少有职业会被全部自动化，重点是某些生产活动的自动化。自动化不仅会对低技能的低薪员工产生影响，还会影响部分高薪员工。许多工作和工艺都需要重新定义，以充分利用自动化提供的潜力。

由于下述原因，未来操作人员的数量可能会减少：存在模块化生产趋势，现成的模块被单个零部件所取代；平台战略的中心地位、动力总成标准化和汽车的隐形部分；电气化和数字化；更换复杂的电子元件以安装现成部件；生产工艺的数字化和自动化。

有专家认为，先进制造工艺将对维修技师的工作产生重大影响。精益系统需要高效的物料计划，生产和物流之间有非常密切的联系。技术发展需要娴熟的技术人员，他们了解不同技术子流程之间的因果关系，并意识到新设备直接为制造工艺带来的优势。

在先进制造工艺领域，数控操作员（数控机床及模具制造工）还需要新的技能来处理在制造环境中发生的问题，特别是因为工具制造被视为全球制造工艺的一部分，而不是孤立的活动。此外，他们还需要更熟悉编程数据。从成本效益角度来看，在评估每项干预的意义上，他们需要创业精神。

作为先进制造系统的直接参与者，装配作业线工人（装配工）将能够提高工厂的生产力和效率，但这取决于装配在汽车上的零部件数量。精益系统需要高效的物料计划，物料计划分析师需要在协调物流和生产方面发挥关键作用。

2. 先进材料

现代汽车零部件逐步采用轻质材料，例如，铝合金或碳纤维增强塑料取代了钢材。轻质材料对于电动汽车尤为重要，因其抵消了电池和电机等重型动力系统的重量，而不会增加车辆的总重量。

维修技师需要知道材料的优缺点，并与开发团队合作，确保使用适当的材料。他们需要更深入地了解先进材料的特点，了解将新材料转化为汽车零部件所需的制造工艺和机械。这些将需要对现有维修技师进行再培训。

引进先进材料将对工具设计和性能、对数控操作员（数控机床及模具制造工）的工作产生重大影响，因为他们必须提升知识和技能，提供符合行业规范和标准的高性能工具。

喷漆技术员（汽车喷漆工）需要更好地了解这些材料的性能。由常规钢制成的零部件处理和修理起来相对容易。然而，产品设计师不希望出现任意加热或扭曲车身部件的现象，因为这会对重塑零部件的可靠性产生负面影响。喷漆技术员（汽车喷漆工）必须学习如何处理实现局部结构优化的现代设计中的复杂零部件，例如，前后安全区域、侧面碰撞区域和外部面板。

材料组合越来越具体和复杂，需要物料计划分析师对其所处理的材料有更深入的了解。

3. 复杂的全球供应链

供应链管理被定义为"一种整合职能，主要责任是将公司内部及公司间的主要业务职能和业务流程连成一种紧密团结和高绩效的商业模式。其中包括所有物流管理活动及制造业务，并推动市场营销、销售、产品设计、金融和信息技术之间的流程和活动协调"。

汽车企业的业务足迹逐渐遍布全球，但不同活动的全球化程度各异。根据普华永道最近进行的一项调查，汽车企业"通常在区域范围内管理其规划、制造、运营采购和交付职能，以及在全球范围内管理其新产品开发和战略采购职能。汽车企业外包不到10%的规划、采购和扶持活动，15%的技术含量相对较低的制造和装配活动，及10%～35%的交付活动"。

显而易见的是，全球供应链管理问题对于汽车行业有日益重要的意义，而且对物料计划分析师的影响最大。

复杂的供应链需要高效的物料计划，物料计划分析师需要知道良好的供应链条件，包括全球客户供应协议。他们还需要了解供应链管理的方法，以防止供应链流动中断，从而确保提高流程的营利能力。

物料计划分析师必须清楚地掌握从获得原材料到交付至最终客户的整个流程的情况，这不仅需要基本的跟踪与追踪功能，还需要一种整体的"控制塔"方法，消除规划和执行之间的差距，以及实现端到端活动的同步。这都要求物料计划分析师具备在多个学科和国际团队中工作的知识、技能和能力。

4. 生命周期设计、污染预防和产品可回收性

管理产品从概念到设计、制造、服务和处理的完整生命周期的过程可使废物减少，从而有助于防止污染，同时大幅降低成本。

制造商做出的选择将决定使用中的汽车如何防止污染，特别是在节油措施方面的选择，例如，提供有关换挡选择的信息、在车辆处于停车状态时自动关闭发动机、确保电气配件从电池中获取更少的能量。

制造商需要制定措施，确保车辆的部件能够被回收再利用。例如轮胎的回收利用。某些类型的轮胎（主要用于卡车和公共汽车）被设计为"再生轮胎"（允许通过用新的胎面材料代替磨损的胎面来修复旧轮胎），利用这种技术可大幅增加轮胎使用的里程数，这意味着有效地减少轮胎胎体的数量（从而减少浪费）和所使用的资源数量（提高资源效率）。此外，一旦轮胎达到其使用寿命，还可以通过能源或材料回收措施收集并在其他行业中回收利用。

在这个领域，维修技师需要了解适用新产品的工艺和材料，并掌握处理这些新材料所需的新技能；数控操作员（数控机床及模具制造工）需要了解适用于所用新材料的新制造工艺和机械；喷漆技术员（汽车喷漆工）需要知道如何处理新材料，以确保零部件可以回收利用；物料计划分析师需要知道部件和机器的不同特性，以确保回收妥善进行。在轮胎生产方面，物料计划分析师的作用将进一步加强，因为供应链将增加其复杂性和一体化。

5. 主动安全技术、自动驾驶和网络连通性

在这个领域，维修技师需要知道如何组合不同的技术，并确保符合安全要求。他们需要知道使用机床的规则和安全系统。

数控操作员（数控机床及模具制造工）需要了解适用于新材料的新的制造工艺和机械。物料计划分析师需要了解不同的法律、不同的规则和规范以及如何灵活应对所有这些不同的需求。

6. 脱碳、混合性和电气化技术

脱碳增加了传统汽车的复杂性，脱碳需要特殊的催化剂和过滤器以及复杂的排气系统，混合动力化和电气化是实现脱碳的技术手段。

这需要大量投入新材料的研发，对传统岗位的影响类似于开发先进材料的影响。

7. 消费者需求的演变

为满足新消费者需求而产生的创新会导致需要额外的测量设备，这些设备需要维护，因此需要维修人员具备新的知识和技能。就特定职业而言，对维修技师和物料计划分析师的影响可能最大。此外，随着新产品的开发，质量要求逐步增加，机器无法始终适应需求，因此物料计划分析师需要考虑所有相关因素，以避免生产中断（瓶颈因素、增加内部浪费等）。同时，这将要求装配作业线工人（装配工）更加深入了解不同零部件的特性。物料计划分析师将最容易受到影响，他们需要扮演不同的角色，以确保优化供应链功能并与制造过程相吻合，从而与配送流程无缝衔接。

在上述变化下，岗位要求变化表现最突出的是维修技师、数控操作员（数控机床及模具制造工）、装配作业线工人（装配工）、喷漆技术员（汽车喷漆工）、物料计划分析师，同时还衍生出了一批新兴岗位来满足汽车行业自身发展的需要（表 5.7 ~ 表 5.11）。

表 5.7　维修技师的核心技能和能力要求的变化趋势

从前所需的核心技能和能力	未来所需的核心技能和能力
1. 使用和解释金属加工数据和文件 2. 在金属加工环境下有效且高效地工作 3. 对机械设备进行故障诊断 4. 维护和修理机械设备 5. 对机械设备进行预防性维护 6. 完成和成功交付维修活动	1. 在工程维护环境下使用和解释一系列数据和文件 2. 始终有效且高效地工作，遵守健康、安全及其他相关法规、指令及指引，并按照相关维修计划执行必要工作 3. 通过选择、使用和应用定位故障的诊断技术、工具和辅助器具对设备进行故障诊断，确定故障对其他工作和安全的影响，并利用已获取的证据判断有关故障的性质和产生的有效结论原因 4. 按照特定的顺序和议定的时间表维护和维修设备 5. 对设备进行预防性维护，并将无法正常维修设备或设备突发故障情况上报 6. 完成维修活动的记录 7. 根据安全作业实践和批准流程处理废料 8. 对厂房和设备进行状态监控 9. 处理机械和电气设备的技能；处理自动化过程的技能、机器人技术（包括微型机器人技术）

表5.8 数控操作员（数控机床及模具制造工）的核心技能和能力要求的变化趋势

从前所需的核心技能和能力	未来所需的核心技能和能力
1. 考虑计划和完成工具制造活动的人体工程学、经济和生态方面的影响 2. 团队合作，保持上下沟通 3. 遵守标准、法规、技术规范和操作指示，确保产品质量并持续改进工作流程 4. 及时有效地处理错误消息或设备故障，并上报无法解决的问题 5. 开发用于工具制作的计算机辅助制造程序并确保将其适当装载至电机控制器 6. 依循确定的流程启动和运行操作系统 7. 监控计算机进程，确保生产输出符合所需规格，按适当的时间间隔执行质量抽样检查，并在必要时调整设备和程序操作参数 8. 保存和备份程序详情，并根据组织要求进行安全储存	1. 始终安全地工作，遵守健康、安全及其他相关法规、指令和指引 2. 确保机器装配就绪，可随时执行加工活动，检查所有安全系统是否适当，设备是否可用于操作 3. 使用包含用于待执行工程活动的所有相关和必要数据的正确控制程序 4. 在完成加工活动后，将设备关闭至安全状态 5. 了解及时生产的要求 6. 具备用于制造工艺的 ICT 技能 7. 具备从成本效益角度评估其工作的能力 8. PDCA（计划—执行—检查—处理）能力

表5.9 装配作业线工人（装配工）的核心技能和能力要求的变化趋势

从前所需的核心技能和能力	未来所需的核心技能和能力
1. 依循相关指示、装配图和任何其他规范 2. 确保适当零部件处于可使用状态 3. 采用适当的方法和技术，将不同的零部件装配至其适当的位置 4. 检查完成装配的装置，确保所有操作已完成且成品符合所需规格 5. 与上下级同事相互合作 6. 及时有效地处理装配线生产中的风险和延迟，并上报无法解决的问题	1. 了解自动装配过程和手动复制过程的能力 2. 在使用轮胎装配机器时，具备电子学基本知识 3. 5S 技能——整理、改进、抛光、标准化、维护 4. 团队合作技能 5. 了解及时生产的要求 6. 有效沟通的能力

表5.10 喷漆技师（汽车喷漆工）的核心技能和能力要求的变化趋势

从前所需的核心技能和能力	未来所需的核心技能和能力
1. 确保待处理的材料表面可用于进行涂装操作 2. 检查涂装设备和处理溶液的安装和维护是否符合操作条件和水平 3. 根据操作流程和零部件规格执行处理程序 4. 确保经处理的工件达到所需性能并满足涂装规范 5. 及时有效地处理问题，并上报无法解决的问题 6. 注意工作场所的整洁，按照议定的组织和法律流程处理废料和多余材料	1. 始终安全地工作，遵守健康、安全及其他相关法规、指令和指引 2. 完成加工活动后，将涂装设备关闭至安全状态 3. 根据组织流程报告工作完成 4. 5S技能——整理、改进、抛光、标准化、维护 5. 团队合作技能 6. 了解及时生产的要求 7. 有效沟通的能力

表5.11 物料计划分析师的核心技能和能力要求的变化趋势

从前所需的核心技能和能力	未来所需的核心技能和能力
1. 制定和协调用于管理和预测生产所需的物料 2. 利用供应链管理理念将库存、处理和物流成本降至最低 3. 了解并实施合理的财务会计准则，以改进关键性能指标 4. 制定供应链沟通策略 5. 维护和管理供应商关系，确保适当及时运送物料 6. 检查工作顺序并调整实施情况，以确保及时交付	1. 始终安全地工作，遵守健康、安全及其他相关法规、指令和指引 2. 确保所有必要信息可用于确定物料需求，并保持这些信息为最新信息 3. 利用所收集的信息确定供应商及其供应方法 4. 控制物料的交付和接收，确保在物料抵达时对其进行检查并将其储存在适当的位置和环境中 5. 使用适当流程，以确保维护充足的库存

三、中国汽车产业人力资源需求分析

（一）需求分析

依据《中国汽车工业年鉴》公布的数据可以看到，汽车制造业的人员规模与产销规模近似呈线性关系（图 5.1），也就是说，如果只考虑产业规模，正常情况下前者应保持与后者同步增长。

图 5.1 汽车制造业从业人数与汽车产销量关系

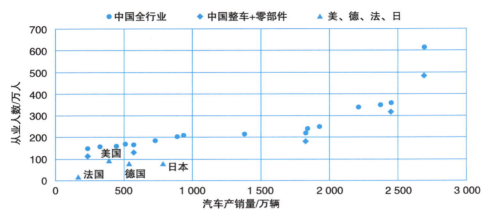

资料来源：相应年份的《中国汽车工业年鉴》。

在判断未来人才总量发展变化趋势时，除产销规模外，必须考虑的因素还包括国家政策引导的影响和新技术革命的影响。

政策影响之一：制造强国战略。该战略确立了节能与新能源汽车为未来发展的重点领域，并提出"继续支持电动汽车、燃料电池汽车发展，掌握汽车低碳化、信息化、智能化核心技术，提升动力电池、电机、高效内燃机、先进变速器、轻量化材料、智能控制等核心技术的工程化和产业化能力，形成从关键零部件到整车的完整工业体系和创新体系，推动自主品牌节能与新能源汽车同国际先进水平接轨"。由此可知，汽车低碳化、信息化、智能化、高效内燃机、先进变速器、轻量化材料、智能控制等领域需要创新发展，对于人才的需求肯定会扩大。

政策影响之二：《汽车中长期发展规划》。该文件提出，随着新型工业化和城镇化加快推进、海外新兴汽车市场的发展，我国汽车产量仍将保持平稳增长，预计 2020 年将达到 3 000 万辆左右、2025 年将达到 3 500 万辆左右；提出力争经过十年持续努力，迈入世界汽车强国行列，实现关键技术取得重大突破，全产业链实现安全可控，中国品牌汽车全面发展，新型产业生态基本形成，国际发展能力明显提升，绿色发展水平大幅提高。

政策影响之三：近年来政府密集出台的与人才队伍建设相关的文件对汽车产业人才的发展产生影响，包括：2010年6月中共中央和国务院发布的《国家中长期人才发展规划纲要（2010—2020年）》；2011年6月中组部、统战部、国资委、工信部、全国工商联发布的《企业经营管理人才队伍建设中长期规划（2010—2020年）》；2011年6月中组部、人社部发布的《专业技术人才队伍建设中长期规划（2010—2020年）》；2011年7月人社部发布的《高技能人才队伍建设中长期规划（2010—2020年）》；2016年3月中共中央下发的《关于深化人才发展体制机制改革的意见》；2016年12月教育部、人社部、工信部发布的《制造业人才发展规划指南（2020）》；2017年4月科技部发布的《"十三五"国家科技人才发展规划》。

新技术影响之一：区块链技术。这一技术可以通过云服务器对所有内容进行验证和记录，进而规范整个供应链。另外，区块链技术在汽车租赁和售卖方面也做出突破。2015年年底，Visa和创业公司DocuSign公布了一项合作计划，宣布构建一个用于汽车租赁的概念性验证，将流程简化为"点击汽车—电子签名—租赁成功"这一模式。潜在客户可以在网络上选择想要租赁的汽车，通过区块链技术的公共分类账目记录交易内容。在选定汽车后，客户需要电子签订租赁协议、保险政策等条款，同时区块链技术将实时更新这些信息。

新技术影响之二：增强现实技术（AR）。虚拟现实创造了一个模拟世界，而增强现实技术却通过技术为现实世界添加了特定的创造性元素。汽车行业从2017年开始陆续地推出了AR解决方案，该技术最先从智能显示器和信息娱乐显示器开始传播，紧接着会运用到维修店的应用程序中。汽车是一个结构复杂的机器，AR可以帮助机械师明确需要整修的零件，不再需要机械师触摸扳手的传统做法。AR还可以为汽车设计或选择提供帮助，能够预先识别各种车辆的原件，进而节省大量的时间和金钱。

新技术影响之三：3D打印技术。这一技术以数字模型文件为基础，运用粉末状金属或塑料等可黏合材料，通过逐层打印的方式来构造物体，其最突出的优点是无须机械加工或模具。尽管从当前发展看，3D打印技术还难以应用于汽车产品的大规模生产，但它为产品开发阶段的样件生产、小批量生产的模具开发和专、精、特小批量产品生产提供一种解决方案，可以大大缓解产品开发成本和周期，降低小批量产品的生产成本。

新技术影响之四：自动驾驶。自动驾驶技术是利用多种车载传感器感知车辆周围道路交通环境，并利用车辆自身的电子控制系统控制车辆行驶速度和方向，从而实现车辆的自动行驶。自动驾驶的关键技术可分为环境感知、行为决策、路径规划和运动控制四大部分。有了这些技术，可以让车辆准确获得外部信息，并为车辆避障、自主导航和与其他车辆的协同等提供支持，为车辆的主动安全和被动安全提供保障。

新技术影响之五：预测分析技术。这一技术通常是指使用数据挖掘、统计、建模、机器学习和人工智能等技术来分析数据以对未来做出预测。它可以帮助汽车企业有效应对成本压力、激烈竞争、全球化、市场变化等现实情况，如时时了解客户偏好和市场变化，从而有效地管理生产计划、营销活动、供应链和发现潜在问题。同时，这一技术也可为消费者提供帮助，进行有效的保险管理和车辆维修管理。

（二）需求预测

基于以上变化，中国的企业已经开始了新的人才布局。

江淮汽车公司提出，为应对未来一段时期的人才新需求，除了在原有的基础上继续大力培养经营管理人才、车间后备人才、高技能人才、质量人才（黑带大师、绿带大师、六西格玛人才）和一专多能人才外，还要重点培养技能型"工匠"人才、新技术研发人才、技能降耗型人才、专业客服型人才、智能化人才和国际化人才。

东风汽车公司围绕"打造一支具有国际竞争力的人才队伍"的目标，在集团层面实施了"十百千"重点人才工程。其重点在于科技领军人才引领，海外高端人才的引进和经营管理人才、高端技能后备人才、国际化战略人才培养。同时，东风汽车公司提出突破创新人才的培养模式，强调其对电商复合人才（电子商务类营销、IT、运营）、金融人才和新能源人才（电池、电机、电控技术）的重视。

长安汽车公司提出，在"十三五"期间将发展利用互联网、云计算等模式的衍生产业，以及传统的汽车租赁业务等。汽车业的未来需要介入创新发展的金融业，车企要建立新的金融优势，并在后市场展开创新业务布局，打造以用户体验为中心的客户服务。根据长安汽车公司的发展策略,可见其对于互联网人才、云计算人才、汽车金融人才和汽车租赁人才的重视。

除此之外,各企业集团均提出了未来一个时期的人才年均增长率目标,据此推算出的部分汽车企业集团"十三五"期间各类人才年均增长计划如表 5.12 所示。

表 5.12　部分汽车企业集团"十三五"期间各类人才年均增长计划　　　%

项目	上汽集团	重汽集团	东风集团	江铃集团
汽车制造业从业人员	2	3.7	4	9.4
汽车制造业人才	—	1.9	2.9	5.2
研发设计人才	5	13	—	—
高技能人才	10	—	—	—

资料来源:根据企业"十三五"人才发展规划数据推算。

基于以上分析,未来汽车产业人才队伍建设需要以创新人才发展体制机制为动力,以深化汽车人才与产业的深度融合为主线,以引进、培养汽车产业高端领军人才和培育、发展汽车研发设计人才为重点,以推动行业内外协同创新为导向,构建、完善科学规范、开放包容、运行高效、环境优化的人才发展治理体系,形成具有国际竞争力的汽车人才制度优势,建设一支宏大的多层次、多类型、优结构、强能力的汽车人才队伍。到 2020 年,形成与汽车产业发展需求相适应的人才资源建设格局,培养和造就一支结构合理、素质优良、富有活力的汽车产业人才队伍,基本确立建设汽车强国的人才优势。到 2025 年,汽车人才培养体系和管理制度更加完善,在重点领域形成汽车人才国际竞争优势,为建成汽车强国的目标提供有力支撑。

为应对上述变化和实现预期发展目标,需要一支高质量的人才队伍做支撑,2020 年和 2025 年我国汽车制造业整车和零部件企业人才需求预测如表5.13 所示。

预计 2020 年和 2025 年,汽车制造业规模以上整车企业和零部件企业的从业人数将比目前分别增长 15% 和 30%,分别达到 555 万人和 628 万人左右,但新技术革命和产业变革将带来人才结构的变化,具体内容如下所述。

表 5.13　2020 年和 2025 年我国汽车制造业整车和零部件企业人才需求预测　　%

项目		较当前需求变化预测		在总体人员结构中的比例	
		2020 年	2025 年	2020 年	2025 年
从业人员总数变化比例		+15	+30	—	—
从业人员结构变化比例	经营管理人才	−11	+4	4.2	4.2
	研发设计人才	+43	+133	22	30
	工程技术人才	+40	+77	31	33
	高技能人才	+139	+412	10	18
	普通技术工人	−27	−74	30	9
	营销人才	0	0	3	5
从业人员中受过高等教育的比例		—	—	37	39
产业人才贡献率		47	52	—	—

对于经营管理人员，由于企业管理水平提升和信息化管理水平的提高，其需求将出现先降后升的情况，2020 年的其总数将比目前减少 11%，2025 年将比目前增长 4%。届时，经营管理人才在企业总体人员结构中的比例将从目前的平均 5.5% 下降到 4.2% 左右。

对于研发人员，由于企业自主创新投入的不断加大和研发活动开始从产品开发领域向应用技术的基础研究领域延伸，与高校和各类科研机构在基础研究领域的合作越来越多，其需求越来越强烈。预计 2020 年和 2025 年，研发人员总数将分别比目前增长 43% 和 133%。届时，研发人员在企业总体人员结构中的比例将从目前的平均 17.4% 提高到 22%~30%。

对于技术人员，他们承担着企业发展规划编制、质量管理、生产管理、供应链管理、设备维护和营销管理等职责，是企业高质量发展中不可缺少的力量。随着企业更加注重战略层面的谋划和产品质量、生产效率的提升，技术人员队伍的规模也将稳步扩大，2020 年和 2025 年分别比目前增长 40% 和 77%。届时，技术人员在企业总体人员结构中的比例将从目前的平均 25.3% 提高到 31%~33%。

对于生产工人，随着智能制造的应用，其高技能人才队伍将有大发展，普通技术工人的数量将下降。具体而言，2020 年和 2025 年生产工人中的高技能人员将分别比目前增长139%、412%，同期普通技术工人的数量将比目前分别下降27%和74%。届时，高技能人员在企业总体人员结构中的比例将从目前的平均4.8%提高到10%~18%，在生产工人队伍中所占比例将由目前的9.3%提高到2020年的25%和2025年的67%，越来越多拥有大专或本科学历的人员投入生产一线，成为高精尖设备的操作者，而普通技术工人在企业总体人员结构中的比例将从目前的平均47%下降到2020年的30%和2025年的9%。

对于在汽车企业集团从事营销工作的人员，随着汽车营销模式的不断创新和互联网技术的快速发展，未来的汽车营销必将呈现线上线下多种模式并行的局面，社会上营销企业的集团化发展速度也将影响到整车企业营销部门的人员数量和结构的变化。总体来看，其在企业总体人员结构的比例将在3%~5%。

伴随着上述变化，2020年和2025年汽车制造业从业人员中受过高等教育的比例分别为37%和39%，汽车制造业人才贡献率将达到为47%和52%。同时，我们有理由相信，在国家人才政策的推动下，汽车制造业人才管理模式创新将不断取得新突破，人才的国际化程度将明显提升，人才培养体系将不断完善，越来越良好的人才发展环境也将为人才成长提供更大空间。

如果我们将眼光再放得更远一些，分析未来更长一个时期的汽车产业人才需求变化的话，那么产业边界、交叉领域从业者的界定和制造业智能化水平对从事简单、重复性工作人才的影响将更大。

根据《节能与新能源汽车技术路线图》预测，2035年中国汽车全年的产销规模将达到3 800万辆。综合其他因素，并参考美国波士顿咨询公司（BCG）的报告《迈向2035：4亿数字经济就业的未来》中对于德国汽车产业人员规模变化的判断，本研究做出以下预测（表5.14）：到2035年，在不考虑汽车共享对汽车产销规模影响的前提下，中国汽车产业人才规模较2015年将增长约40%。其中，汽车产销规模的增长在理论上将会导致从业人数的进一步增加，而产业边界扩大将使汽车人才的定义变得宽泛，从而增大人才规模扩大的概率；但制造业智能化水平的提高将导致从事简单、重复工作的人才被机器替代，从而可能导致人才规模缩小；同时，由于交叉领域从业者难以界定是否属于汽车人才，所以人才规模的变化存在一定的不确定性。

表 5.14　2035 年中国汽车制造业人才规模变化趋势的预测

影响人才规模变化的因素	中国趋势预测	德国趋势参考
汽车产销规模的增长	+40%	—
产业边界扩大	+3% ~ +6%	+3%
交叉领域从业者难以界定		
简单、重复工作的人才被机器所替代	-3% ~ -9%	-9%
综合因素	+34% ~ +43%	—

表 5.15 显示了未来各类人才规模发展变化趋势及原因，其依据是汽车人才总体规模发展预测和 2015 年不同类型汽车人才的占比，其中最主要的变化趋势是大量重复性、计算性和记忆性的工作将逐步被人工智能赋能的机器所承担。

表 5.15　未来各类人才规模发展变化趋势及原因

人才类型	发展变化趋势	原因
企业领军人才	人才规模少量增加，人才占比基本保持不变	数据分析、信息识别等方法将被引入企业运营，企业管理层需要更多领域的负责人
设计研发人才	人才规模增长速度变快，人才占比大幅提升	智能网联、新能源等新技术需要更大规模、更加专业的人才投入其中，传统技术仍然需要人才
生产制造人才	人才规模增长速度变缓，人才占比小幅缩减	车辆生产规模的扩大需要持续增加生产者，智能制造体系使越来越多的生产者由人变为机器
营销服务人才	人才规模将先增后减，人才占比较大幅度缩减	虚拟现实技术使实体销售店的数量长期减少，设计服务一体化使部分服务工作改由设计研发人员完成，售后服务智能化水平的提升使大量人员被机器替代
其他人才	人才规模增长速度基本保持不变，人才占比小幅缩减	高技能人才的相应技能应当与实际需求相符合，并依据实际情况借助计算机完成

（三）岗位需求

在明确了未来的人才特征和变化趋势之后，可以更加清晰地描绘出未来的汽车人才岗位名称和需求程度（表 5.16），本研究附录给出了各岗位的任职能力要求。

表 5.16　未来的汽车人才岗位名称和需求程度

领域	岗位类型	岗位名称	需求程度（※越多表示需求越强）
整车与零部件	经营管理	跨国运营总监	※※※※
		设计研发总监	※※※
		战略规划总监	※※
		物流运营总监	※※
		法务管理总监	※※
		采购管理总监	※※
	专业技术	动力总成开发设计师	※※※
		3D 打印工程师	※※※
		关键零部件工程师	※※
		试制试验工程师	※※
		工艺工程师	※※
		研发工程师	※※
	高技能	维修技师/高级技师	※※※
		智能物流领域人才	※※※
		产品检测调试人才	※※※
新能源汽车	专业技术	混合动力汽车开发工程师	※※※
		动力系统集成与控制工程师	※※※
		燃料电池发动机及其辅助系统工程师	※※※
		高效新型内燃机工程师	※※※
		电机与驱动器工程师	※※※
		DC/DC 变换器人才	※※※
		动力蓄电池及管理系统工程师	※※※
		高效变速传动系统工程师	※※※
		氢气管理系统设计师	※※
		高压电安全、氢气安全工程师	※※※

续表

领域	岗位类型	岗位名称	需求程度（※越多表示需求越强）
智能网联汽车	专业技术	AR开发工程师	※※※
		物联网嵌入式应用程序开发工程师	※※※
		智能网联汽车信息安全技术研究工程师	※※※
		机器人运动控制工程师	※※※
		算法工程师（导航定位方向）	※※※
		大数据工程师	※※※
		平台技术框架与集成架构师	※※※
		云计算开发工程师	※※※
		ADAS开发工程师	※※※
		系统架构师	※※※
		数据挖掘工程师	※※※
		自动驾驶平台架构师	※※※
		智能化系统仿真与测试工程师	※
		自动驾驶测试与评价工程师	※
		环境感知算法工程师	※
		路径规划与决策工程师	※
		车辆运动控制工程师	※
汽车后市场	专业技术	汽车媒体人才	※※
		汽车金融保险人才	※※
		汽车竞技运动人才	※※
		汽车旅游娱乐人才	※※
		汽车会展博览人才	※
		汽车会展设计人才	※
	高技能	二手车评估人才	※※※
		汽车功能拓展匹配技术人才	※※※
		汽车共享出行人才	※※※
		汽车物流人才	※※

此表由企业提出，反映了企业对未来发展的战略思考：为实现国际化发展，需要更多具有国际视野和掌握国际运行规则的管理者；为迎接制造强国战略、新能源技术、智能网联技术、轻量化技术的挑战，需要更多掌握先进设计技术、工艺技术和新材料应用技术的专业人才；为满足汽车消费升级的需要，汽车后市场人才将向汽车金融、汽车出行服务和汽车文化领域扩展。

第六章

中国汽车产业人才发展体制机制改革研究

一、中国汽车人才发展体制机制建设现状

（一）基本成效

进入 21 世纪以来，我国汽车产业快速发展，生产体系不断完善，整车研发能力明显增强，节能减排成效显著，质量水平稳步提高，中国品牌迅速成长，国际化发展能力逐步提升，新能源汽车发展取得重大进展。特别是近年来在商用车和运动型多用途乘用车等细分市场形成了一定的竞争优势，中国品牌商用车持续保持市场主导地位，自主品牌乘用车的市场占比也已经超过 43%。

但是，我国汽车产业大而不强的局面仍然没有根本性的改变，与世界汽车强国相比，差距是全方位的。从核心技术方面看，我国汽车产业仍处于弱势；从经济运行情况看，由于受到能力和外资挤压的双重挑战，我国内资企业的营利能力仍然不足，直接影响我国汽车企业的研发再投入能力；汽车人才队伍的总体水平也亟待提高。

在大国经济下，我们的汽车产业必须做强，而要实现汽车强国梦，推动中国汽车产业创新发展，从根本上必须依靠科技与人才。这正如习近平总书记 2013 年到辽宁视察时指出的，"技术和粮食一样，靠别人靠不住，要端自己的饭碗，自立才能自强"。人才强企业才能强，企业强产业才能有竞争力，在人才体制机制的改革创新上取得突破，是人才强的根本。

汽车人才体制机制创新需要从上自下畅通渠道，进一步落实"放、管、

服"政策,进一步落实从事前审批向事中事后监管转向,激活汽车行业人才活力,同时为汽车行业不断注入新鲜优秀人才。改革行业中的人才体制机制限制,优化人才环境,将人才引入、培育、评价等各环节衔接互补,整体提升行业人才力量。

党和国家高度重视人才工作,中央针对人才体制机制的改革,放宽管制,激活人才活力的决心是有目共睹的。2013年11月,中共十八届三中全会通过了《中共中央关于全面深化改革若干重大问题的决定》,提出要"建立集聚人才体制机制,择天下英才而用之。打破体制壁垒,扫除身份障碍,让人人都有成长成才、脱颖而出的通道,让各类人才都有施展才华的广阔天地"。2016年3月,中共中央印发了《关于深化人才发展体制机制改革的意见》,政府不断下放与放宽审批权限,使企业自主性得到加强。截至2016年年底,国务院进一步简政放权,先后取消和下放了400多项行政审批项目,并向社会公开各部门目前保留的行政审批事项清单。

在国家人才体制改革的推动下,地方政府陆续出台了配套的政策和措施。例如,因地制宜出台了众多人才优惠政策吸引人才,对引进高层次人才给予个人与企业两头奖励;不断加强基础性公共设施建设,提高社会公共服务质量;在税收上有条件地实施返还;创新性地设立人才银行,为人才提供资金担保。同时为企业解决人才引进随迁家属的生活、学习问题,为企业人才解决住房问题提供特殊照顾。

这些政策无疑将成为汽车企业取得更好发展的推动力,也会为企业更好地发展人力资源提供强有力的保障,汽车产业的人才规模和人才效益均会有较大提升。本次研究调研的九大集团的统计数据显示,九大集团共拥有8个博士后工作站,23个产学研创新联盟,3个"211"高校在企建立的研发中心,4个国家级企业研究开发中心,3个国家级企业工程技术中心,3个国家重点实验室(企业),15个国家级高新技术企业。其中6家汽车集团2015年申请专利数达到4 804万件,专利授权3 964万件,有效发明专利2 201件,国家级重大科技成果转化项目38项,国家级重大科技成果转化项目资金39.59亿元,获得国家三大奖项6项。

与此同时,企业在人才继续教育体系建设,行业组织在人才同行评价体系建设、学生竞赛活动方面开展了卓有成效的工作。

江淮汽车公司自行建立的安徽汽车工业技术学院（IAC大学）和吉利集团建立的北京吉利大学、吉利汽车工业学校、吉利技师学院等为我们提供了很好的案例。这一模式对培养员工对企业的认同感，提升从业者的能力素质和工作稳定性都起到了很大作用。此外，中国汽车工程学会创立的微课堂，也得到了工程师们的积极响应。

中国汽车工程学会自2010年启动的"中国大学生方程式大赛"，已经成为培养汽车产业创新型工程技术人才的摇篮之一。在多年的油车竞赛、电车竞赛、智能网联汽车竞赛和巴哈竞赛中，企业不仅对学生车队给予资金支持，为赛事提供裁判支持，更是从中发现和选拔了大量优秀人才。

自2003年以来，在中国科协的领导下，中国科协所属的十余家全国汽车学会陆续启动了工程师水平评价工作，中国汽车工程学会便是其中之一。通过建立与国际接轨的评价体系、以业绩为导向的评价标准，为工程师获得同行认可，为企业识人、用人提供重要参考依据，工程师水平评价已经成为中国汽车工程学会为会员提供的重要服务项目之一，一汽技术中心、吉利汽车研究院、众泰汽车、华晨集团等企业也参与其中。

2015年，根据2015年7月中办、国办发布的《中国科协所属学会有序承接政府转移职能扩大试点工作实施方案》，参与工程师水平评价工作的18个全国学会建立了统一的《全国学会工程师能力评价标准》，并获得了各自专业领域的认可，也为各专业发现所需要的交叉学科人才提供了渠道和平台，这一工作模式十分值得推广。

中国人才研究会汽车专业委员会联合骨干汽车企业开展了企业薪酬协调工作，该委员会还长期开展汽车人才的专项研究工作，如智能网联人才发展状况研究，针对海归精英人才发展环境的研究等。这些工作，为国家制定人才政策和企业优化人才流动管理发挥了重要作用，越来越多的企业成为这一工作体系中的一员。

随着本土培养人才的不断成长和企业对汽车技术认识的不断加深，汽车产业已经摆脱了对海归精英的盲目崇拜，对汽车海归精英的作用和定位有了更准确的认识，对海归精英的使用开始从"被通才"回归到技术领军人才的位置。与此同时，海归精英的个人发展也出现了新变化，一部分人进入高校，让熟悉产业又有专业所长的特点得到了最大限度发挥；而另有一部分人则选择创业，让自己的专业所长能够更好地服务于全行业发展。

（二）主要问题

1. 体制方面的问题

体制层面的制约，最突出的影响是在一定程度上限制企业的人才引进与发展，进而影响企业创新活动的开展。

汽车行业在体制层面的主要问题是政府推动带来的行政思维和工作模式根深蒂固，未能很好结合汽车行业的实际情况，相关人才政策落实到具体企业存在一定问题。市场自主性与自主活力、自主选择未充分发挥，使汽车行业在创新项目、人才流动等方面缺乏活力。

与市场经济体制相配套的汽车人才工作体制，要求在汽车人才资源配置中起决定性作用的是市场而不是权力，即在汽车人才人事工作中是市场经济规律起支配作用而不是长官意志。例如，一些地区因职业壁垒、部门壁垒而造就的"单位人"现象依然存在，因地域壁垒、社会保障壁垒而造就的"区域人"问题依然没有得到妥善解决。这一状况在汽车零部件企业和欠发达地区的企业中更加突出。受企业营利能力、规模和地方经济发展水平的限制，这些企业难以吸引"985"学校和"211"学校的学生就业，优秀技术人才的稳定性也受到较大影响。

汽车人才市场主体没有完全到位，制约了汽车人才市场自主发展机制的形成，阻碍了汽车人才市场化发展。相对于国际化人才的大视野，这种政府主导型的狭隘的地域化市场对国际人才的吸引力有限，影响了市场发现高端人才、配置顶尖人才功能的发挥。

2. 人才集聚机制方面的问题

人才是一种特殊的经济要素，它在物理空间或者逻辑空间上总会出现局部集中的特征，这种集中会导致人才在这两类空间中的密度高于其他空间，形成人才集聚现象。汽车行业的人才合理集聚可以使人才交易成本降低，核心产业与整体科研能力提高。因而，在汽车产业关键领域形成合理的海内外人才集聚效应，是合理配置产业人才的重要一环。

人才具有需求层次偏高、流动性强的特点，而这部分人恰恰是人力资源的精华部分。要实现人才集聚,除了要关注经济因素外,还要重视社会体制、生活环境、基础设施等因素。吸引与留住人才最好的方式就是使其能在当地安居落户,尽可能满足人才的需求。但现今各大城市在人才户籍引进和居住证积分落户中,职称和技能等级证书仍然是引进人才的主要依据,市场发现、市场评价、市场认可的引进机制未充分发挥,人才首先在引入上就存在问题。

而对于海外人才引进,政策开放度仍然不高。虽然现今对一些高精尖人才有着较好的优惠政策,但对于较大范围引进海外人才还存在诸如永久居留证办理难、办理少、办理慢等问题。形成这一现象,有城市人口管理方面的原因,也有对拟引进人才能力识别、评判方面的原因。

3. 人才培养机制方面的问题

当前,我国汽车产业在前沿、核心领域仍然有着较大的人才缺口,国家与企业都在着眼于从海外引进人才。但从全国的角度,我国并不缺少人才,劳动力是9亿多人,人才是1.2亿人;缺少的是制度层面的激发和培育优秀对口人才。人才的潜能没有被完全激发出来,首要原因就是人才培养机制不完善,而产业需求与高校人才培养割裂、在继续教育中缺少系统化是当前最急需解决的问题。

第一个要解决的问题是人才培养与市场需求割裂的问题。调研发现,企业普遍反映无法从高校获得能满足企业迫切需要的人才,高校为企业提供的人才在知识结构和实际能力方面存在较大问题,包括理论知识与产业发展的吻合度不够,也包括实践动手能力不足,部分高校缺乏相应设备无法提供实际操作课程,或是拥有设备但由于相关师资短缺或维护保养成本过高而放弃使用。例如,航盛电子发现,招入的学生在校接受的理论知识教育比企业要落后5~20年,再加上许多学校学生的自我学习能力较差,给企业人才培养带来较大的成本与时间压力。还有一个值得关注的现象是,一旦市场出现某类人才短缺,许多学校就蜂拥而上,数年后又可能达到过剩状态。

第二个要解决的问题是人才入职后的继续教育缺少系统化。主要反映在企业对员工的培养更注重技能方面,而忽视了素质方面。素质既包括人才从业素质,也包括对企业文化的认同。缺乏素质教育,不仅导致员工难以依托所就职的企业实现自己的职业生涯规划,更导致人才对企业的归属感不强,这也是人才容易流动的原因之一。反观丰田汽车公司,对企业员工从基层班组长到科长都有明确的规划,每个人都将个人的职业发展与企业的发展紧紧地联系在一起,在为实现个人目标而奋斗的同时,也为企业发展做出了贡献。

4. 人才评价方面的问题

人才评价机制包括评价对象、机构、标准体系、方法程序与制度,良好的人才评价机制可以极大地促进人才发展,反之则容易造成人才大量流失和无法激发人才的内在潜力。我国汽车行业目前主要存在评价标准问题、评价方式问题与评价主体问题。

30多年前,国家启动了职称制度改革。直至当前,我国专业技术人员职称管理已经进入专业技术职务聘任和职业资格的共存阶段,其中职业资格制度形成了职业许可(执业资格)和职业能力认证(从业资格)两个体系。从未来发展看,中国从职称管理走向职业资格管理是历史的必然,也是与国际接轨的需要。

随着改革的推进,一名汽车产业的从业者目前可以通过三种途径获得能力评价:一是企业自行建立的人才评价制度,通过这一制度,从业者获得相应的薪酬和晋升机会;二是在国家人才评价机制改革的推动下由中国汽车工程学会建立的同行认可体系,即工程师专业水平评价,从业者可以获得同行评价,并作为人才流动时个人能力的证明;三是当前仍在执行中的人社系统职称评审体系,对持证者而言,由于地区间评价标准的差异,职称证书作为人才流动时的个人能力证明功能正在被弱化,所获得的职称更多是作为享受退休待遇的依据。

在同行认可体系中,人才评价已经全面转到重业绩、重能力、重贡献的方向上来,实现了与国际工程技术人员能力评价标准的接轨。但由于未纳入政府主导的工作体系,评价结果无法获得退休待遇,目前的推进难度较大。

按照2017年1月中办、国办发布的《关于深化职称制度改革的意见》要求,职称评审已经开始摒弃重论文、重课题成果、重专利、重学历、重获奖的思路,并在外语、计算机能力评价方面给予了更宽松的政策。但在缺乏显性指标的情况下如何做出能力的准确评价仍然有许多问题需要解决。而这一问题不解决，就直接影响一部分人才无法享受国家的优惠政策，特别是给一些汽车产业欠发达地区的人才和汽车产业新进入者的晋升带来阻力。

5. 人才流动方面的问题

合理的人才流动可以促进汽车行业整体实力提升，但不合理的流动会使企业人力成本提高、恶性竞争加剧，产业发展滞后。

目前，人才恶性竞争已经在一定程度上使企业不得不面对"为别人培养人才"的窘境，无论整车企业还是零部件企业均如此。由于在人才流动方面缺乏国家的政策指导，导致行业转型阶段的人才恶性竞争愈发激烈，企业之间的人才争夺使人力成本不断上涨，这对一些中小企业和地处非一线城市企业的打击是致命的。

在这样的人才恶性竞争中，工龄 5~10 年的技术人才、优秀的技术领军人才和复合型人才、拥有专业所长的海归人才成为香饽饽。而"新势力"造车者的加入，凭借在资本方面的强势，更进一步加剧了这一局面。

造成这一局面的原因，有以下几点：一是因为企业产品开发节奏加快，急需进入岗位就能立即开展工作的人。二是因为在前沿领域、新技术领域和交叉学科领域的后备人才不足，补充渠道有限，企业不得不在现有的人才中争抢。三是薪酬待遇的影响。许多优秀科技人员在面临职业发展"天花板"时，将"跳槽"作为提高待遇的重要途径。

6. 人才激励方面的问题

激励是管理的核心。在提高企业竞争力的过程中，世界各国企业越来越重视人力资源的开发和管理，越来越重视企业人才激励机制的构建。在综合运用各种物质激励和精神激励的过程中，需要注重股权激励、成就激励、创业激励、培训激励、自我发展激励的综合运用。在构建人才激励机制过程中，要遵循人本原则、公正原则、科学性原则、系统性原则和差异性原则。完善制度环境，建设高科技企业文化，建立学习型组织等是高科技人才激励机制有效实施不可或缺的保障措施。

汽车产业人才激励目前存在的问题主要体现在激励方式和手段方面。

科研成果激励是一个可行的方式。一名专业技术人员，不仅应当从成果的完成过程中获得成就感，也应当从成果转化中获得收益。在国家最新颁布的推动科技成果转化的相关文件中，对专业技术人员的科研成果使用权、处置权提出了指导性意见，但在操作层面仍然有许多问题没有解决，尤其在如何建立有效的市场化定价机制，成果转化效益分配保障机制和加强科研成果知识产权保护力度等方面仍大有可为。

股权激励也是一种可以选择的方式。一些民营企业已经采取了这一方式。在国家推进的国有企业混合所有制改革中也开始体现，但这一激励手段与公司治理结构、用人激励、国家个人所得税等许多深层次问题密切相关，其中的法律风险仍需要案例的积累才能得到充分认识。

激励手段多样化的必要性不言而喻，但就目前而言，企业对人才的激励手段还主要是薪酬激励和职务激励，目标激励、学习激励和荣誉激励发挥的作用还十分有限。没有在物质、精神、情感等多个层面形成激励措施的协同，其中有企业认识和运作能力方面的问题，也有社会文化大环境影响的问题。

7. 人才社会化服务方面的问题

在人才成长的各个方面，都离不开人才的公共服务。在他们踏出校门前，需要为其提供就业指导，以帮助其尽快找到合适的岗位；当他们希望在一个城市稳定生活时，需要在住房、子女教育等方面为其提供便利，以满足其对高品质生活的追求；在进入岗位后，需要为其提供继续教育的渠道和学术交流的平台，以帮助他们更快成长；在职业发展的不同阶段，需要为其提供能力评价的渠道，以帮助其获得同行的认可；在他们希望找到新的岗位时，能够为其了解发展的新空间提供渠道，以帮助其实现自己的目标；在他们成为行业大家时，需要为其提供更加广阔的平台，以使其为社会发展和推动行业进步发挥更大作用。这种为人才职业生涯提供全方位服务的能力，不是任何一个政府机构、行业组织或企业单靠自身力量所能够提供的，需要社会各方的共同努力。

现今汽车产业人才争夺愈演愈烈，决不能把企业提供足够的薪酬作为吸引人和留住人的唯一手段。只有当企业文化与企业所在地的公共服务配套相互协调，才会有企业竞争力的提升和地方经济的更好发展，对于经济发达地区和欠发达地区均是如此，对引进的外籍人才和本土培养的人才也是如此。人才能否在一个地区集聚，能否把一个产业、一个地区作为自己职业生涯始终如一的落脚点，社会化综合服务水平对其有着重要影响。

二、推进汽车人才发展体制机制改革的总体思路

中共中央印发的《关于深化人才发展体制机制改革的意见》指出，要着眼于破除束缚人才发展的思想观念和体制机制的桎梏，激发人才活力，形成具有国际竞争力的人才制度优势，才能聚天下英才而用之。中央着力于从体制机制上进行改革的决心是有目共睹的，破除体制机制障碍可以极大地激发汽车行业活力，吸引与培育更多优秀人才加入汽车行业。对于我国汽车行业人才发展，需要进一步在体制上进行放宽，充分发挥市场与行业的自主作用，政府做好行业的保障人与监管人；同时在机制上尊重市场、社会与专业取向，进一步激发人才活力。

（一）体制改革的总体思路

（1）充分发挥市场决定作用。进一步处理好政府和市场的关系，实际上就是要处理好在资源配置中是市场起决定性作用还是政府起决定性作用这个问题。目前，我国改革进入深水区和攻坚期，市场体系不完善、市场规则不统一、市场秩序不规范、市场机制不灵活、市场竞争不规范、政府干预过多和监管不到位等问题，都在不同程度上影响了经济发展与行业活力。其根本原因是市场在资源配置中起决定性作用的地位没有得到科学体现，市场的配置作用没有得到充分发挥。而简政放权是人才管理体制改革的催化剂，让企业拥有足够的人才自由权，发挥市场选择导向；探索建立以创新创业为导向的人才培养机制，使高校与市场、与企业建立良好联系，相互促进，以创新为导向培育所需人才；同时充分发挥市场和社会评价机制作用，让汽车行业人才拥有更为自主的评价指标，最大限度地激发人才活力。

（2）合理发挥政府"放、管、服"的作用。"放、管、服"改革的主要目标，即破除制约企业生产发展不合理的束缚，以主动服务的精神激发市场活力。如转变政府职能，不仅要从过去以"审批"为主转向以"事中事后

监管"为主，更要转向以"优化服务"为主。政府针对汽车行业一是要减少新投资审批项目；二是要缩减资质资格许可程序，便于专业性人才流动；三是要促进行业协会发展，监管行业不正当竞争，以及在知识产权保护与人才引进方面给予更广泛的支持。特别是针对基层企业与零配件企业，加大扶持力度，助推其更好地走出国门。在管理方面要逐步转向事中事后监管，发挥市场作用，激发市场活力，引导汽车行业健康发展。在服务方面不仅要加大对高精尖人才引进和扶持力度，也要助推中小企业发展，引导企业更好地走出国门，特别是搭乘"一带一路"快车，落实具体发展。

（3）积极发挥行业主体作用。行业协会（学会）等是连接政府与企业的桥梁和纽带，它能够承担政府想做但无精力做、单个企业做不到而市场需要的事情，如重大行业政策及规划的制定、行业标准准入管理、国际贸易摩擦的协调等，成为政府、企业之外推动国家经济建设和发展的第三种力量。积极引导行业主体作用可以使汽车行业更为完善与成熟，也可以极大地减轻政府不必要的负担。这就要求政府进一步转变职能，保证一些行业协会的独立性，减少政府干预；同时出台相关法律法规保障与规范行业主体机构的运行；并且对行业主体给予一定支持，促进形成完善、规范的行业协会治理结构。

（二）机制改革的总体思路

当前的汽车人才工作体制改革要从以权力为中心转变为权力与权利均衡发展。这个转变的核心是制定和实施以汽车人才为本的保护性政策法规，实现汽车人才工作的行政化、市场化和社会化三者的有机统一。

推进市场化取向机制改革，是指依据市场规律和市场机制，对客观世界和自身认知行为进行变革，其核心思想是发挥市场配置资源的决定性作用。这既包括政府对市场的进一步放宽，也包括中央对地方的逐步放权。具体机制包括市场规则中准入、竞争和交易规则的制定，维持行业健康有序发展；允许市场自由竞争带来的价格波动，尊重市场规律；尊重行业内市场发现规律，放宽政策许可；具体市场考核以市场认可度为标准，并将认可度作为企业评价的重要标准，尊重市场判断；同时尊重市场评价，企业各方以此为依据不断调整发展。

推进社会化取向机制改革，是指积极培育各类汽车社会专业组织，充分调动和发挥汽车学会、协会和社会组织的力量，逐步承担起管理、推动汽车人才发展的相关职责。加快实施政社分开，推进汽车社会组织明确权责、依法自治、发挥作用。实现汽车行业协会与主管部门真正脱钩，逐步承接汽车人才培养、流动、评价、激励等政府职能，推进汽车行业协会、学会有序承接水平评价类职业资格的具体认定。逐步将政府组织开展的汽车人才规划、项目评估、统计评价等工作，通过授权委托或招标方式，交由汽车社会组织等第三方组织实施。发挥汽车行业协会人才评价和行业自律功能，加强汽车人才诚信建设，协调解决汽车行业人才纠纷，发布汽车专业人才需求动态等。加强对汽车社会组织、中介机构、行业协会、学会的规制和监督，使其成为专业人才开发的重要载体和阵地。

推进专业化取向机制改革，首先在管理上要实现专业化，设立专业机构，对专门部门、专业人才进行管理。要拓展汽车人才工作队伍的培训方法和途径，除了通过各级党校加强政治方向、经济社会发展常识、人力资源规律和方法等培训，还要通过境内外考察培训来开拓汽车人才工作队伍的战略思维、前瞻思维、创新思维和提升创新能力。要从机构编制、职务职级、工资待遇等方面来切实保障汽车人才工作队伍的吸引力，保持汽车人才工作队伍的稳定性。

三、推进汽车人才发展体制机制改革的对策建议

推进汽车人才发展，体制是基础，制度是保障。解决人才问题必须从体制机制入手，改变原有限制性制度，加大行业规范化建设，从宏观到微观为人才营造良好的培育与成长环境。

在管理理念上，应当强化法制化建设，在法制化的视角下审视管理体制中存在的问题，建立健全适合我国国情和产业发展规律的法制化、集约化、国际化管理制度。同时在人才集聚、培养、激励等机制方面既充分发挥市场作用，也优化政府作用，进行双向改革。

在管理方式上，要做到逐步改变过去以计划手段、行政手段为主的管理方式，实现向以经济手段、法律手段为主的管理方式过渡，最终实现"以政

府为中心"管制模式向"以满足人才需求为中心"的公共服务模式转变。

在机制方面，应当重点针对我国汽车人才发展体制机制建设中存在的突出短板加以完善和优化。

（一）人才集聚：市场化，体系化

人才的集聚受市场、政策制度与人才自身发展等多方面影响，良好的集聚机制可以在短时间吸收大量优秀人才，也可以为行业长远发展提供不竭动力。改革和优化汽车行业人才集聚机制，应充分尊重市场规律，创新引才标准，优化海外人才引进政策，扩展优秀人才引进渠道。

利用市场机制引才，就是要鼓励汽车企业依据市场规则和市场价格，引进和使用高层次人才、海外优秀人才；同时加快推进行业商议，出台行业规则，避免人才恶意竞争，形成良好的人才引进机制。同时，企业应参与面向在校学生的竞赛活动，从中发现、选拔和引进优秀后备人才。

创新引才工作体系，就是要结合行业实际情况与市场现状，由相关部门、行业协会等主体制定或倡导以薪酬评价、价值评价、主体评价和投资评价作为鉴别人才、引进人才的主要依据。行业应制定人才能力标准，提出薪酬指导性意见，政府应不断优化人才的落户政策，并对中小企业在政策上给予一定的倾斜照顾，让国家层面的"千人计划""万人计划"等政策能够惠及大众企业。

海外人才引进政策的调整，应围绕人才引进需求指导体系的建立和海外人才贡献度评价机制的建立同步进行。通过建立行业发布人才需求目录和定期发布制度，拓宽汽车企业的引才渠道；通过建立人才贡献度评价和发布机制，对一些确为企业发展和地方经济发展做出贡献的海外人才，降低外籍人才申请永久居留、长期居留的门槛，取消职务级别限制，放宽居住时限要求；对一些不能将自身所长用于企业发展，甚至为谋求更多报酬而不断跳槽的海外人才，应及时取消其待遇。

（二）人才培养：一体化，多样化

建立产学研一体化教育培养模式；构建高职教育、本科教育、研究生教育、工程师继续教育有效衔接的人才培养模式。产学研合作教育是以培养学生的综合素质、综合能力为重点，利用学校与企业、科研单位等多种不同的教育环境和教育资源，充分发挥各自在人才培养方面的优势，把以课堂传授知识为主的学校教育与直接获取实际经验、创新能力为主的生产、科研实践有机结合的教育模式。既发挥学校大规模系统化的培训优势与科研优势，又发挥企业与社会的资本优势，相互衔接，提升人才的基础实力与实践能力，使高校科研成果产业化，更大地激发我国汽车行业科研能力。

支持汽车企业依托各自优势与学校展开多样化的培训合作，推动学科专业建设与产业转型升级相适应。吉利集团依托自办的汽车工程学院开展的与多个学校共同开展研究生培养的探索、一汽集团等国内许多企业与国内知名学校开展的工程硕士培养合作、上汽集团与国内主要学校签订的人才系统化培养协议，这些举措为优秀人才成长提供了平台。面向未来，应进一步推动汽车企业与人才培养的深度融合，一是要通过政府和行业组织的支持将这些培养模式从大型骨干企业向中小企业延伸；二是要将校企合作模式从提升从业者能力向提高学校的培养能力延伸，补齐未来人才需求的短板。具体措施可包括：通过授权委托、购买服务等方式，推动汽车行业企业深度参与教学标准的制定和教材等教学资源的开发工作，鼓励拥有丰富经验的企业工程师走进大学课堂，并实质性地开展教学工作；在高等学校教学指导机构扩大汽车行业专家和企业专家的比例，为学校人才培养方案的制定献计献策；鼓励企业扩大学生实习规模，为教师实践提供挂职锻炼的机会，深化学生和教师对企业生产实际的认识。

鼓励企业对人才进行专业性与分层次培训。政府应当为企业扩大人才海外培养提供支持，行业组织应当为企业开展各层级人才培养提供从师资到技术的各种支持，通过邀请知名专家走进企业，开拓从业者的视野，通过邀请优秀技术成果的持有者走进企业，让更多的工程师在技术转化的优秀案例中取得进步。企业也应鼓励从业者之间组建自我培养小组，让从业者在互动交流中成长。

在汽车企业不断加快走出去步伐的今天，政府和行业组织也应为企业海外人才培养提供更多的支持。目前商务部已经对此做出了安排，例如，在一些高校启动了针对"一带一路"国家的专业人才培养的研究生班、广汽集团也曾应商务部的要求安排了第三世界国家人才的参观学习。但这些仍然远远不够。企业要想在国际化发展中站稳脚跟，还需要更多的国际化人才，尤其是具有跨文化知识和法律知识素养的国际化人才。

（三）人才评价：标准化，社会化

客观真实地评价科技人才，是人尽其才、才尽其用的前提，是引导汽车行业人才正确价值观的指挥棒，是营造良好科研环境的关键，是完善人才制度的核心，是我国汽车行业健康发展的保障。

人才评价机制改革的重点是在人才标准的建立、评价体系的建立两方面。

应建立人才分类评价标准体系。针对不同种类的汽车人才采取不同的评价标准，对不同岗位职责制定不同标准，突出用人主体在人才标准制定中的主导作用。对从事基础和前沿技术研究的汽车工程技术人才突出中长期目标导向，评价重点从研究成果数量转向质量、原创价值和实际贡献。对从事应用研究和技术开发的汽车工程技术人才注重市场检验和用户评价。对从事成果转化的汽车工程技术人才，重在考核其技术转移能力和其他科研成果对经济社会的影响。对从事企业经营管理的汽车人才重在市场和出资人的认可。

应将社会评价纳入国家的人才评价体系，发挥同行认可的作用，放宽政策性约束，畅通各类所有制企业从业者获得能力评价的通道，去除捆绑在职称制度上的各种待遇，让能力评价回归本位。同时，应探索建立高层次人才、急需紧缺人才的评价制度，为企业引才、用才提供支撑。

应优化企业评价系统，采用更为科学的评价标准，将绩效评价、价值评价、能力评价等评价标准结合起来形成较为完善的360度评价系统。全面应用360度的评价机制，还有过程的阶段性机制，评价人才与岗位匹配度、现阶段能力与工作要求匹配度，为人才合理发展与针对性发展提供客观依据。

（四）人才流动：尊重市场，加强引导

人才的流动有利于先进理念、研发方式、科技资源和优秀成果的交流，有利于充分发挥人才潜能，促进创新和科学繁荣，但过度和不规范的流动也会扰乱秩序，破坏科学研究的可持续性，带来资源分配机制失效等问题，改革建立合理的汽车行业人才流动机制，对汽车人才有序流动有着重大意义。

人才流动机制的改革方向应是尊重市场，加强引导。

（1）相关部门合理介入行业人才管理，探索由行业组织协调建立人才流动协议的工作模式，结束企业间的人才恶性竞争；尊重正常的人才流动与人才溢出，提升行业整体人才素质，促进行业更好发展。

（2）优化人才的待遇与环境，激发人才流动的活力。针对一些高尖精人才在工资福利方面的标准应给予适当放宽，特别是对国企人才薪酬限定，应在物质方面给予相应的补偿，体现对人才的尊重。同时，对于一些处于非一线城市的企业，当地政府应该通过优化基础公共服务等措施，提升人才吸引力。

（五）人才激励：尊重规律，防控风险

现代人才管理的重要任务，就是采取有效的激励措施来最大限度地激发人才的积极性和主动性，以扩大人才能力的发挥空间。传统纯薪资的暴力激励方式已不能较好地激励人才、留用人才、发挥人才的内在潜力价值。汽车行业的人才激励的改革需要从薪酬、福利到人生价值体现等多方面入手。

（1）传统激励模式改革。首先，在股权激励方面，支持国有控股的企业、高新技术企业通过股权、期权、分红等激励方式，在长期激励方面给予自由，将人才发展与企业发展相结合。其次，在基本福利的保障与提升方面，给予人才在薪酬、交通、节日等实际效用方面足够的激励。同时，改革科研成果收益分配，探索职务科研成果转化收益机制，合理确定重要贡献人员和团队的收益比例。最后，鼓励项目激励，通过项目激励带动人才激励，给予基层员工分配权与创新机会。

（2）健全知识产权风险防控、维权援助、质押融资等制度，为人才创新成果开发运用提供支持和保障。优化人才自主创新政策环境，对人才自主权利给予保障，对人才给予足够重视。

（3）有针对性地激励汽车企业不同层级的员工，从业务平台、职业生涯的设计、企业文化、企业精神等方面给予激励，并将激励机制与培育机制相结合。通过建立人才创新激励专项基金和孵化计划，鼓励基层人才自主发展，为其创新型探索提供人、财、物等多方面的支持。从上汽集团实施的内部孵化机制看，这是一个非常有效的激励手段。这一机制面向内部员工，鼓

励员工提出自己的创意，鼓励员工去创业，所提出的创意在通过企业内部评审后会获得一笔创业基金，企业也会为员工开展创新提供设备、设施和时间方面的便利。与这一做法并行的，是企业建立的容错机制。通过这些措施，让员工的创新活力得到释放，同时也增强了员工对企业的认同感和责任感。

（六）人才服务：建好平台，强化合作

发展人才公共服务是政府职能转变的必然要求和拓宽人才工作领域的重要途径，也是更好地实施人才强国战略的需要。人才公共服务包括行政性公共服务、公益性公共服务、经营性公共服务。提升人才公共服务对汽车行业吸引与留用人才起着重要作用，特别是对于一些海外人才引进与国内跨区域人才引进。但受各地区经济发展水平限制，人才公共服务供给方面差异较大。改革人才公共服务需要政府与汽车行业共同努力。

政府应为汽车人才引进、落户、子女教育等提供一定的便捷服务；在人才安居方面，应以多样化的方式为其提供各种便利，并通过加大对基础性公共服务的提升，完善基础设施，提升教育、医疗、体育、休闲等服务设施建设水平，让人才留得住。

鼓励汽车企业可以与周边其他企业展开合作，共同出资提升人才所需公共管理和服务资源，政府在政策用地方面给予支持，在较短的时间内增加人才吸引力。

中国汽车产业正处于转型升级的关键时刻，处于由大到强的关键期，人才强则产业强，人才新则产业新。破除人才发展的体制机制障碍，从思想到政策制定等多方面给予汽车产业足够的空间，尽可能发挥企业的自主活力与创新力，发挥汽车产业的自我组织功能，发挥市场的决定性作用，政府做好事中事后监管工作，保障汽车产业健康有序地发展。

第七章

推进中国汽车产业人才强国工程的基本构想

一、汽车人才强国工程的实施目标

汽车产业是推动新一轮科技革命和产业变革的重要力量，是建设制造强国的重要支撑，是国民经济的重要支柱。目前我国的《汽车产业中长期规划》已正式出台，这一规划的实施需要与之配套的人力资源为支撑，这里提出的汽车人才工程基本构架，充分考虑了我国汽车人才的现状和未来产业发展对人才需求的变化，是落实《汽车产业中长期规划》的重要举措。为此，必须营造一个大汽车人才的理念，站在国家层面整合国内汽车产业人力资源，构建有利于人才成长、发现、发展，以至成为位居世界领军地位的管理者和技术人才的生态环境。

目标一：支撑我国汽车产业应对全球化竞争的冲击。当前，产业格局和生态体系深刻调整，汽车发达国家纷纷提出产业升级战略，加快推进产业创新和融合发展。发展中国家也在加紧布局，利用成本、市场等优势，积极承接国际产业和资本转移。未来汽车产业将迎来全新变局，垂直线型的产业价值链将向交叉网状的出行生态圈不断演进，产业将渐渐趋向无边界，从而迎来群雄并起、诸侯割据、新旧势力争相进入、各方热度前所未有的新时代。不仅各国传统汽车制造商与供应商在谋求创新发展与转型升级，而且新造车公司、IT公司、科技公司、新商业模式运营公司、服务公司以及基础建设公司等，也都将参与到汽车大发展的浪潮中来，力争获得自己的一席之地。人才决定着产业的成败，未来汽车产业的竞争将是人才的竞争，全球范围内与汽车相关的管理、技术、财务、法务、营销、技能等各方面人才的竞争也将进一步白热化。

目标二：支撑我国宏观经济发展战略的实施。汽车产业是国民经济的重要支柱，汽车产业健康、可持续发展，事关人民群众的日常出行、社会资源的顺畅流通和生态文明的全面跃升。作为制造业的集大成者，汽车产业早已成为国民经济的支柱产业，它的产值巨大，对经济增长起着重要的拉动作用，对关联性产业起着积极的带动效应，汽车产业扩大了就业吸纳能力，增强了社会资源调配能力。汽车产业是"中国制造2025"的战略支撑，当前我国新一轮科技革命与汽车产业加快融合，产业生态正在发生全面重构，汽车文明正在重新定义，从而给整个汽车产业带来新的机遇与活力，并为汽车专业人才提供更加多样、更加广阔的职业发展空间。

目标三：支撑我国汽车产业的历史性变革。当前，新一轮科技革命和产业变革方兴未艾，引发了新一代信息技术与制造技术的深度融合。在此过程中，汽车产业正加快与新能源、新材料、电子信息等融合发展，绿色化、信息化、智能化发展趋势愈加明晰。汽车行业新的生产方式和产品形态初现端倪，整个汽车产业结构面临重塑，我国汽车产业进入转型升级、由大变强的战略机遇期。制造强国战略的实施，标志着智能化时代的到来，掌握大数据分析、3D打印和新能源等新技术、新方法的人才必将成为汽车行业的激烈争夺对象。

二、汽车产业人才强国工程建设的内涵

（一）海外高端汽车人才引进工程

1. 工程目标

着眼于培养造就一大批具有国际水平的战略科技人才、科技领军人才、青年科技人才和高水平创新团队，在我国汽车产业具有相当优势的科研领域设立30个海外高层次汽车产业人才创新创业基地。

着眼于推动企业成为技术创新主体，以汽车企业需求为导向，引进1 000名能够突破汽车关键技术，发展新能源、智能网联等核心领域的战略

科学家和创新创业领军人才。

2. 主要任务

加快建立适应企业国际化发展需要的人才管理制度。应加快汽车产业人才制度创新建设，建立适应国际化的人才管理制度。建立汽车人才现代化发展治理体系，发挥市场机制在人才资源配置中的决定性作用。注重依法治理，不断完善人才发展的政策法规。设计与建设具有国际竞争力的人才制度优势，加大人才培养、流动、配置、使用、激励、保障等方面的制度创新。在人才引进开发、评价发现、选拔任用、流动配置、激励保障等方面打出政策"组合拳"，为人才成长和创新创业提供政策保障。

以企业需求为导向进行海外高端引才。要转变政府职能，突出企业是引进主体，加速形成国际汽车人才高地的集聚效应。其中集聚人才类型主要包括：能引领汽车产业潮流的创新、创业、创意人才；掌握汽车产业全球资本、信息、技术、人才资源的人才；卓越领导人才，业界精英、科技大师等具有影响力的人才；海外留学生等具有发展潜力的人才。集聚人才层次主要包括：C级人才，即CEO、CFO等高级汽车产业经营管理人员；PM级人才，即专业人才（Professionals）和经营管理人才（Managers）；Y级人才，即处于职业早期的潜力较大的青年人才。集聚人才取向主要包括：领域突出"新"，重点吸引智能网联、新能源、节能领域的高端人才；技术突出"高"，重点吸引和集聚占据汽车全球价值链高端的优秀人才；形式突出"和"，注重搭建团队，形成人才互补优势；源头突出"通"，即打破人才之间的界限，打破地域、产业的局限性。

建设一批海外高层次人才创新创业基地。应结合国家级、省级汽车产业示范基地和技术服务示范平台的建设，为各类海外高端人才创新创业提供全方位服务和集成化支持。建立拥有全球资源配置能力的产学研一体化综合园区，汇聚国内外知名高校、研究院所、高新企业以及顶尖人才。建立具有产生世界前沿科技研究成果潜力的科研基地，吸引与集聚世界各国最高水平的科研人员，形成世界顶级科研基地。以各类经济开发区、高新园区等为主体，建设孵化器、加速器、科技园等人才创业载体；以用人单位为主体，建设重点学科、重点实验室、企业研发机构等人才创新载体。鼓励大型企业建立海外研究机构，吸引顶尖人才，研究最新科技发展趋势，实现研究成果向生产的迅速转化。在大学建立以学科为单位的世界最高水平的研究教育基地，加强大学的国际竞争力。

完善和优化海外高端人才引进方式。应实行更积极、更开放、更有效的人才引进政策，更大力度实施海外高层次人才引进计划（国家"千人计划"），敞开大门，不拘一格，柔性汇聚全球人才资源。对国家急需紧缺的特殊人才，开辟专门渠道，实行特殊政策，实现精准引进。支持地方、部门和用人单位设立引才项目，加强动态管理。鼓励社会力量参与人才引进。

（二）企业家人才扶持工程

1. 工程目标

着眼于提高我国汽车企业现代化经营管理水平和国际竞争力，培育创业良好环境，发挥市场机制决定性作用，激发企业家能动性。

建立政府人才管理服务权力清单和责任清单，加快建立与市场经济相适应的经营决策，用市场化解决选人用人机制，采用第三方评估进行业绩考核，收入分配上建立与业绩挂钩的激励机制。

到 2025 年，在汽车行业培养 100 名具有世界眼光、战略思维、创新精神，既懂技术又有经营管理能力的企业家。

2. 主要任务

用好市场化管理手段，激发企业家能动性。依据《汽车产业中长期发展规划》，健全国有企业内部治理和监管机制，加快建立与市场经济相适应的经营决策、选人用人、业绩考核、收入分配等方面的激励机制和约束机制，既要用制度鼓励企业家敢于创新，也要用市场化手段对企业家的随意妄为形成制约。

发挥市场机制，完善汽车产业创业人才服务。创业人才规模大、密度高的地区，同时也是创业孵化平台多、功能强的地区。在政府政策较多地聚焦于引才的同时，要进一步营造有利于人才成长的环境，加强人才社会化服务体系的建设，为人才实现自我价值提供支撑。

打造全球汽车产业企业家交流平台，促进国内外优秀企业家的合作与交流。从拓展企业家视野、促进国内外企业家交流的角度，打造好全球汽车产业企业家的交流与合作平台，扩大国内外优秀企业家间的交流，促进国内外企业间的经营、管理和技术领域的合作，学习和吸收国际先进的企业管理经验。这些交流与合作无疑也将为提升自主品牌知名度和国际影响力提供支持。

（三）新业态重点领域紧缺人才集聚工程

1. 工程目标

立足于国家发展战略，实施更加开放的人才政策，集聚新能源、智能网联以及安全、节能、环保等领域的紧缺人才。

建立汽车产业后备人才培养机制，通过企业、高校、研究院所、培训机构等载体多途径协同培养紧缺人才，开设系统的培养课程。

到 2025 年，培养和集聚一批与新兴产业相配套的节能与新能源汽车产业人才、智能网联汽车产业人才。

2. 主要任务

加强对重点领域紧缺人才的引进。制定智能网联、新能源、节能等领域紧缺人才目录清单，梳理目前急需的各类汽车人才，对各类人才重要程度进行排序，指导重点领域紧缺人才的引进和后备人才库的建设。

改变目前汽车人才培养分布在多个学科难以满足未来需要的局面，优化汽车学科设置，加快实现汽车专业人才培养从单一车辆工程专业向车辆类或专业族的转变，发挥汽车新技术发展对其他学科发展的引领和带动作用，并通过强化校企合作带动高质量人才培养。

依托国家科技计划（专项、基金等），统筹企业投入和社会资本，加大在智能网联、新能源、节能等领域的研发投入，使更多优秀人才向汽车产业集聚，在项目中培养人，以项目激发人才的创造力。

（四）创新人才支持工程

1. 工程目标

瞄准世界汽车科技前沿，建立 100 个产学研一体化汽车专家工作室，建好跨产业人力资源数据平台。

推动实行企业首席工程师制度，扶植领军人才成长，对他们在跨产业合作和国际合作中委以重任，更好地发挥企业在创新活动中的主体作用。

建立多层次的人才表彰体系，弘扬"中国汽车精神"，激发各类人才的创新热情，激励各类人才成长。

完善知识产权保护制度，建立知识产权风险防控机制，合法保护创新参与者和企业的权益。

2. 主要任务

建好跨产业人才协同创新机制和工作平台。围绕《汽车产业中长期发展规划》和《节能与新能源汽车技术路线图》提出的发展目标，鼓励企业以联合投入的方式重点支持建立一批专家工作室。这些工作室应是在专门领域有着丰富的积累和人才优势，其任务是围绕企业中长期发展需求开展前瞻性关键核心技术攻关，借此巩固和深化企业与高校的战略合作，培养和发现有潜质的青年人才，并通过这一方式获得研发成果的共同受益，建立集汽车与相关工业领域为一体的人力资源数据平台，服务于企业的长远发展。

鼓励企业实行首席专家和首席工程师制度。这一制度的核心是加快扶植一批领军人才，确立其在跨产业合作和国际合作中的领衔地位，进一步巩固企业在科技创新中的主体地位，为打通企业自主创新的技术链和供应链提供支撑。企业应当在建立工作团队、提供生活保障方面为他们提供便利，并依法赋予创新领军人才更大的人、财、物支配权和技术路线决定权，实行以增加知识价值为导向的激励机制。

建立多层次的人才表彰和奖励制度。这一制度要体现"多"和"励"。"多"要体现在覆盖人群广，要改变目前人才奖励体系中对技术人员的重视程度远远高于其他人员的情况，对科技成果奖励的重视程度远远高于对其他成果的情况，针对经营管理人员、高技能人员、普通工人和管理成果、质量成果、国际合作成果等建立适宜的表彰和奖励体系。"励"要体现表彰和奖励方式的多样化，实行以增加知识价值为导向的激励机制，力求进一步释放人才的内生动力。

加强创新成果知识产权保护。一要完善知识产权保护制度，合法保护创新参与者和其所在单位的权益；二要建立创新人才维权援助机制，保护成果持有人的合法权益；三要完善知识产权风险防控机制，防控人才流动中的侵权行为；四要完善知识产权质押融资等金融服务机制，为人才的新一轮创新创业提供支持。

（五）大国工匠开发和技术人才培养工程

1. 工程目标

建立技能大师工作室、劳模工作室和汽车行业重点领域创新团队和创新人才示范基地，培育"坚韧、执着、专注、极致"的汽车工匠文化，发挥工匠人才的引领作用，让"工匠精神"发扬光大。

加强职业院校和实训基地建设，在全国建成100个高技能人才培训基地，培养造就一大批具有精湛技艺的汽车行业高技能人才。

2. 主要任务

建立技能大师工作室、劳模工作室和汽车行业重点领域创新团队和创新人才示范基地，为其在特定专业领域的专注和钻研提供条件，并在这一过程中培养一批具有国际竞争力、具有工匠精神的高技能人才和专业技术人才，发挥其在人才成长中的示范效益，鼓励和吸引更多汽车从业者以他们为榜样，向着"成为工匠"的目标发展。

建立优秀高技能人才培训基地的选拔机制，政府、行业和企业提供对这些基地的发展机遇扶植，鼓励企业与这些基地的深度合作，鼓励这些基地实现人才培养目标与产业需求的更精准结合，培养更多面向未来产业需要的、技艺精湛的高技能人才。

（六）跨界人才集成工程

1. 工程目标

坚持跨界融合、开放发展，坚持互联网与汽车产业深度融合。加快与汽车产业相关的智能制造、后市场服务业、环保节能等领域跨界人才的培养。推进智能化、数字化技术和环保节能技术在企业研发设计、生产制造、物流仓储、经营管理、售后服务等环节的深度应用。

到 2025 年，培养一大批智能制造、后市场服务业跨界人才、环保节能人才。

2. 主要任务

大力培养智能制造人才。推进智能制造与原材料供应链、整车制造生产链、汽车销售服务链相结合的跨界人才的培养，引导企业培养研发设计、生产制造、市场营销、售后服务、企业管理等环节的数字化、智能化人才，鼓励跨界人才在汽车专用制造装备、工艺、软件等关键技术上进行突破。试点培养满足个性化消费要求的跨界人才，推进设计可视化、制造数字化、服务远程化。

加快汽车后市场服务业跨界人才的培养。推进云技术、大数据的开发，积极培养汽车信息、通信、电子和互联网行业的跨界人才，鼓励培养汽车金融、二手车、维修保养、汽车租赁等后市场服务的跨界人才。

促进汽车环保节能人才的培养。引领绿色发展理念，积极培育汽车产业设计、生产、使用、回收等各环节的环保节能人才，鼓励技术人员进行绿色技术创新，实现从汽车设计、生产到回收都绿色。

（七）加强汽车人才国际化开发工程

1. 工程目标

重点围绕"推进人才国际化"目标，结合国家教育改革试点，率先推进汽车产业人才教育培训的国际化，鼓励有条件的高等院校与国外高校合作办学，结合"一带一路"倡议，加强国际化汽车服务和经营人才的培养。建立全球性的汽车产业人才市场，建设全球性的人才数据库，为国内外的企业提供更加丰富、全面的全球各地各类人才。

2. 主要任务

实施本土人才国际化发展战略。结合我国工程教育改革，大力推进工程教育认证，推进教育培训的国际化。鼓励有条件的高等院校在汽车重点学科、专业与国外高校同类强项学科、专业进行国际化合作办学，引进国际知名学校到国内来办学。加大汽车人才国际培训活动的参与度，选送优秀人才出国进行中长期培训，学习的重点是国际先进的管理经验、技术和相关国家的法律、法规、标准。推动行业企业自主设立汽车产业海外发展基金、海外研究中心和开展跨国合作，充分利用国际优势资源培养人才。

发现和举荐一批行业领军人才到国际组织任职，支持更多优秀中国工程师参与国际高水平技术交流活动和国际标准编制工作，在国际舞台上发出中国的声音，提升中国工程师的国际影响力，为中国企业走向世界提供间接支持。

建设全球性的人才数据库。依托人力资源跨国公司的力量和网络，建设全球人才数据库，为国内外的企业提供更丰富、更全面的全球各地各类人才，尤其是高端人才的大数据服务。建立全球人才招聘求职信息数据库，降低跨国流动的成本，使远程求职与招聘低成本化，提供个性化的服务和帮助，提高人才交易的成功率。突破传统体制下单一的刚性流动模式，推动全球人力资源"柔性流动"的发展，提高人力资源流动类型的多样化和灵活性。

推进专业技术人员专业能力的国际互认。建立与国际接轨、符合工程师执业特点和成长规律的汽车工程师能力标准，构建具有国际化特征的人才评价体系，加强与国际相关组织的合作与沟通，推进中国汽车工程师能力标准和评价体系的国际认可，为中国企业走向世界，为中国工程师跨国家、跨地区流动提供保障。

三、汽车人才强国工程实施的保障措施

（一）组织保障

加强对汽车人才工作的组织领导，组织编制《汽车人才发展规划》（以下称《人才规划》），成立汽车人才工作协调小组负责《人才规划》实施的统筹协调和宏观指导。制定各项目标任务的分解落实方案和重大工程实施办法。

加强汽车人才工作领导小组机制建设，发挥汽车人才工作重大事项宏观指导与统筹协调作用。完善汽车产业人才工作协同机制，围绕产业转型、人才集聚，进一步明确相关职能部门的任务和目标，实行重大项目督办，加快汽车产业人才政策落地，加大创新资源集聚。

（二）机制保障

建立《人才规划》实施情况的监测、评估、考核机制，加强督促检查和实施目标责任考核制度，将《人才规划》实施情况作为人才工作目标责任制考核的重要内容，并纳入汽车产业领导工作目标责任制考核。

建立我国汽车人才的信息平台，精准确定汽车人才的数量、结构和分布，形成高效的人才工作决策机制、执行机制、信息反馈机制和《人才规划》实施的督查机制，据此系统性开展汽车产业人才贡献度、用人满意度分析和《人才规划》实施状况的评估，确保人才工作的各项目标任务落到实处，并适时根据国民经济和社会发展总体运行情况对汽车产业人才发展规划内容进行及时、必要的调整，增强规划的科学性、可操作性。

（三）资金保障

进一步加大对汽车产业人才发展资金投入力度，优先保证对人才发展的投入。完善人才发展资金使用管理办法，实行人才资金项目化管理和使用情况年度报告制度，加强人才发展资金使用的绩效评估和监督检查，促进人才资金的科学合理使用。

加大对重点人才和项目的专项支持，完善分类资助体系。加强政府引导，建立人才发展资金多元化投入机制，鼓励企业和社会组织建立人才发展基金，多渠道吸引和募集社会资金。

（四）宣传保障

大力宣传党和国家人才工作的重大战略思想和方针政策，宣传实施《人才规划》的重大意义和《人才规划》的指导方针、目标任务、重大举措，宣传《人才规划》实施中的典型经验、做法和成效，形成全社会关心、支持人才发展的良好社会氛围。

及时报道汽车产业人才工作的新政策、新举措、新成效，大力宣传优秀人才典型事迹，增强汽车产业人才工作的社会认同感。努力营造敢于梦想、鼓励创新、宽容失败的社会文化，净化创业生态，优化市场环境，在全社会兴起大众创业、万众创新热潮，切实激发人才创业热情与信心。

附 录

汽车产业紧缺人才目录

　　汽车产业紧缺人才目录涉及汽车产业的三大领域：整车与零部件领域、智能网联与新能源汽车领域和汽车后市场领域。

　　汽车产业紧缺人才目录的基本内容包括行业/领域、岗位名称、岗位类型、任职能力要求、需求程度五部分。这些岗位的出处和来源主要是《汽车产业中长期发展规划》、上海人才开发目录、欧盟汽车技能委员会等。其中，行业/领域是根据《汽车产业中长期发展规划》确定的；岗位名称是指预测岗位的表述；岗位类型是指该职位所属的类型（经营管理、专业技术、高技能）；任职能力要求是胜任本岗位所必须具备的专业技术或综合能力要求；需求程度是指该职位的需求紧迫程度的描述（分为三种："※"表示"一般需要"，"※※"表示"比较需要"，"※※※"表示"十分需要"）。

一、整车与零部件领域

编号	岗位名称	岗位类型	任职能力要求	需求程度
1	战略规划总监	经营管理	1. 具有较强的研究分析和资源整合能力、战略规划和实施能力、逻辑推理和系统思维能力 2. 熟练掌握战略管理方法与经营分析工具，具有较强的洞察力、判断力、决策力，以及沟通、计划和执行能力 3. 熟悉国家宏观政策、行业发展规律、市场竞争环境 4. 熟悉公司战略的制定、沟通、执行的方法与流程，能有效地进行战略制定与落地实施 5. 具有良好的人际交往、组织协调、文字表达能力，以及抗压能力	※※

续表

编号	岗位名称	岗位类型	任职能力要求	需求程度
2	跨国运营总监	经营管理	1. 具备全球化的经营理念和拓展能力 2. 具有出色的组织协调和建立高效的跨文化管理团队能力，能够胜任海外机构管理的高级管理岗位 3. 具有优秀的英语交流能力 4. 掌握行业发展的前沿情况	※※※
3	设计研发总监	经营管理	1. 具备系统、扎实的整车集成开发知识理论 2. 对汽车设计、整车集成有深入的研究和见解 3. 具有跟踪汽车设计技术、整车集成技术国内外发展前沿的能力 4. 掌握汽车设计、整车集成技术的国内外发展趋势 5. 掌握本专业有关的技术标准、技术规范和技术流程 6. 熟悉汽车设计开发、整车集成开发的流程和方法 7. 熟悉关键零部件研发领域的理论知识	※※※
4	物流运营总监	经营管理	1. 具有国际化仓储运营、物流规划和管理体系建设的相关知识 2. 精通物流管理流程，对配送流程、库存管理等有很好的理解 3. 具备先进的供应链管理理念和实际操作的能力，能够优化供应商的全球布局和提高供应链的全球协同效率 4. 熟悉ERP、智能物流信息管理系统及企业供应链管理，有较丰富的流程管理操作经验	※※
5	法务管理总监	经营管理	1. 具备丰富的法律知识和优秀的谈判能力，尤其精通国际法、公司法、知识产权法、跨国并购方面的法律知识和事务 2. 具有投资并购、合规、风控等相关知识及经验，熟悉投资并购和海外投资相关业务流程 3. 掌握企业经济活动中的各类法律风险的防范与控制，规避公司相关业务的潜在风险 4. 熟悉汽车行业国际、国内的有关法规、政策，了解专利方面的相关知识 5. 具有较强的职业操守、高度的责任心、敏锐的风险意识、较强的判断分析能力、沟通协调能力、文字表达能力及抗压能力 6. 具有法律职业资格证书	※※

续表

编号	岗位名称	岗位类型	任职能力要求	需求程度
6	采购管理总监	经营管理	1. 精通供应链和采购的业务流程、采购原理、成本控制及相关的法律法规知识 2. 具备优秀的采购供应商挖掘与分析能力、合同谈判和签约能力、决策判断能力、计划组织能力、跨部门协调能力及团队合作精神 3. 熟悉相关质量标准体系、生产制造体系、PMC、仓储管理等业务环节 4. 具有良好的职业道德素质，较强的抗压能力、创新能力、沟通能力	※※
7	动力总成开发设计师	专业技术	1. 具备系统、扎实的动力总成（动力总成集成、动力总成标定、变速器、空调）开发知识理论 2. 具有跟踪动力总成技术国内外发展前沿的能力 3. 对动力总成有深入的研究和见解 4. 掌握动力总成技术的国内外发展趋势 5. 熟悉动力总成开发流程和方法 6. 掌握本专业有关技术标准、技术规范和技术规程	※※※
8	关键零部件工程师	专业技术	1. 全面掌握关键零部件领域的理论知识 2. 了解国内外汽车关键零部件产品的发展趋势 3. 在相关技术环节（如系统开发、软件开发、硬件开发、产品开发）上具有较强的工作能力 4. 具有较强的项目管理能力 5. 能熟练应用外语进行技术交流	※※
9	试制试验工程师	专业技术	1. 具备系统、扎实的样车试制（整车、发动机）、试验认证理论知识 2. 具有跟踪样本试制、试验认证技术国内外发展前沿的能力 3. 对样车试制、试验认证有深入的研究和见解 4. 掌握样车试制、试验认证技术的国内外发展趋势 5. 熟悉样车试制、试验认证开发流程和方法 6. 掌握本专业有关技术标准、技术规范和技术规程	※※
10	3D打印工程师	专业技术	1. 具备软件应用和硬件的知识 2. 具备依循相关指示、装配图和任何其他规范的能力 3. 具备合理利用适当的方法和技术打印不同零部件的能力 4. 掌握产品检验的知识技能，能够通过对已完成零配件的检验来确保成品符合所需的规格 5. 了解新材料的相关知识	※※※

续表

编号	岗位名称	岗位类型	任职能力要求	需求程度
11	工艺工程师	专业技术	1. 具有新材料及相关工艺，以及机电一体化的知识经验 2. 掌握应用于生产系统的 ICT 技能 3. 了解用于先进材料和先进制造工艺的技术应用 4. 了解国内外同行业工艺发展现状及趋势 5. 具有良好的沟通协调能力	※※
12	研发工程师	专业技术	1. 掌握研发设计全流程，能够完成新产品立项，新技术、新材料、新工艺、新设备的研究及可行性分析，新产品开发预算和研发计划等工作 2. 熟悉产品生产制造流程和关键环节，能够解决生产过程中的问题 3. 具有结果导向及品质意识，能够监督调控设备生产过程中工艺、质量、设备、成本、产量等指标，保证生产质量体系的良好运行	※※
13	维修技师/高级技师	高技能	1. 掌握汽车生产制造及加工工艺方面的基本流程及相关知识 2. 掌握智能制造设备等操作流程、运作原理，以及三电系统维修 3. 掌握本专业（工种）的专业理论知识和操作技能 4. 具有综合操作技能及深入的设备、设施、模具或工装保全维护管理经验 5. 具有一定的设备设施管理经验、设备设施现场分析及维修处理能力 6. 具备技术改造、工艺革新、技术攻关和解决本专业（工种）高难度的生产技术问题等经验 7. 具有产品意识和客户意识，有良好的责任心，对产品质量负责 8. 具备良好的动手操作能力、学习主动性及学习能力 9. 具有良好的身体素质，能吃苦耐劳	※※※
14	智能物流领域人才	高技能	1. 掌握汽车生产制造及加工方面的基本流程、相关知识 2. 具备扎实的智能汽车信息物流技术理论知识 3. 关注国内外相关技术、产品发展动态 4. 熟悉智能物流开发技能，了解供应链管理理念、物流管理流程、配送流程、库存管理等 5. 熟悉 ERP 及智能物流信息管理系统，具有信息系统的操作和维护、物流调查与分析的能力 6. 具有现代物流与智能仓储规划和布局设计的能力 7. 具有现代物流与仓储自动化监控安全管理的能力 8. 具有现代物流与智能仓储设备设施管理、货物装卸搬运作业管理、仓储防霉控制技术等能力	※※※

编号	岗位名称	岗位类型	任职能力要求	需求程度
15	产品检测调试人才	高技能	1. 掌握汽车、零部件生产制造及加工工艺方面的基本流程、相关知识 2. 熟练掌握无线产品、终端类及电子类产品的软硬件测试方法和检测流程 3. 熟悉各种软件测试的技术、理论、方法，掌握产品的检测标准和方法，熟练操作和使用检测工具 4. 掌握汽车电器、发动机、底盘等故障的检测调试方法，能处理常见汽车故障 5. 熟知技术工艺、工艺流程标准，能根据工艺图纸、装配作业指导书的要求进行产品检测及调试 6. 具备重大与批量问题反馈、问题调查、分析故障原因的能力 7. 具备丰富的产品检测调试系统管理经验及对检测设备、系统故障的现场判断分析能力 8. 专业背景是机械电子、机械自动化、自动化等相关专业，具有较强的动手操作能力和学习能力，踏实肯干，吃苦耐劳，愿意承担高强度的调试和实验工作	※※※

二、智能网联与新能源汽车领域

编号	岗位名称	行业/领域	岗位类型	任职能力要求	需求程度
1	混合动力汽车开发工程师	新能源汽车	专业技术	1. 具备系统、扎实的混合动力汽车（整车系统集成、控制策略和仿真、混动控制系统开发、电机电池及安全）开发知识理论 2. 具备跟踪混合动力技术国内外发展前沿的能力 3. 掌握混合动力汽车技术的国内外发展趋势，对混合动力汽车技术有深入的研究和见解 4. 熟悉混合动力汽车开发的流程和方法 5. 掌握整车性能的把控、匹配，及整车FMEA/FTA 6. 掌握本专业有关技术标准、技术规范和技术规程	※※※

续表

编号	岗位名称	行业/领域	岗位类型	任职能力要求	需求程度
2	动力系统集成与控制工程师	新能源汽车	专业技术	1. 具备扎实的机械/机电一体化专业知识 2. 了解国内外相关技术/产品的发展动态 3. 熟悉国内相关技术、试验规范/标准 4. 熟悉整车结构原理/开发流程 5. 熟悉各动力系统的结构、设计原理和各动力系统之间的匹配关系 6. 熟悉整车控制、驱动电机、动力电池等相关控制技术 7. 熟练应用CAD/CAE相关设计软件 8. 具备较强的综合分析能力 9. 具备一定的英语听、说、读、写能力	※※※
3	燃料电池发动机及其辅助系统工程师	新能源汽车	专业技术	1. 熟悉整车结构原理及性能 2. 具备扎实的机械/机电一体化专业知识 3. 了解国内外相关技术/产品的发展动态 4. 熟悉国内外相关技术、试验规范/标准 5. 具备扎实的氢氧质子交换膜燃料电池相关专业知识 6. 熟悉燃料电池发动机的系统结构、设计与控制原理,以及加工工艺 7. 熟练应用CAD/CAE相关设计软件 8. 具备较强的综合分析能力 9. 具备一定的英语听、说、读、写能力	※※※
4	高效新型内燃机工程师	新能源汽车	专业技术	1. 具备扎实的机械/机电一体化专业知识 2. 了解国内外相关技术/产品的发展动态 3. 熟悉国内外相关技术、试验规范/标准 4. 熟悉整车性能需求及发动机性能、发动机控制、匹配、调试、试验等 5. 了解新能源及替代能源的发展状态 6. 熟悉内燃机结构、设计原理和加工工艺 7. 熟练应用CAD/CAE相关设计软件 8. 具备较强的综合分析能力 9. 具备一定的英语听、说、读、写能力	※※※
5	电机与驱动器工程师	新能源汽车	专业技术	1. 具备扎实的机械/机电一体化专业知识 2. 了解国内外相关技术/产品的发展动态 3. 熟悉国内外相关技术、试验规范/标准 4. 熟悉整车结构原理 5. 熟悉电机及驱动系统结构、设计原理和加工工艺 6. 熟练应用CAD/CAE相关设计软件 7. 具备较强的综合分析能力 8. 具备一定的英语听、说、读、写能力	※※※

续表

编号	岗位名称	行业/领域	岗位类型	任职能力要求	需求程度
6	DC/DC变换器人才	新能源汽车	专业技术	1. 具备扎实的机械/机电一体化专业知识 2. 了解国内外相关技术/产品的发展动态 3. 熟悉国内外相关技术、试验规范/标准 4. 熟悉整车结构原理 5. 具备直流变压/变流/变频/阻抗匹配/滤波/屏蔽干扰电路设计开发能力及印刷电路板设计开发能力 6. 熟练应用CAD/CAE相关设计软件 7. 具备较强的综合分析能力 8. 具备一定的英语听、说、读、写能力	※※※
7	动力蓄电池及管理系统工程师	新能源汽车	专业技术	1. 具备扎实的电器/电化学/计算机软件设计专业知识 2. 了解国内外相关技术/产品的发展动态 3. 熟悉国内外相关技术、试验规范/标准 4. 熟悉整车结构原理 5. 具备镍氢电池、锂离子电池、氢燃料电池等的开发能力及其管理系统的设计能力 6. 熟练应用CAD/CAE相关设计软件 7. 具备较强的综合分析能力 8. 具备一定的英语听、说、读、写能力	※※※
8	高效变速传动系统工程师	新能源汽车	专业技术	1. 具备扎实的机械/机电一体化专业知识 2. 了解国内外相关技术/产品的发展动态 3. 熟悉国内外相关技术、试验规范/标准；熟悉整车结构原理 4. 熟悉电机调速技术及设计原理（定子调速、变极调速、滑差调速、液力耦合调速、转子串电阻调速、串级调速、变频调速、永磁式开关磁阻电机调速等） 5. 熟练应用CAD/CAE相关设计软件 6. 具备较强的综合分析能力 7. 具备一定的英语听、说、读、写能力	※※※
9	氢气管理系统设计师	新能源汽车	专业技术	1. 具备扎实的机电一体化/电化学专业知识 2. 了解国内外相关技术/产品的发展动态 3. 熟悉国内外相关技术、试验规范/标准 4. 熟悉整车结构原理 5. 熟悉制氢、罐装、储存、输送、加注等工艺及其配套设备（设施）的工作原理 6. 熟练应用CAD/CAE相关设计软件 7. 具备较强的综合分析能力 8. 具备一定的英语听、说、读、写能力	※※

续表

编号	岗位名称	行业/领域	岗位类型	任职能力要求	需求程度
10	高压电安全、氢气安全工程师	新能源汽车	专业技术	1. 具备扎实的材料/电子/电气/机电一体化专业知识 2. 了解国内外相关技术/产品的发展动态 3. 熟悉国内外相关技术、试验规范/标准 4. 熟悉 DC/DC 变换器产生的高压电瞬态现象及抑制控制方法 5. 熟悉双电压电器系统在车辆运行时功率流向及分配、各部件耐高压电设计及测试技术 6. 具备耐高电压绝缘新材料研制和应用能力 7. 熟悉氢气安全测试和控制技术、氢气泄漏安全报警技术，具备耐高压氢气储罐新材料研制能力和耐压装置的设计能力 8. 具备一定的英语听、说、读、写能力	※※※
11	AR（增强现实）开发工程师	智能网联	专业技术	1. 具备扎实的计算机图形学理论基础 2. 了解国内外相关技术/产品发展动态；具备较强的工程技术能力，具备独立进行工程和算法移植的能力 3. 具备计算机视觉、机器视觉相关的学历和研究经历，良好的数学和算法基础 4. 熟悉 Unity 3D 图形渲染相关技术 5. 具备 OpenGL ES 相关开发经验 6. 具备视觉 SLAM 相关研究和开发经验	※※※
12	物联网嵌入式应用程序开发工程师	智能网联	专业技术	1. 熟练用嵌入式系统的软件调试工具和软件编译工具对应用程序在操作系统中的编译调试跟踪 2. 精通 ARM 及 TRACE 调试工具 3. 精通 C 语言及 ARM 汇编指令集 4. 熟悉数据结构，精通代码调优 5. 对汽车硬件开发有一定了解 6. 具备较强的英语听、说、读、写能力	※※※
13	智能网联汽车信息安全技术研究工程师	智能网联	专业技术	1. 具备扎实的智能汽车信息安全防护技术理论知识 2. 掌握国内外相关技术/产品的发展动态 3. 熟悉国内外智能汽车技术、试验规范/标准 4. 熟悉整车结构，T‑BOX/车机、ADAS、E‑CALL、GPS 等智能网联相关零部件的开发和测试 5. 精通 OWASP 安全测试框架 6. 精通 WEB 安全测试（如 SQL 注入、XSS 攻击、命令注入、CSRF 攻击、解析漏洞、业务逻辑漏洞等）	※※※

续表

编号	岗位名称	行业/领域	岗位类型	任职能力要求	需求程度
14	机器人运动控制工程师	智能网联	专业技术	1. 具备机器人控制相关知识，具备运动控制/导航相关的研发经历，及运动控制算法设计、建模与控制等方面的研发经验 2. 理解坐标空间变换原理，掌握物体运动学和动力学建模的基本方法 3. 掌握机器人运动轨迹算法和优化相关研究工作 4. 掌握机器人避障传感器调试及融合的工作 5. 熟练掌握控制程序开发，机器人运动及控制算法建模、设计与开发，运动控制器相关嵌入式软件模块设计开发 6. 熟悉运动控制、机器人控制行业的相关标准	※※※
15	算法工程师（导航定位方向）	智能网联	专业技术	1. 精通惯性导航、激光导航、雷达导航等工作原理 2. 精通组合导航算法设计、精通卡尔曼滤波算法、精通路径规划算法 3. 熟悉 C 语言/C++ 语言，熟悉至少一种嵌入式系统开发，熟悉 MATLAB 工具 4. 具备良好的算法和数学基础	※※※
16	云计算开发工程师	智能网联	专业技术	1. 具备云计算、大数据、物联网项目工作经验 2. 精通 C 语言/C++ 语言/Java/.NET 等主流体系架构设计模式 3. 技术背景深厚，熟悉分布式计算和云计算相关技术理论，具备架构和设计实践经验，对现有云计算主要产品的相关技术有深刻研究和了解 4. 熟悉 OpenStack，CloudStack 等云计算开源平台，了解 Nginx、Nagois、Zabbix、OVS 等相关开源技术 5. 熟悉主流云计算平台产品 6. 熟悉 Linux 服务器集群、路由器、防火墙、交换机、负载均衡等网络设备的配置 7. 对计算机系统、网络和安全、应用系统架构等有全面的认识	※※※

续表

编号	岗位名称	行业/领域	岗位类型	任职能力要求	需求程度
17	ADAS开发工程师	智能网联	专业技术	1. 熟悉主流传感器标定流程（如 Delphi ESR、Mobileye EyeQ3） 2. 熟悉 ADAS 快速原型开发工具（如 MABx、MotoTron） 3. 熟悉开发流程及嵌入式或汽车电子系统软、硬件开发 4. 熟练掌握以下软件 a）PreScan/CarMaker/CarSim b）MATLAB Simulink/Stateflow（软件建模工具） c）C 语言 5. 具备 5 年以上 ACC、AEB、APA、LKA 等 ADAS 功能开发的工作经验 6. 专业背景是计算机、电子信息、通信信号类、自动化、机电专业等	※※※
17-1	智能化系统仿真与测试工程师	智能网联	专业技术	1. 具备智能驾驶系统仿真与测试评价经验 2. 具备智能驾驶系统仿真与试验平台搭建能力，熟悉 PreScan、CarSim 等软件 3. 具备试验场景和测试规范设计能力，能编制测试脚本，使用 CarSim 等软件进行场景编写 4. 具备开展智能驾驶系统试验，包括在试验前搭建调试设备（包含但不限于 Vbox、RT3000、ABD 机器人等）、在试验中记录测试数据、在试验后进行数据分析的能力 5. 熟悉智能驾驶系统产品的定义、整车电控系统、总线通信的相关知识	※※※
17-2	自动驾驶测试与评价工程师	智能网联	专业技术	1. 具有汽车行业测试与评价 5～10 年工作经验，熟练的汽车驾驶技能 2. 熟悉 ADAS 各项测试与评价方法 3. 熟练使用测试软件、数据分析软件，如 PreScan/CarMaker/CarSim/MATLAB Simulink/Stateflow（软件建模工具）等 4. 具备进取心、求知欲及团队合作精神，有较强的沟通及协调能力	※※※

续表

编号	岗位名称	行业/领域	岗位类型	任职能力要求	需求程度
17-3	环境感知算法工程师	智能网联	专业技术	1. 具有计算机视觉与图像识别专业硕士或者博士学历 2. 熟练使用各种图像识别与处理软件 3. 熟练深入学习算法，并具备自主开发能力 4. 熟悉 Linux 开发环境，具备良好的编程基础，掌握 Java/C++/Python 等至少一门高级编程语言 5. 具备进取心、求知欲及团队合作精神，有较强的沟通及协调能力	※
17-4	路径规划与决策工程师	智能网联	专业技术	1. 熟悉 Linux 开发环境，具备良好的编程基础，掌握 Java/C++/Python 等至少一门高级编程语言 2. 具备计算机视觉与图像识别专业硕士或博士学历 3. 具备进取心、求知欲及团队合作精神，有较强的沟通及协调能力	※
17-5	车辆运动控制工程师	智能网联	专业技术	1. 专业背景是车辆工程专业硕士或者博士，本行业 5 年以上工作经验 2. 熟练使用 MATLAB/Simulink/Stateflow 软件，快速原型开发，C 语言/C++语言编程软件等 3. 具备进取心、求知欲及团队合作精神，有较强的沟通及协调能力	※
18	大数据工程师	智能网联	专业技术	1. 具备大数据系统设计经验、多年的大数据开发经验 2. 精通 Java，精通 Hadoop、Hbase、Hive、Spark、Kafka、Redis 等，精通 SQL 3. 具备 BAT 大数据设计开发经验 4. 具备广告大数据平台或 DMP 相关从业经验	※※※

续表

编号	岗位名称	行业/领域	岗位类型	任职能力要求	需求程度
19	平台技术框架与集成架构师	智能网联	专业技术	1. 具备多年 Java 开发和架构设计经验、多年项目开发团队管理经验，有 SaaS 或者 PaaS 架构设计以及相关 Java 开源技术方案，有微服务架构、分布式架构、持续构建架构经验 2. 具备 BPM、RuleEngine 等的开发和架构设计经验 3. 具备开放平台和 API 设计经验 4. 精通 Java 编程，熟练使用 Spring Framework（Spring Boot、SpringMVC、Spring Cloud、Spring Data、Spring Batch 等），JavaScript，JQuery 5. 精通高并发下的架构设计和高负载 Web 应用的关键技术，如容灾备份、负载均衡、集群、横向及纵向扩展，及主流开源 Web 框架、消息系统、缓存系统、关系数据库系统、Linux 操作系统 6. 熟悉 PostgreSQL/MySQL/MongoDB 数据库的管理、配置、使用等 7. 熟悉 Tomcat/JBoss 的管理、配置、使用等 8. 具备 Elastic Search/Solr 开发经验 9. 专业背景是软件工程、计算机科学、计算机工程、自动化、数学等相关专业	※※※
20	系统架构师	智能网联	专业技术	1. 具备 3~5 年互联网大型分布式系统研发经验，包括但不限于大型搜索系统、分布式存储系统、分布式数据库系统、分布式计算平台等 2. 精通 C 语言/C++ 语言、Go 开发栈，熟练掌握 Python 等开发栈 3. 熟悉 Linux 系统原理，包括但不限于 IO 栈，从存储设备到文件系统或数据库等，网络协议栈，从底层 IP/TCP/UDP 到 HTTP 等 4. 熟悉分布式系统原理，包括但不限于一致性协议、分布式事务、高可用实现、高可扩展实现、异常处理与容错、性能优化和评估等 5. 熟练掌握 TDD 测试驱动开发，熟悉 SOA 面向服务的架构	※※※

续表

编号	岗位名称	行业/领域	岗位类型	任职能力要求	需求程度
21	数据挖掘工程师	智能网联	专业技术	1. 具备计算机软件/统计学或相关专业知识 2. 熟悉数据挖掘/机器学习相关的算法 3. 熟悉 Linux 开发环境，具备良好的编程基础，掌握 Java/C++/Python 等至少一门高级编程语言 4. 具备较好的沟通交流能力，善于主动思考和行动，乐于解决具有挑战性的问题 5. 具备大规模系统开发经验，熟悉计算广告，或者有相关开发经验	※※※
22	自动驾驶平台架构师	智能网联	专业技术	1. 具备机器人、计算机、自动化、车辆工程等相关专业知识 2. 具备多年自动驾驶/机器人相关项目系统开发/设计经验，对感知、高精度地图采集和定位（基于视频/Lidar）、IMU/GNSS、V2X 有深刻理解或开发经验 3. 具备移动机器人或无人车参赛经验，有整车厂、汽车零部件供应商工作经验 4. 具备进取心、求知欲及团队合作精神，有较强的沟通及协调能力	※※※

三、汽车后市场领域

编号	岗位名称	岗位类型	任职能力要求	需求程度
1	汽车会展博览人才	专业技术	1. 具备较强的汽车商贸会展的组织、策划能力，会展项目管理、商业营销能力 2. 熟悉汽车品牌及汽车品牌文化 3. 了解世界汽车文化及其技术发展史 4. 在汽车及零部件会展项目中的招商、布展、艺术策划、车展媒体设计、汽车模特儿训练、舞美艺术指导等方面具备特殊才能 5. 在总体协调、展位布置、项目招商、品牌管理、展会营销策划方面具备丰富经验和实际操作能力 6. 具备较强的外语沟通能力	※

续表

编号	岗位名称	岗位类型	任职能力要求	需求程度
2	汽车会展设计人才	专业技术	1. 熟悉国内外汽车市场、品牌、汽车企业和品牌文化 2. 熟悉会展市场；具备汽车整车展览、零部件展销、汽车博物馆建设、汽车产品展示（陈列）设计能力 3. 掌握机电、艺术、声光、媒体、控制等多项专业技术 4. 在展台设计、声光控制、空间布局、场景营造方面具备特殊的设计能力和技术、艺术创造能力 5. 具备汽车专业背景或熟悉汽车产品且具备外语沟通能力 6. 具备汽车产品展销的对外推广、翻译服务、商贸谈判、展品物流货运代理服务的能力	※
3	汽车媒体人才	专业技术	1. 具备汽车文化方面的丰富知识和媒体策划能力 2. 具备汽车广告、报刊、图文、新媒体方面的编辑、咨询、管理能力 3. 具备较强的组织策划和导向把关能力，熟悉汽车媒体的操作流程 4. 了解国内外汽车媒体经营现状和发展趋势	※※
4	汽车物流人才	高技能	1. 具备现代物流组织协调、策划和市场开拓能力 2. 具备丰富的物流策划、运输组织、物流产品的销售和管理经验，熟悉空运、海运、陆运的操作流程，在报关、报检、货运代理、国际货运流程中具备实际操作能力 3. 具备较强的国际交往能力，熟悉进出口贸易操作流程和业务	※※
5	汽车金融保险人才	专业技术	1. 在汽车融资、贷款、保险、理赔等领域具备较强的业务能力和市场开拓能力 2. 掌握汽车金融、保险理赔等相关的法规及国际惯例 3. 具备较强的服务意识和沟通能力 4. 具备较强的国际交往能力	※※
6	二手车评估人才	高技能	1. 具备汽车、摩托车的质量、价值、车损评估的能力 2. 熟悉二手车交易评估、事故车车损评估、汽车性能评估	※※※

续表

编号	岗位名称	岗位类型	任职能力要求	需求程度
7	汽车功能拓展匹配技术人才	高技能	1. 具备丰富的汽车专业知识 2. 具备工艺美术设计专业知识和业务能力 3. 熟悉汽车二次装潢设计的工艺流程和汽车维修相关业务知识和法律法规知识 4. 具备汽车维修、性能监测、故障监测、维护保养、美容装潢、维修配件质量鉴别的能力 5. 具备车辆维修方案制定、维修工艺规划和维修组织实施的协调管理能力 6. 熟悉汽车维修、功能拓展的工艺流程和企业技术管理 7. 熟悉赛车的改装和 ECU 参数匹配	※※※
8	汽车竞技运动人才	专业技术	1. 具备汽车运动赛事管理岗位的组织协调能力、应变能力、创新能力和市场开拓能力 2. 掌握国内外汽车赛事的管理法规和惯例 3. 具备较强的国际交往能力；熟悉赛车运动发展规律 4. 熟悉赛车相关行业的商业合作模式 5. 了解电视转播、新闻报道等媒体运作	※※
9	汽车旅游娱乐人才	专业技术	1. 具备较强的汽车文化及活动推广能力 2. 具备汽车主题公园或者汽车主题旅游项目服务的导游和旅游管理能力 3. 具备汽车主题公园的咨询策划能力 4. 具备汽车俱乐部或服务企业的汽车旅游活动、自驾游活动的组织和策划能力 5. 具备汽车车模的设计制作能力 6. 具备汽车俱乐部的高级经营管理能力 7. 具备赛车队的经营能力	※※
10	汽车共享出行人才	高技能	1. 熟悉经营性汽车租赁业务和融资性汽车租赁业务的相关流程 2. 熟悉共享经济及互联网企业的运营模式 3. 了解国内外汽车租赁业发展的态势 4. 熟悉国内外汽车租赁市场的政策、法规和标准 5. 对运用互联网技术提升汽车租赁服务有一定的心得	※※※